Dagmar Köhler und
Bernhard Gelderblom

Dorfkirchen in Hameln-Pyrmont

Gefördert mit Druckkostenzuschüssen von:

VGH Stiftung, Hannover
Stiftung Hameln-Pyrmont der Sparkasse Weserbergland, Hameln
Calenberg-Grubenhagensche Landschaft, Hannover
Schaumburger Landschaft, Bückeburg
Kirchenkreis Grafschaft Schaumburg
Kirchenkreis Hildesheimer Land-Alfeld
Verein für regionale Kultur- und Zeitgeschichte Hameln

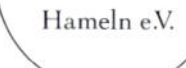

Schriftenreihe des Vereins für regionale Kultur- und Zeitgeschichte Hameln,
Band 2

Herausgegeben von:
Regionale Kultur- und Zeitgeschichte Hameln e.V.

Bibliografische Information der Deutschen Nationalbibliothek
Die Deutsche Nationalbibliothek verzeichnet diese Publikation in der
Deutschen Nationalbibliografie;
detaillierte bibliografische Daten sind im Internet über
http://dnb.de abrufbar.

Verlag Jörg Mitzkat
Holzminden 2023

ISBN 978-3-95954-123-7

Umschlagfotos: Bernhard Gelderblom
(vorn: Dorfkirche von Holtensen, hinten: Harderode)

Dagmar Köhler und Bernhard Gelderblom

Fotos von Bernhard Gelderblom

Dorfkirchen

in Hameln-Pyrmont

Verlag Jörg Mitzkat
Holzminden 2023

INHALT

ZUM GELEIT

Kirchen sind faszinierende Bauwerke

Auf der einen Seite wissen die allermeisten von uns instinktiv, „wie eine Kirche auszusehen hat“. Durch tief verankerte Sehgewohnheiten können wir in der Regel in Sekundenbruchteilen ein Gebäude als Kirche identifizieren, nahezu unabhängig davon, welche Epoche und welcher Stil das Äußere am stärksten geprägt haben. Gleiches gilt – auch in unseren Zeiten der abnehmenden Glaubensbindung – für das Kircheninnere: Vorgeformte Erwartungshaltungen lassen sich recht zuverlässig anwenden, sodass man sich in einer Kirche „zurechtfindet“, auch wenn man sie das erste Mal betritt.

Auf der anderen Seite stecken Kirchenbauten trotz ihrer vermeintlichen Vertrautheit voller Botschaften, die sich nicht auf den ersten Blick erschließen und verstehen lassen. Bauliche Details, kunsthistorisch Bemerkenswertes, regional Besonderes oder auch Typisches und eine Vielzahl geschichtlicher Bezüge machen viele Kirchen zu bedeutenden Wissensspeichern, die das historische Gedächtnis einzelner Ortschaften und Regionen bewahren.

Diese Wissensspeicher im Landkreis Hameln-Pyrmont für uns aufzuschließen, ist das Hauptanliegen der vorliegenden Publikation von Dagmar Köhler und Bernhard Gelderblom. Ausdauernd, kenntnisreich und akribisch haben die Autoren 70 Dorfkirchen und Kapellen des Landkreises einzeln porträtiert und das Wesentliche zu jedem Bau in gut verständlichen Artikeln zusammengetragen. Diese kompakten Einzeldarstellungen lassen sich durch den vorangestellten Abriss über die Geschichte des Kirchenbaus seit dem Mittelalter zueinander in Beziehungen setzen – Leserinnen und Leser können dadurch Gemeinsamkeiten, Ähnlichkeiten und Besonderheiten entdecken. So erhält jeder einzelne Kirchenbau die ihm gebührende Aufmerksamkeit, und doch wird zugleich eine ländliche Kirchenregion mit dem ihr eigenen Charakter greifbar.

Für die VGH Stiftung, die – neben ihren Aktivitäten auf den Gebieten der Literatur, der Kulturellen Bildung und der Denkmalpflege – in ihrem Förderbereich Wissenschaft landes- und regionalgeschichtlich relevante Vorhaben finanziell fördert, ist die vorliegende Publikation gleich aus mehreren Gründen unterstützenswert: Mit der Betrachtung der Kirchen im Landkreis Hameln-Pyrmont schafft sie einen wichtigen Zugang zur regionalen Kulturgeschichte; sie will nicht belehren, sondern Interesse wecken für etwas Allgegenwärtiges, das ein genaueres Hinsehen verdient; sie will einen Beitrag leisten, damit in der Öffentlichkeit die notwendige Wertschätzung für die Kirchengebäude erhalten bleibt resp. entsteht, um sie auch zukünftig als zentrale Zeugen der Ortsgeschichte zu erhalten.

Die VGH Stiftung dankt den Autoren Dagmar Köhler und Bernhard Gelderblom für ihr Engagement, das hoffentlich Nachahmer in anderen Kirchenregionen findet, und wünscht der Publikation eine große Leserschaft, die sich im besten Falle mit dem Buch in der Hand aufmacht, um die Kirchen des Landkreises Hameln-Pyrmont selbst zu erkunden.

Arne Butt
VGH Stiftung

VORWORT

Über siebzig Dorfkirchen und -kapellen gibt es im Landkreis Hameln-Pyrmont, meistens von weither sichtbar an markanter Stelle im Dorf errichtet. In nicht wenigen Dörfern sind sie die letzten Zeugen einer jahrhundertealten Vergangenheit, während sich das Bild des Dorfes ansonsten stark verändert haben mag. Auch deshalb sind sie wichtige Identifikationspunkte für die Bewohner. Der Kirchenbau war die anspruchsvollste Bauaufgabe im ländlichen Raum, zu der alle Epochen etwas beigetragen haben.

In einem ersten Überblick wird die bauliche Entwicklung der Kirchen von der Romanik bis zu den neoromanischen und neogotischen Kirchen des späten 19. Jahrhunderts dargestellt. Zu den frühesten Bauten im heimischen Raum gehören die Kirchen in Oldendorf, Wallensen, Eimbeckhausen, Bäntorf und Fuhlen sowie zahlreiche Kirchtürme, die bei einem Neubau des Kirchenschiffs erhalten blieben.

Die vorhandenen Kirchen wurden nach der Einführung der Reformation weiter genutzt, allerdings im Innenraum durch den Einbau von Emporen und Kanzeln verändert. Nur wenige Kirchen wurden unter dem Einfluss der Reformation im frühen 16. Jahrhundert neu errichtet. Dazu gehören Hämelschenburg, Lüntorf und Hastenbeck.

Nach dem Dreißigjährigen Krieg und einer langen Phase baulicher Vernachlässigung wurden im 18. und frühen 19. Jahrhundert zahlreiche Kirchen in Teilen oder ganz neu gebaut. Die veränderte Liturgie und das sich wandelnde Verhältnis von Wort und Sakrament fanden im Kanzelaltar dieser Zeit seinen besonderen Ausdruck. Mit den neoromanischen und neogotischen Bauten und Restaurierungen von C. W. Hase im letzten Drittel des 19. Jahrhunderts findet diese Epoche ihren Abschluss. Die einzigen Dorfkirchenbauten des 20. Jahrhunderts in Hameln-Pyrmont sind die Kapellen in Diedersen und in Bad Pyrmont-Hagen sowie die Kirche in Bad Pyrmont-Holzhausen.

Der Hauptteil des Buches informiert mit knappen Texten und reicher Bebilderung über die Baugeschichte und wertvolle Ausstattungsgegenstände wie Altar, Taufbecken, Kruzifixe.

Aufgenommen in das Buch wurden sämtliche Dorfkirchen, Kapellen und diejenigen Gutskapellen, die für den gemeindlichen Gottesdienst oder Kasualien genutzt werden. Der Begriff Dorfkirche und Dorf ist nicht so eindeutig, wie es scheint. Es gibt Dörfer, die später in Städte eingemeindet wurden wie Oesdorf nach Bad Pyrmont. Es gibt Flecken, die als Mittelpunkte für die umliegenden Dörfer einen kleinstädtischen Charakter haben wie Coppenbrügge, Aerzen und Salzhemmendorf, die dennoch aufgenommen wurden. Die rein städtischen Kirchen sind mit einem größeren Anspruch als die Dorfkirchen errichtet worden. Sie orientieren sich häufig an den Bistumskirchen und an baulichen Entwicklungen und liturgischen Anforderungen, die für Dorfkirchen nicht gelten.

Immer wieder stellt ein Besucher beglückt fest, wie jede Kirche durch ihre Architektur, Ausstattung und Farbgebung eine andere Ausstrahlung hat und wie jede Gemeinde dazu beiträgt, diese Aura und Tradition zu pflegen und zu bewahren. Mit diesem Buch wollen die Autoren dazu beitragen, die zum Teil noch unbekannten Schätze unserer kirchlichen Kulturlandschaft zu heben.

Dank zu sagen ist der VGH Stiftung in Hannover, der Stiftung Hameln-Pyrmont der Sparkasse Weserbergland in Hameln, der Calenberg-Grupenhagenschen Landschaft in Hannover, der Schaumburger Landschaft in Bückeburg, dem Kirchenkreis Grafschaft Schaumburg, dem Kirchenkreis Hildesheimer Land-Alfeld und dem Verein für regionale Kultur- und Zeitgeschichte Hameln. Sie haben durch ihre Zuschüsse den Druck des Buches ermöglicht.

Dank zu sagen ist ebenfalls dem Verleger und Layouter Jörg Mitzkat und seinem Mitarbeiter Ludwig Brügger, die bei der aufwendigen Gestaltung des Buches nie die Geduld verloren haben. Dank zu sagen ist Pastor Thomas Mayer, dessen gründliche Arbeiten zu den Kirchen in Aerzen, Klein Berkel, Hämelschenburg und Reher wertvolle Hilfen darstellten. Dank zu sagen ist schließlich Daniel Bredemeyer, der aus dem Archiv seines verstorbenen Vaters Heinz-Jürgen Fotos und Zeichnungen zur Verfügung gestellt hat.

Über den langen Zeitraum von sechs Jahren haben Autorin und Autor mit viel Freude an diesem Buch gearbeitet. Nun haben sie den Wunsch, dass die heimischen Dorfkirchen in der Öffentlichkeit den Stellenwert bekommen, den sie verdienen und benötigen.

ZUR EINFÜHRUNG

Kirchen sind für den Gottesdienst gebaute Räume. Seit Jahrhunderten wird in ihnen gebetet, gefeiert und getrauert. Einen ganz besonderen Stellenwert haben die Kirchen für die Dörfer. Sie liegen in der Regel in ihrer Mitte und prägen das Ortsbild. Ihre Türme sind ein von weitem sichtbares Zeichen der christlichen Gemeinde.

70 Dorfkirchen und Kapellen gibt es im Landkreis Hameln-Pyrmont, 70 Dorfkirchen und Kapellen werden in diesem Buch vorgestellt. Jede Kirche, jede Kapelle hat ihre eigene Architektur und Ausstattung und ihre ganz eigene Ausstrahlung. Wer eine Dorfkirche betritt, spürt diese besondere Aura, sieht Besonderheiten und Ausschmückungen, die sich über Jahrhunderte entwickelt haben und zu denen jede Generation etwas beigetragen hat. Dargestellt werden ganz bewusst alle Kirchen, nicht nur „die Schönen im Lande".

Dankbar stellt der Besucher fest, dass jede Gemeinde „ihre" Kirche liebevoll pflegt und erhält. Dies ist umso mehr anzuerkennen, als der starke gesellschaftliche Wandel und seine Auswirkungen gerade die dörflichen Kirchengemeinden trifft und die Erhaltung der Dorfkirchen gefährdet.

Lachem

„Ländlich" und Dorf klingt bisweilen als Platzhalter für eine heile Welt. Dass das nicht so ist und dass die Dorfkirchen vielen Gemeinden eine schwere Last sind, ist den Autoren bewusst. Dieses Buch möchte dazu auffordern, die Verantwortung für den Erhalt der Kirchen als Aufgabe der ganzen Gesellschaft zu begreifen.

Hauptadressaten des Buches sind die Einwohnerinnen und Einwohner des Landkreises Hameln-Pyrmont. Das Buch zielt aber auch auf einen Leserkreis darüber hinaus. Es hat exemplarischen Charakter, insofern vergleichbare Veröffentlichungen den Autoren für Niedersachsen und Norddeutschland nicht bekannt sind, aber angesichts der Gefährdung der Dorfkirchen wünschenswert wären.

Die Autoren bedanken sich bei allen Küsterinnen und Küstern, Pastorinnen und Pastoren, die uns „ihre" Kirche öffneten, zeigten und erklärten. Bislang sind nur wenige Kirchen verlässlich geöffnet und ein Besuch ist nicht ganz einfach zu realisieren. Mögen die Kirchenvorstände das Buch als Appell verstehen, feste Öffnungszeiten einzurichten.

Das Buch stellt die Kirchen und Kapellen des Landkreises Hameln-Pyrmont in Bild und Text in ihrer Vielfalt und mit ihren Besonderheiten vor. In kirchlicher Hinsicht bildet der Landkreis keine Einheit. Neben dem Kirchenkreis Hameln-Pyrmont sind auch Teile der Kirchenkreise Hildesheimer Land-Alfeld und Grafschaft Schaumburg einbezogen. Mit Deckbergen und Bremke werden darüber hinaus zwei Kirchen berücksichtigt, die außerhalb des Landkreises liegen.

Zur besseren Orientierung sind die Gotteshäuser nach den Regionen der drei Kirchenkreise Hameln-Pyrmont, Hildesheimer Land-Alfeld und Grafschaft Schaumburg geordnet. Jeder Region wird eine Karte vorangestellt. Darüber hinaus erleichtert ein Ortsregister und ein Register der Künstler und Architekten die Suche.

In einer historischen Einführung wird die Entwicklung der heimischen Kirchen von den Anfängen im 11. Jahrhundert bis ins 20. Jahrhundert skizziert. Tiefe Einschnitte brachte die Reformation mit der Abschaffung des Heiligenkultes; furchtbar waren die Zerstörungen im Dreißigjährigen Krieg; im 18. und 19. Jahrhundert erhielten nicht wenige Kirchen neue und größere Schiffe. Es ist auch die Zeit, in der zahlreiche Pfarrhäuser errichtet werden. Neuerungen in der Liturgie mit Folgen für den Kirchenbau und die Gestaltung des Kircheninneren brachte das 19. Jahrhundert. Neue Kirchenbauten hat es im 20. Jahrhundert in Hameln-Pyrmont nur in ganz wenigen Fällen gegeben.

Bessingen

Ein weiteres Kapitel ist der Gegenwart und der Zukunft der Dorfkirchen in Hameln-Pyrmont gewidmet. Funktion und Rolle der Kirchen verändern sich aktuell mit hoher Dynamik. Dies gilt für Kirchen als gebaute Orte ebenso wie für die christlichen Kirchen als Institution. Die zahlreichen Kirchenaustritte sind ein deutliches Zeichen für eine Abkehr von der Institution Kirche, und aus eigener Erfahrung wissen wir ebenso wie aus den sich ähnelnden Statistiken beider Amtskirchen, wie dürftig inzwischen normale Gottesdienste besucht werden.

Was verstehen die Autoren unter einer Dorfkirche? Es sind zunächst schlicht die Kirchen, die in Dörfern liegen oder – in Folge der Gebietsreformen in den 1970er Jahren inzwischen eingemeindet – lagen. Dorfkirchen unterscheiden sich aber auch baulich von Stadtkirchen, wie im folgenden Kapitel erläutert werden wird. Einen Sonderfall stellen die Schloss- und Gutskapellen wegen ihrer z.T. außerordentlich prächtigen Ausstattung dar. Weil sie in der Regel zugleich als Gemeindekirchen dienen, werden sie in dieses Buch aufgenommen.

Das Weserbergland ist traditionell protestantisch. Katholische Kirchen auf dem Land wurden nach dem Zweiten Weltkrieg in Orten wie Lauenstein, Hemeringen, Aerzen und Emmerthal gebaut. Inzwischen werden sie teilweise nicht mehr genutzt. Sie bleiben in diesem Buch unberücksichtigt.

Die Darstellung stützt sich auf die zentrale kunsthistorische Literatur:

- Georg Dehio, Handbuch der Deutschen Kunstdenkmäler Bremen Niedersachsen, 1992
- die vom niedersächsischen Landesdenkmalamt herausgegebenen Kunstdenkmäler des Landkreises Hameln-Pyrmont, 1975
- und das im Entstehen begriffene historische Kirchengemeindelexikon der evangelisch-lutherischen Landeskirche Hannover (www.Kirchengemeindelexikon.de).

Die Autoren nutzen aber auch alles an Info-Material, was die Kirchengemeinden herausgegeben haben (Flyer, Broschüren, Internetauftritte), die Ortschroniken und die regelmäßigen Berichte in der Deister- und Weserzeitung.

Die Darstellung verzichtet auf Anmerkungen, um die Texte nicht unnötig zu belasten.

Es ist der Anspruch der Autoren, auf wissenschaftlicher Grundlage allgemeinverständlich zu schreiben. Am Ende des Buches findet sich eine Erläuterung der wichtigsten Fachbegriffe.

Zu einigen Kirchen gibt es offene Fragen. Das betrifft vor allem Lüntorf, Welsede und Wangelist. Zu diesen Kirchen haben die Autoren eigenständig recherchiert, wobei es nicht selten bei Vermutungen bleiben muss.

Nicht oder nur ausnahmsweise werden angesprochen die Orgeln, wohl aber die Orgelprospekte, die nicht selten herrliche Rauminstallationen darstellen, ebenso nicht die Glocken, die Epitaphien und die häufig sehr alten und wertvollen Abendmahlsgeräte. Auch die Pfarrhäuser, Pfarrwitwenhäuser und Pfarrscheunen finden nur in besonderen Fällen Erwähnung.

Holtensen, St. Aegidius

DIE DORFKIRCHEN IN HAMELN-PYRMONT – IHRE HISTORISCHE ENTWICKLUNG

Die Zeit der Romanik und Gotik

Nach der Integration der Sachsen ins Frankenreich und ihrer gewaltsamen Christianisierung begann Karl der Große (768-814, König des Frankenreiches) mit dem Aufbau von Bistümern. Für das Bistum Minden wird bald nach 800 damit gerechnet. Das Bistum Hildesheim wurde 815 von Karls Sohn Ludwig dem Frommen neu gegründet. Er war es auch, der die Grundlage für einen Ausbau der kirchlichen Strukturen schuf. Um die weiträumigen Diözesen zu erschließen, wurden Archidiakone als Aufsicht über den Klerus und für Visitationen eingesetzt. Archidiakonatssitze befanden sich für das Bistum Minden in Kirchohsen, in Apelern und dem Stift Obernkirchen, für Hildesheim in Elze und Wallensen.

Gutshaus Diedersen

Gründung und Unterhalt der Kirchen

Die ersten Kirchen wurden im 8. und 9. Jahrhundert vom Adel, Klerikern und Klöstern gegründet. Die archivalische Überlieferung setzt allerdings erst mit dem 10. Jahrhundert ein. Baulich sind diese frühen Kirchen nicht mehr nachweisbar.

Bischof Godehard von Hildesheim (960-1038) soll über dreißig Kirchen teils selbst gegründet oder ihren Bau veranlasst haben. Die Gründer stellten Ländereien und Mittel für den Kirchenbau zur Verfügung und waren für den Unterhalt zuständig. Aus ihrer Gründung leiteten sie das Patronatsrecht ab, das umfangreiche Herrschafts- und Nutzungsrechte beinhaltete. Sie erhielten den Kirchenzehnten bzw. Anteile davon, also die Abgaben der zehntpflichtigen Untertanen. Der Patron bzw. Gutsherr hatte von alters her das Recht, Lehrer, Küster und Pastoren zu ernennen. Ihm stand in der Kirche eine Patronatsloge bzw. -prieche zu sowie das Recht, sich in der Kirche bestatten zu lassen.

Das Patronat über die Kirchen übte im Weserbergland ganz überwiegend der Landadel aus, z. B. in Aerzen die von Münchhausen, in Hastenbeck die von Reden. In Bisperode galt ein dingliches Patronat, das die Besitzer des Guts ausübten. In Holtensen und Fuhlen hat die Äbtissin des Stiftes Fischbeck noch heute das Patronat inne. Das Patronat war frei verkäuflich. So erwarb die Familie von Hake das Patronat über die Kirche von Klein Berkel im Jahre 1746 und übt es bis heute aus.

Mit dem im 12./13. Jahrhundert immer weiter fortschreitenden Landesausbau entstand allmählich ein engmaschiges Netz von Kirchen. Zunehmend förderten auch die Landesherren und hohe Amtsträger den Bau. Der Drost Statius von Münchhausen (1555-1633) hat in der Zeit vor dem Dreißigjährigen Krieg den Bau von insgesamt acht Kirchen veranlasst, darunter in Hameln-Pyrmont Lüntorf und Voremberg. Als Nachweis des landesherrlichen Engagements findet sich an Portalen oder Schlusssteinen Schaumburger Kirchen häufig das Nesselblatt (Segelhorst, Großenwieden, Deckbergen). In Neersen ist sowohl das Spiegelberger Wappen (der Hirsch) als auch das Pyrmonter Ankerkreuz zu finden.

Landesherrliche Wappen

Ortslage und Bauweise

Bei den ersten Kirchen handelte es sich vermutlich um einfache Holz- bzw. Fachwerkkirchen. Wer Kirchen baute, richtete sich an einem klug gewählten Standort in der Mitte des Ortes und häufig an seiner höchsten Stelle „auf Ewigkeit“ ein.

Die ältesten aus Stein errichteten Kirchen Hameln-Pyrmonts stehen in Oldendorf, Wallensen, Bäntorf und Eimbeckhausen. Sie stammen in Teilen aus dem 12. Jahrhundert, so wie der Chor der Kirchen von Oldendorf und Wallensen mit deutlichem Hildesheimer Einfluss. Auch Teile der Eimbeckhäuser und der Fuhlener Kirche sind zu nennen. Allen gemeinsam ist die Ausführung in sorgfältig behauenem Quadermauerwerk.

Nahezu alle späteren Dorfkirchen sind in geschlämmtem oder verputztem Bruchsteinmauerwerk errichtet. Nur die Wangelister und die Rohrser Kapelle und einige Giebel oder Anbauten sind in Fachwerk gebaut. Erst in der zweiten Hälfte des 19. Jahrhunderts setzte der Konsistorialbaumeister C. W. Hase „materialgerechte“ Bauten in Ziegelstein durch. Für die Dacheindeckung nutzte man Sollingsandstein-

Chor und Apsis von Oldendorf

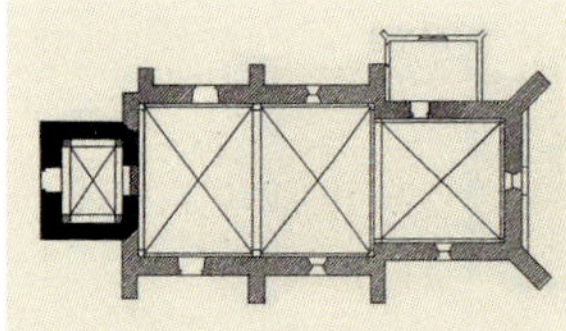

Grundriss Segelhorst (Quelle: Siebern, Kunstdenkmäler) und Ansicht von Süden

platten. Ein sehr schönes Beispiel findet sich in Eimbeckhausen. Die Deckung mit Sandstein ist inzwischen leider vielfach der billigeren Eindeckung mit Dachziegeln gewichen.

Die typische Dorfkirche ist einschiffig und hat zwei bis maximal drei gewölbte Joche mit einem meistens eingezogenen Rechteckchor. Nur die Kirchen in Oldendorf, Wallensen und Fuhlen (bis 1738) besitzen bzw. besaßen eine halbrunde Apsis. Der Westturm konnte eingezogen sein oder die gleiche Breite wie das Schiff haben. Nur für Aerzen und Eimbeckhausen lassen sich kreuzförmige Grundrisse nachweisen.

Um 1300 war die Gründungsphase in Hameln-Pyrmont abgeschlossen. In den folgenden zwei Jahrhunderten kam es nur zu wenigen Neubauten wie in Beber (1499), Tündern (Anfang 15. Jahrhundert), Haverbeck (1495) und Lauenstein (Bau II, um 1500). Dazu sind mehrere Erweiterungen (Deckbergen, Latferde, Spiegelberger Kapelle in Lauenstein) zu nennen.

Eine Besonderheit stellen die Gutskapellen in Welsede, Ohr und Hämelschenburg dar. Sie sind nicht in das Herrenhaus integriert, sondern stehen auf dem Vorhof der Anlage. So konnte die ganze Dorfgemeinschaft an den Gottesdiensten teilnehmen. Bei den Bauten handelt es sich um kleine Saalräume ohne abgesonderten Chor. Wie bei den meisten Dorfkirchen gibt es eine Gutsherrenprieche mit separatem Zugang.

Die Kirchen waren immer von einem Friedhof umgeben. In vorreformatorischer Zeit versprach man sich von der größtmöglichen Nähe zu den Reliquien der Heiligen ihre Fürsprache beim Jüngsten Gericht. Im Turm (Lachem), in einer Gruft im Inneren (Aerzen, Wallensen) oder einer außen angebauten Gruft (Bisperode) wurden besonders privilegierte Personen bestattet, die Familie des Patronatsinhabers oder kirchliche Würdenträger. Grabsteine und Epitaphien aus unterschiedlichen Epochen sind erhalten, stehen teilweise noch an Ort und Stelle, an den Außenwänden der Kirche oder sogar im Inneren. Um 1800 begann man, aus hygienischen und Platzgründen die Toten auf außerhalb des eigentlichen Ortskerns angelegten Friedhöfen zu bestatten.

Afferde mit der Mauer des ehemaligen Friedhofs

Kirchtürme

Alle Kirchenbauten erhielten Türme, die in der Regel im Westen standen. Die einzige Ausnahme bildet Salzhemmendorf, wo der Turm im

Großenwieden

Groß Berkel

Osten steht. Als seit dem 17. Jahrhundert zahlreiche Kirchenschiffe neu gebaut werden mussten, blieben die alten Kirchtürme häufig bestehen. Beispiele sind Holtensen, Lachem und Benstorf. Hinweise für ihren Ursprung in der Romanik sind die Teilungssäulchen der Schallöffnungen mit ihren Würfelkapitellen und den Basen mit Eckspornen.

Nicht wenige Türme waren ursprünglich nur von innen durch den Kirchenraum zugänglich (Weibeck, Afferde, Benstorf, Oldendorf). Die Westportale wurden häufig erst später eingebrochen. Ihr starkes, gerade aufsteigendes, fensterloses Mauerwerk lässt die Türme wehrhaft wirken. Heute spricht man von Fluchtkirchen, da die dicken Mauern vor Brand und kleineren Scharmützeln schützten und auch genug Platz für Menschen mit ihrem Hab und Gut boten. Schlitzfenster oder Schlüsselscharten dienten der Belichtung und Belüftung, waren aber keinesfalls als Schießscharten geeignet. Die dahinter liegende Wandaussparung wäre für Bogen- oder Armbrustschützen viel zu gering.

In der späteren Gotik hat man die Turmhelme von einem Viereck in ein lang ausgezogenes Achteck überführt (Beber, Krückeberg, Holtensen, Niederbörry). Nach einer Zerstörung z.B. durch Blitzschlag wurden sie in dieser Form wieder aufgebaut. Sie sind bis heute für das Ortsbild prägend.

Fuhlen, Nordportal

Bauplastik

Bauplastik aus romanischer Zeit hat sich nur wenig erhalten. Zu nennen sind die beiden Tympana in Holtensen und Lachem, die in ihrer handwerklichen Schlichtheit nur schwer zeitlich einzuordnen sind. Verzierungen am Nordportal in Fuhlen – ein Palmettenringbandkapitell, ein Blattkapitell und Blattranken mit Fabelwesen – zeigen deutlich ihre Herkunft aus Hildesheim.

Holtensen, Tympanon

Kruzifixe, Einzelskulpturen und Taufbecken

An Ausstattungsgegenständen aus vorreformatorischer Zeit sind einige wenige Kruzifixe und Taufbecken zu nennen.

Die ältesten Kruzifixe befinden sich in Kirchen, die zu Schaumburg gehörten oder noch gehören. Ein auf ein Vorbild im Dom zu Lucca zurückgehender „Viernageltypus“, der Christus als Triumphator darstellt, hängt in der St. Magnuskirche in Beber. Bekannter ist der um 1200 entstandene Torso in Deckbergen. Trotz Krone und der geöffneten Augen kommt durch eine stärkere Bewegtheit auch das Leiden zum Ausdruck. Beide Kreuze sind aufgrund ihrer Größe als Triumphkreuze anzusprechen, die im Chorbogen ihre Aufstellung fanden.

Beber

In der Gotik überwiegen die kleineren Kreuze, die auf den Altären standen, über den Retabeln hingen oder als Vortragekreuze dienten. In den bewegten Zeiten des 14. Jahrhunderts, die durch Not und Krankheiten wie die Pest gekennzeichnet waren, rückte das Leiden Christi in den Vordergrund. Eine expressive Leidensdarstellung zeigt das Kruzifix in Krückeberg. Weitere Kreuze dieser Art sind in Beber (1499), Hajen (1500) und Flegessen (Ende 15. Jahrhundert) zu finden. Alle Kreuze sind mit eckigen oder scheibenförmigen Enden versehen, im Fall von Hajen mit den Evangelistensymbolen bemalt.

Einzelskulpturen gibt es nur wenige. Tündern bewahrt eine Pieta, die in der Spätgotik als Andachtsbild verehrt wurde. Esperde und Bremke haben Madonnenfiguren. Reich ist der Bestand an Skulpturen in der Wangelister Kapelle. Herkunft und frühere Aufstellungsorte aller Plastiken sind allerdings unbekannt.

Krückeberg

Im Laufe der letzten Jahrzehnte ist eine Reihe von Sandsteintaufen aufgefunden worden, die als Blumenkübel oder Tränke zweckentfremdet worden waren. Sie wurden entweder wieder in Gebrauch genommen oder im Kirchhof aufgestellt. Da sie für die Ganzkörpertaufe eines Säuglings gedacht waren, haben sie einen relativ großen

Umfang. Weitgehend schmucklose Beispiele gibt es in Tündern und Afferde. In Hajen steht ein Becken mit einem schlichten Bandornament. Die Wandung des Fuhlener Beckens ist mit gotischen Dreipässen geschmückt.

Tündern

Wandmalereien

Man kann davon ausgehen, dass nahezu alle vorreformatorischen Kirchen farbenprächtig ausgemalt waren, die Wände mit biblischen Themen, Heiligenfiguren und Aposteln, die Decken, Gurtbögen, Kreuzrippen und Fensterlaibungen mit Rankenmalerei und Ornamenten. Davon hat sich nur ein Bruchteil erhalten. Nach der Reformation wurden Heiligendarstellungen und nicht-biblische Szenen zumeist übertüncht. Bei späteren Restaurierungen stellte man allerdings fest, dass die Bilder erst 30 Jahre nach der Reformation, vielfach sogar erst im frühen 17. Jahrhundert übermalt worden waren. Viel wurde bei Umbaumaßnahmen und unsachgemäß durchgeführten Freilegungen zerstört. Deswegen blieben häufig nur die Untermalung und Vorzeichnungen erhalten.

Das gilt auch für die Ausmalung in Großenwieden. Dennoch ist sie mit ihrem Szenenreichtum, der Bewegtheit der Figuren, den landschaftlichen Hintergründen und der architektonischen Rahmung der Sakramentsnische sowie der Vorhangdraperie einzigartig – auch über den Landkreis hinaus.

In Deckbergen haben sich drei Apostelbilder und Rankenmalerei erhalten. In Segelhorst wurden zwei stark überarbeitete Marienfiguren freigelegt. In Beber fand man Evangelistenfiguren mit Inschriften, die wieder verdeckt wurden. Nur die vorreformatorischen Weihekreuze blieben sichtbar.

Deckbergen

Flügelaltäre

Von acht in nachreformatorischer Zeit vorhandenen Flügelaltären sind heute noch sechs aufgestellt. Die beiden aus Fuhlen und Haverbeck wurden Ende des 19. Jahrhunderts in Museen gebracht. Bei den Altären aus Fuhlen und Deckbergen handelt es sich um Schnitzaltäre mit bemalten Außenflügeln. Auf den Innenflügeln sind Heilige unter gotischen Baldachinen in Doppelreihen angeordnet. Der Mittelteil wird in Fuhlen von einer Marienfigur und in Deckbergen von einer Kreuzigung beherrscht.

Deckbergen

Auf den gemalten oder geschnitzten Altären in Haverbeck, Lüntorf, Eimbeckhausen und Beber ist in der Mitte der figurenreiche Kalvarienberg bzw. die Kreuzigung zu sehen, auf den Seitenflügeln kleine Szenen aus der Passionsgeschichte.

Der Altar in Reher wurde aus unterschiedlichen Teilen neu zusammengesetzt, der in Wangelist stammt ursprünglich aus dem Schaumburgischen. Er zeigt im Mittelteil den Marientod, darum herum Szenen aus Heiligenlegenden.

Die Altäre haben aus verschiedenen Richtungen Einflüsse aufgenommen, aus dem Hildesheimer Raum, Westfalen und Göttingen. Ein eigenständiges heimisches Kunstzentrum lässt sich nicht feststellen.

Hämelschenburg - erster protestantischer Kirchenbau in der Region

Die Änderungen durch die Reformation

Die Entscheidung über die Einführung der Reformation lag bei der jeweiligen Obrigkeit. In Hameln-Pyrmont dauerte es fast 20 Jahre, bis überall das neue Bekenntnis galt. Coppenbrügge (Grafschaft Spiegelberg) und das Amt Lauenstein (Fürstentum Calenberg) traten bereits 1540 zum Luthertum über. Das Schlusslicht bildete Schaumburg, das die Reformation 1559 einführte.

Die Reformatoren bemühten sich darum, ihre Ideen durch die Einrichtung von Superintendenturen und vor allem durch Visitationen recht schnell auch auf dem Lande durchzusetzen. Bei der Verbreitung halfen die neuen Lieder und der neue Katechismus.

Segelhorst – mit den protestantischen „Prinzipalstücken“ Altar, Kanzel, Taufe und auch Orgel

Mit der Reformation war zunächst kein neues architektonisches Programm verbunden. Abgesehen von der 1563 errichteten Schlosskapelle von Hämelschenburg wurden in Hameln-Pyrmont keine neuen Kirchen errichtet. Dafür wurden aber alle vorhandenen auf die Erfordernisse eines evangelischen Gottesdienstes ausgerichtet. Die Kirche war nicht mehr geweihte Wohnstätte Gottes, sondern Versammlungsort der Gemeinde. Von den sieben katholischen Sakramenten blieben mit Taufe und Abendmahl nur noch zwei.

Die Anhäufung von Altären, Heiligenfiguren, Bildern und liturgischem Gerät, wie sie für die vorreformatorischen Stadtkirchen typisch war, ist sicher nicht auf eine Dorfkirche übertragbar, aber dennoch gab es auch hier etwas umzuräumen, zu entfernen oder neu aufzustellen. Die wichtigste Neuerung war die Aufstellung der „Prinzipalstücke“ Kanzel, Taufbecken und häufig auch Opferstock um den Altar, der weiter verwendet wurde und seinen angestammten Platz behielt.

Der Kanzel kam mindestens die gleiche Bedeutung zu wie dem Altar. Wichtiger als die Bilder war nun das Wort, unter dem sich die Gemeinde versammelte. War die Kanzel in den katholischen Kirchen ursprünglich in der Mitte der Südseite aufgestellt, wurde sie jetzt bewusst in die Nähe des Altars gerückt, und zwar meistens an den Übergang vom Schiff zum Chor. Die zentrale Forderung an den neu zu gestaltenden Kirchenraum waren ein freier Blick auf Altar und Kanzel, eine gute Akustik und ein ungehinderter Zugang zum Altar.

Kirchenstühle

Eine der wichtigsten Veränderungen betraf den Einbau und vor allem die geordnete Vergabe des Gestühls. Vor der Reformation hatte es feste Sitzplätze nur für den Klerus, Amtspersonen und die Patronatsherren gegeben. In den Städten beanspruchten immer mehr privilegierte Bürger, Mitglieder des Magistrats, der Gilden und Zünfte, bereits im 14. und 15. Jahrhundert Sitzplätze.

Salzhemmendorf – vorreformatorische Altarmensa mit Öffnung zur Reliquiengrube und Weihekreuz auf der Deckplatte

Auch in den Kirchen der Reformation wurde täglich Gottesdienst gefeiert, an Sonn- und Feiertagen zweimal; erst im 18. und frühen 19. Jahrhundert veränderte sich diese Praxis. Das Argument, dass die Stühle wegen der langen Predigten eingebaut wurden, gilt für das 16. Jahrhundert noch nicht. Vielmehr war es das Bedürfnis nach einem repräsentativen, individuellen Sitzplatz, das von der Obrigkeit schließlich akzeptiert und durch ein juristisches System, das Kirchenstuhlrecht, kanalisiert wurde. Ein Grund für die schnelle Einrichtung der Bestuhlung spielte auch die Tatsache, dass sich dadurch eine neue Geldquelle erschloss. Mit den Einnahmen aus dem „Stuhlverkauf" wurden die Kosten zur Erhaltung des Gebäudes bestritten.

Die Stühle wurden durchnummeriert oder mit dem Namen des Stuhlbesitzers versehen. Man findet die Namen noch heute an altem Kirchengestühl in Neersen, Lachem und Haverbeck eingeschnitzt oder aufgemalt. Kirchenstühle wurden nur auf Lebenszeit verkauft, ein Tausch war ausgeschlossen.

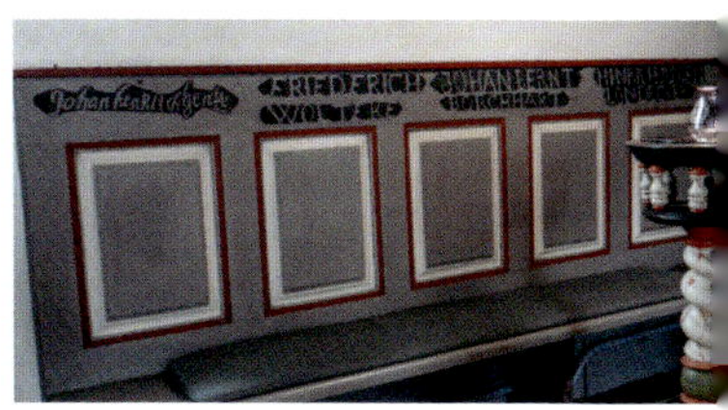

Neersen

Auf den Dörfern war die Bestuhlung des Kirchenraums Ende des 16. Jahrhunderts weitgehend abgeschlossen. Um genügend Plätze für die ganze Gemeinde bereit zu stellen, wurden Emporen eingebaut. Die Männer saßen oben, die Frauen unten. Bevorzugte Plätze vorn am Chor hatten die Pastoren- und die Lehrersfamilie. Nach hinten schlossen sich die Bänke der Voll- und Halbmeier sowie der Voll- und

Hajen, Adelspriech (rechts)

Halbkötner an. Die Häuslinge, der Müller, die Handwerker, die Mägde und Knechte bekamen die hinteren Plätze oder sie mussten stehen.

Die Kirchenstuhlregister und -pläne sind ein Spiegel der stark hierarchisch gestuften dörflichen Gesellschaft. Von einer Dorf-"Gemeinschaft“ sollte man nicht reden. Nicht selten gab es Streit, und zwar immer dann, wenn ein Stuhlinhaber einen besseren Platz als den ihm zugewiesenen beanspruchte.

Die Adelspriechen, die sich in fast allen Kirchen finden, mussten nicht gekauft werden, sondern wurden vererbt. In Lachem besaßen die beiden Ranghöchsten, der Vertreter der Familie von Mengersen und der jeweilige Amtsvogt, jeder eine eigene Prieche mit jeweils eigenem Zugang von außen. Dort befanden sie sich auf Augenhöhe mit dem predigenden Pastor und saßen zugleich vor Blicken geschützt über der Gemeinde.

Fuhlen, Empore

Malereien und Heiligenfiguren

Luther war nicht grundsätzlich gegen Bilder eingestellt, solange man sie nicht anbetete, sondern nur als didaktisches Mittel anwendete. 1525 schrieb er, Bilder seien „zum ansehen, zum zeugnis, zum gedechtnis, zum zeychen“ erlaubt. Daraus entwickelte sich ein neues, häufig mit erläuternden Texten versehenes Bildprogramm. An den Kanzeln findet sich die Darstellung der vier Evangelisten als Verkünder des Evangeliums. Die Brüstungen der Emporen sind der bevorzugte Ort für die Bilder der Apostel und der alttestamentarischen Propheten.

Bei der Ausstattung mit Bildern widmete Luther dem Altar die größte Aufmerksamkeit:

> „Wer hier Lust hätte, Tafeln auf den Altar lassen zu setzen, der sollte lassen das Abendmahl Christi malen. ... Denn weil der Altar dazu geordnet ist, daß man das Sacrament drauf handeln solle, so könnte man kein besser Gemälde dran machen.“

Oldendorf, Kanzel

So finden sich in fast allen Kirchen im Mittelteil der Altäre, fast ausnahmslos in der Predella, Abendmahlsbilder. Besonders viele Darstellungen haben sich in den Schaumburger Kirchen erhalten. Vielleicht wollten sie damit nach der späten Einführung der Reformation (1559) besonders nachdrücklich auf ihre Konversion hinweisen.

Die in aller Regel aus praktischen Gründen rechteckigen Abendmahlsbilder (Ausnahmen Latferde, Krückeberg und Hohnsen) wurden immer nach Vorbildern gemalt, häufig nach niederländischen Stichen.

Meistens sitzen die Jünger mit Jesus im Mittelpunkt an einem Tisch, auf dem allerlei Speisen dargestellt sind. In Frenke sind sie nach römischer Manier halb liegend dargestellt. Der bartlose Lieblingsjünger Johannes sitzt oder lehnt stets rechts neben Jesus. Der Verräter Judas wird häufig mit negativ konnotierten roten Haaren und im Profil gezeigt. An seiner Seite hängt der Beutel mit den Silberlingen. In Segelhorst hat man Jünger als Luther und Melanchton porträtiert und sie damit als Apostel geadelt.

OBEN NIEDERBÖRRY, UNTEN HOHNSEN

Die einzigen namentlich bekannten Maler sind B. Woltemathe, der Bilder in Ober- und Niederbörry und in der Rintelner Kirche hinterlassen hat, sowie J. Woltemathe, der in Aerzen die Bilder an der Münchhausenprieche geschaffen hat. Mehr als dass beide aus Hameln stammen, ist über sie nicht in Erfahrung zu bringen.

Vereinzelt hat es auch nachreformatorische Wandmalerei gegeben. So hat man in Hajen die Epitaphien mit einer anthrazitfarbenen Schattenmalerei umgeben. Den bemerkenswerten, aus dem Anfang des 17. Jahrhunderts stammenden Malereien in Salzhemmendorf liegt ein umfangreiches Bildprogramm zu Grunde: Weltgericht, Apostelreihe, Verkündigung an Maria, Geburt Christi, Kreuzigung und Auferstehung. Bisher sind sie nur gesichert, aber nicht restauriert worden und deswegen nur schlecht zu erkennen.

Epitaphien

Epitaphien gab es schon in katholischen Kirchen. Der kniende Beter erhofft sich durch die Stiftung eine Fürbitte und Hilfe zur Erlangung des Seelenheils. Heilige stehen ihm zur Seite, um bei Christus für ihn zu bitten.

LAUENSTEIN (AUSSCHNITT)

Nach der Reformation wandelte sich das Epitaph zu einem Bekenntnisbild, in dem sich der oder die Verstorbene zur Auferstehung Christi und die daran gebundene Gnade bekennt. Die Inschrift auf dem Epitaph der Heilewig von dem Werder in Lauenstein (St. Nikolai) spricht allein die Hoffnung aus, dass Gott der Seele gnädig sei.

Im frühen 17. Jahrhundert erweitert sich das Themenrepertoire. In Tündern ist über den Verstorbenen das Jüngste Gericht dargestellt. Ein besonderes anrührendes Beispiel ist in Schwöbber das Epitaph für ein verstorbenes Kind: unter der Verkündigungsszene beugt sich ein Engel zum Kind hinab, um es in den Himmel zu führen.

oben Lauenstein,
unten Großenwieden

Am Ende des 17. Jahrhunderts überwiegen die persönliche Selbstdarstellung und die Sorge um den Nachruhm. Der Lebenslauf wird ausführlicher, der christliche Bezug wird in Form einer Allegorie von Glaube und Zeit (Ohr) hergestellt oder entfällt gänzlich wie in Hastenbeck, wo das Epitaph zum persönlichen Denkmal geworden ist.

Orgel

Eine neue Bedeutung erhielt der Gemeindegesang durch die Reformation. Er trat als Antwort der Gemeinde auf die Predigt gleichberechtigt neben das Gebet. Seit der Mitte des 17. Jahrhunderts wurde er von der Orgel begleitet. Die älteste Orgel steht in der Gutskapelle von Welsede. Sie stammt von 1735 und ist noch tadellos spielbar. Alle anderen Orgeln wurden ein- oder mehrmals erneuert, wobei der aufwändig gestaltete Prospekt häufig wieder verwendet wurde.

Die Stellung des Pfarrers und die Pfarrhäuser

Jede Kirche war mit Land in der Größe eines Meierhofes ausgestattet. Die Pastoren bezogen zudem von allen Hofstellen Naturalien und Deputate, die genau aufgelistet und festgeschrieben waren. Zur Aufbewahrung gab es die Pfarrscheune. Bis ins 18. Jahrhundert hinein mussten sich die Pastoren selbst ernähren. 1597 klagte der Pfarrer Johann Peschelius:

> „Wir armen Pfarrern auf den Dörfern können nicht immer studieren, dieweil wir mit der beschwerlichen Mühe des Ackerbaus beladen sind."

Die Kirchenleitung hatte immer die Sorge, dass der Pfarrer zu sehr „verbauert". Zum Pfarrdienst dieser Zeit gehörten neben dem Gottesdienst oftmals lediglich die Kasualien wie Taufe, Konfirmation, Hochzeit und Beerdigung. Eine sich über den gesamten Wochenverlauf erstreckende Gemeindearbeit im heutigen Sinn gab es noch nicht. Mit der Reformation änderte sich daran zunächst nichts.

Folgenreich aber war, dass durch die Aufhebung des Zölibats nun Pfarrhäuser für große Familien benötigt wurden, außerdem Pfarrwitwenhäuser, Küsterhäuser und Schulhäuser. Sie alle bildeten (neben dem Herrenhaus) den Mittelpunkt des Dorfes. Solche Ensembles finden sich noch in Weibeck, Lachem und Deckbergen.

Flegessen – Pfarrhaus und Pfarrscheune

Erst um 1800 konnte sich der Pastor, der nicht mehr nur in Naturalien bezahlt wurde, nach und nach aus der Landwirtschaft zurückziehen. Neben dem Zier- und Gemüsegarten legte man nun wie in Beber kleine Landschaftsgärten an. Die Gärten in Flegessen und Hachmühlen haben sich leider nicht erhalten. Im 19. Jahrhundert entstanden repräsentative Pfarrhäuser (Deckbergen, Osterwald, Wallensen), die sich zu Zentren der Bildung und Kultur entwickelten, in denen ein reges geselliges Leben herrschte. Innerhalb der Dorfgemeinschaft hatte der Pastor als Vertreter der Obrigkeit immer eine herausgehobene Stellung.

Besonderheiten des protestantischen Kirchenbaus

Das erste Kirchenbauprogramm hat der Baumeister Joseph Furttenbach aus Ulm 1649 formuliert. Mit Rücksicht auf den Prediger, dem damals kein Mikrophon zur Verfügung stand, sprach er sich gegen Gewölbe wie in den mittelalterlichen Kirchen aus,

> „Sintemal die alten hochgewölbten Kirchengebäude sehr widerhallen, dem Redner die Wort' so hart zu sprechen, viel Ungelegenheit ja manchmal schändliche Leibesgebreßten verursachen."

oben Afferde, unten Behrensen

Außerdem müsse die Sicht frei bleiben, „damit die von altersher gebrauchten kostbaren Säulen den Zuhörern nicht verdrießlich vor dem Gesichte stehen." Altar, Kanzel und Orgel sollten „in Gesicht und Gehör gerichtet sein".

In der Folge experimentierte man mit verschiedenen Raumformen, Zentralbauten, Querkirchen oder gar zwei Kirchenräumen, die im rechten Winkel aufeinander stoßen. Letztlich blieb man bei den Dorfkirchen bei dem schlichten längsrechteckigen Raum.

Durch das von Luther postulierte „Priestertum aller Getauften" wurde das liturgische Zentrum Teil des Gemeinderaums. Ein abgesonderter, dem Priester vorbehaltener Chorbereich entsprach damit nicht den Vorstellungen eines protestantischen Kirchenraums.

In den lutherischen Kirchen tritt die Auslegung des Wortes Gottes gleichberechtigt neben das Sakrament des Altars (Abendmahl). Sinnfälligen Ausdruck findet dies im Kanzelaltar, bei dem die Kanzel (manchmal auch noch die Orgel) über dem Altar hängt, flankiert von Säulen, die beides zu einer Einheit zusammenfassen. Als Bekrönung wird im 18. Jahrhundert besonders oft das „Auge Gottes" verwendet, das von einem Dreieck, dem Symbol der Dreifaltigkeit, eingerahmt ist. Auf diese Weise war der Pfarrer bei der Predigt gut zu sehen und zu hören. Die vertikale Achse von Altar und Kanzel bildete die Gleichwertigkeit von Wort und Sakrament ab.

Lauenstein

Von den 70 Dorfkirchen im Landkreis Hameln wurden 30 mit Kanzelaltären ausgestattet. Davon existieren 24 bis heute. Besonders viele stehen in der Ith- und Saale-Region. Die Schaumburger Kirchen, die nicht dem Konsistorium in Hannover unterstanden, haben dagegen ihre ursprünglichen Altäre behalten.

Anfänglich war oberhalb des Kanzelaltars noch die Orgel aufgestellt. Je größer die Instrumente wurden, desto schwieriger wurde es jedoch, sie dort unterzubringen. Sie fanden ihren Platz auf der Westempore. Eines der wenigen erhaltenen Beispiele für Orgeln in Verbindung mit einem Altar steht in Hämelschenburg.

Das Abendmahl wurde entweder vor den Altarschranken oder als Wandelkommunion ausgeteilt. Bei letzterer wurde auf der nördlichen Seite das Brot ausgeteilt, zuerst den Männern, dann den Frauen. Nach einem Gang durch die beiden Sakristeitüren empfing man anschließend auf der südlichen Seite den Wein.

Bakede

Kirchenbau im frühen 19. Jahrhundert unter dem Einfluss von Rationalismus und Klassizismus (Konsistorialbaumeister Hellner)

Seit dem Dreißigjährigen Krieg waren zahlreiche Kirchen in einem beklagenswerten Zustand. Wegen der schlechten wirtschaftlichen Lage hatte sich daran auch noch im 18. Jahrhundert wenig geändert.

Bis zum Beginn des 18. Jahrhunderts lagen Kirchenbauangelegenheiten allein in den Händen der Gemeinde und des Pfarrers. Die Baukosten wurden durch einen Fond, durch den Patron und die Gemeinde (kirchliche und politische Gemeinde waren noch nicht getrennt) bestritten, deren Geld aber häufig nur für kleinere Reparaturen reichte. Die örtlichen Handwerker führten die Arbeiten oft nicht fachgerecht aus, sodass ein Sanierungsstau entstand.

Wegen der steigenden Zahl von Bittgesuchen an das Königshaus Hannover zog das für Kirchenangelegenheiten zuständige Konsistorium seit Anfang des 18. Jahrhunderts mehr und mehr die Bauplanung und die Kontrolle der Rechnungen an sich, bis es schließlich eine eigene Abteilung für Bauangelegenheiten einrichtete. Die Neuordnung führte in der Folgezeit zu einer regen Bautätigkeit.

Friedrich August Ludwig Hellner (1791-1862) erhielt 1824 als erster den Titel „Konsistorialbaumeister". Ihm oblagen zwei Aufgaben. Als Revisor hatte er Pläne und Rechnungen zu überprüfen. Als Architekt sollte er kirchliche Bauten entwerfen, die Bauausführung leiten und Untersuchungen vor Ort vornehmen. Die Aufgabe umfasste alle kirchlichen Gebäude, also auch Pfarr-, Küster- und Schulhäuser sowie Wirtschaftsgebäude. Sein Arbeitsgebiet erstreckte sich über die drei Landdrosteien Hannover, Hildesheim und Lüneburg und umfasste ca. 5000 Gebäude.

HACHMÜHLEN

Als Baurevisor fertigte Hellner jährlich ca. 300 bis 400 Gutachten an. Daneben erstellte er – nach eigenen Angaben – in den ersten 20 Jahren Pläne für 232 Gebäude, darunter 58 Kirchen, und übernahm bei ca. der Hälfte der Bauten auch die Bauleitung. Für seine letzten 19 Jahre, die nicht weniger anspruchsvoll gewesen sein dürften, gibt es leider keine Aufzeichnungen.

Neben den schon bekannten Anforderungen an den protestantischen Kirchenbau – gute Hör-und Sichtbarkeit, Einbeziehung des liturgischen Zentrums in den Gemeinderaum – kam laut „churhannöverschem" Kirchenrecht von 1804 noch eine weitere Forderung hinzu. Die Kirchen sollten zweckmäßig sein,

> OHNE „DURCH ÜBERFLÜSSIGE ZIERATHEN EINEN UNNÜTZEN AUFWAND (ZU) VERANLASSEN. DAß ABER DER KUNSTSINN IN DEN KIRCHENGEBÄUDEN EINE BEFRIEDIGUNG FINDE, IST EINE ZU HOHE UND IN DER THAT UNANGEMESSENE FORDERUNG."

Sparsamkeit war also oberstes Gebot. Größtes Augenmerk legte Hellner auf die Gestaltung der Kanzelaltarwände. Trotz der geringen Mittel, die ihm zur Verfügung standen, ist es immer wieder erstaunlich, wie er jeder Kirche ihr individuelles Aussehen und auch eine hohe ästhetische Qualität verlieh.

Von den über 50 Gotteshäusern, die Hellner gebaut hat, steht mit der Kirche in Bakede nur eine in Hameln-Pyrmont. Man kann jedoch sicher sein, dass jede bauliche Veränderung und jeder Neubau von ihm begutachtet und gegebenenfalls geändert wurde.

Eine von Hellner beeinflusste Kirche entstand 1830 in Klein Berkel. 1844 baute ein Zeitgenosse Hellners mit der Kirche in Hachmühlen den letzten mit einem Kanzelaltar ausgestatteten klassizistischen Bau. Erst sehr spät – 1847 – änderte Hellner seine klassizistische Formensprache und baute unter dem Eindruck der neuen im evangelischen Kirchenbau geltenden Grundsätze nun in neugotischen Formen.

Dass Hellner es trotz aller Vorgaben geschafft hat, die Kirchen so solide zu bauen, dass sie bis heute Bestand haben und ästhetisch stets ansprechend sind, kann man nicht hoch genug einschätzen.

Bakede

Die Gottesdienste jener Zeit hatten noch andere Formen und Inhalte als heutzutage. Der Pastor sah seine Aufgabe nicht nur darin, Gottes Wort auszulegen. Vielmehr wollte er im Sinne der Aufklärung als Lehrer und Erzieher die Sittlichkeit und moralische Verantwortung der Gemeinde fördern. Themen wie die Förderung der Obstkultur oder der Hygiene wurden ebenso verhandelt wie die Auslegung des Bibeltextes. In Hameln ist Senior Franz Georg Ferdinand Schläger der bekannteste Vertreter der Theologie der Aufklärung. Entsprechend zogen sich die Predigten über eineinhalb oder zwei Stunden hin. Da die politische mit der kirchlichen Gemeinde noch identisch war, wurden in den Abkündigungen auch „weltliche" Anordnungen bekannt gegeben.

Die Kirchen waren bis weit ins 19. Jahrhundert öffentliche Räume, in denen auch profane Angelegenheiten verhandelt wurden. Jahrhundertelang wurden sie zum Beispiel als Archiv und zur Sicherung wichtiger Dokumente, Schauplatz von Verhandlungen oder als (überdachter) Marktplatz genutzt. Bis weit in die Neuzeit war das Kirchengebäude ein „Vielzweckbau". Erst im Laufe der zweiten Hälfte des 19. Jahrhunderts entwickelte es sich zu einem rein sakralen Raum.

Kirchenbau in der zweiten Hälfte des 19. Jahrhunderts unter dem Einfluss von Neuluthertum und Neogotik (Konsistorialbaumeister Hase)

Seit 1820 mehrte sich die Kritik an den rationalistisch-aufklärerischen Gottesdiensten und der zweckmäßigen und vergleichsweise schmucklosen Architektur. Die Forderung nach einem sakralen Raum wurde lauter. Um die Bedeutung des Abendmahls hervorzuheben, trennte man Altar und Kanzel voneinander. Nicht die Predigt, sondern das Sakrament wurde zum wichtigsten Bestandteil des Gottesdienstes. Motiv dafür war zum einen ein antiaufklärerischer Umbruch, wie er sich in der Romantik, der Erweckungsbewegung und dem Neuluthertum artikulierte. Zum anderen ließ der wachsende Nationalismus die Architekten nach einem „deutschen“ Baustil suchen. Die Antwort auf die Frage, „in welchem Style sollen wir bauen“, sah man in der Neugotik.

Nachfolger von Hellner als kirchliche Bauaufsicht war Conrad Wilhelm Hase (1818-1902). Seit 1863 war er Konsistorialbaumeister der Hannoverschen Landeskirche und ab 1878 Professor der Baukunst am Polytechnikum in Hannover und Gründer der Hannoverschen Architekturschule.

Nettelrede

Hase hat maßgeblich am Eisenacher Regulativ von 1861 mitgearbeitet, das schriftlich fixierte, was sich in der Praxis schon längst durchgesetzt hatte. Darin wurde an vorreformatorische Bauformen angeknüpft, d. h. der Grundriss sollte entweder längsrechteckig sein oder eine Kreuzform haben. Der um mehrere Stufen erhöhte Chor wurde wieder eingeführt, die Stellung der Kanzel sollte am Pfeiler des Chorbogens sein. Aus dem Eisenacher Regulativ:

> „Die Würde des christlichen Kirchenbaues fordert Anschluss an einen der geschichtlich entwickelten christlichen Baustyle und empfiehlt in der Grundform des länglichen Vierecks neben der altchristlichen Basilika und der sogenannten romanischen (vorgothischen) Bauart vorzugsweise den sogenannten germanischen (gothischen) Styl.“

Hauptvertreter des neugotischen Stils wurde Conrad Wilhelm Hase. Für ihn war der Pastor nicht mehr Lehrer wie für Hellner, sondern Priester. Hase ordnete die Predigt als subjektive Auslegung des Wortes Gottes dem Sakrament als objektiv heiligem Geschehen unter. Kanzelaltäre lehnte Hase ab und entfernte sie nach Möglichkeit aus den Kirchen.

In der Liturgie setzt sich wieder der Richtungsgedanke durch. Die Taufe findet in der Vorhalle statt, also vor dem eigentlichen Sakralraum, auf jeden Fall außerhalb des Chores. Die Kirche wurde zum Andachtsraum. Der Altar und nicht die Kanzel wurde zum Mittelpunkt des Gottesdienstes. In den von Hase gebauten Kirchen steht er abgesondert von der Gemeinde im Allerheiligsten, im erhöhten Chor. Dort vollzieht sich das heilige Abendmahl. In den Kirchen in Flegessen und Haverbeck wird durch die Darstellung von Abel, Aaron, Melchisedek und Isaak deutlich auf die Bedeutung des sakramentalen Opfers verwiesen. Während die alttestamentlichen Priester das unvollkommene Priestertum des Alten Bundes verkörpern, zeigt sich Christus als der wahre Hohepriester des Neuen Bundes.

Flegessen

Hase, der sich in Hameln durch die Rettung des Münsters unschätzbare Verdienste erworben hat, hat zwischen 1860 und 1900 den Kirchenbau in Hameln-Pyrmont maßgeblich beeinflusst. An insgesamt zehn Kirchen sind er oder einer seiner zahlreichen Schüler als Erbauer oder Restaurator tätig geworden.

Drei Neubauten hat er errichtet: Nettelrede (1862), Oesdorf (1880) und Esperde (Neubau des Kirchenschiffs 1880). Auf Schüler Hases gehen die Kirchen in Flegessen (1889), Brockensen (1890) und Osterwald (1897) zurück.

In vier Fällen haben Hase oder einer seiner Schüler das Innere von Kirchen restauriert oder umgestaltet, in Beber (1871, inzwischen teilweise entfernt), Reher (1880), Frenke (1897 verbunden mit der Entfernung des Kanzelaltars) und in Haverbeck (1897).

Im Stil der Gotik schuf Hase komplizierte, kleinteilige Kirchenbauten, die in der Bauunterhaltung sehr aufwendig sind. Er verwendete überwiegend Backstein, postulierte die Sichtbarkeit des Materials und der Konstruktion, so dass die Dachwerke offen blieben. Er bevorzugte den Kreuzgrundriss (Esperde) und einen Chor mit Kapellenkranz. Daraus entstand eine aufwendige Dachlandschaft mit zahlreichen Giebeln (Nettelrede).

Kirchenbau im 20. Jahrhundert

Aus den folgenden Jahrzehnten, in denen immer wieder neue Anforderungen an den Kirchenbau gestellt wurden, gibt es im Landkreis keine Beispiele. Erst in den dreißiger Jahren des 20. Jahrhunderts entstand in Diedersen eine schlichte und zugleich reizvolle Kapelle. Mit dem Anwachsen der Dörfer in der Nachkriegszeit wurden in Holzhausen und Hagen zwei Kirchengebäude errichtet, die mit ihrer klaren Architektur und der zurückhaltenden Ausstattung würdevolle Vertreter der 1950er Jahre sind.

Diedersen

Gegenwart und Ausblick

Noch in den 1950er Jahren hatten Kirche, Pfarr- und Gemeindehaus ihren festen Platz in der Wahrnehmung der Menschen auf dem Lande. Hier fanden sie seelische Orientierung und Beistand. Die Kirche begleitete das Leben der Menschen von der Taufe bis zur Bestattung. Der Pastor war Seelsorger und hohe moralische Instanz; er saß bei jeder bedeutenden Familienfeier mit am Tisch.

An Sonntagen machten sich die Gläubigen aus allen Orten des Kirchspiels auf den Weg zum Gottesdienst. Anschließend traf man sich im Wirtshaus, machte Stammtischpolitik, verhandelte Geschäfte und pflegte das Miteinander.

70 Jahre später hat sich das Leben auf den Dörfern massiv verändert, ist die oben beschriebene Rolle der Kirche im Dorf zum Klischee geworden. Die Bevölkerung ist geschrumpft, junge Leute sind abgewandert. Lebten 1990 bundesweit noch 26,9 Prozent der Menschen auf dem Lande, so werden es 2050, so die Prognose der Statistiker, nur noch 15,7 Prozent sein.

Flegessen mit modernem Anbau

Die gesellschaftliche Pluralisierung und Individualisierung hat das Dorf erreicht und führt zu einer großen Unterschiedlichkeit von Lebensformen und Orientierungen. Alte Autoritäten wie der Dorfarzt, der Lehrer, die Gemeindeschwester, aber auch Geschäfte und Gastwirtschaften sind aus den Dörfern verschwunden.

Die über Jahrhunderte hinweg bestehende Symbiose von Kirche und Dorf löst sich auf. Die Kirche droht aus dem Dorf zu verschwinden. und das gilt längst auch für die Pastorin und den Pastor. Durch den öffentlich häufig kaum beachteten Verkauf des Pfarr- und Gemeindehauses verlor das Dorf den letzten Ort, an dem man sich bequem versammeln konnte. Der vielleicht vorhandene Raum der Freiwilligen Feuerwehr ist nur bedingt als Versammlungsort geeignet. Der Verlust der öffentlichen Räume ist Ausdruck des Rückzugs ins Private.

In Ostdeutschland sind die Probleme extrem und allgemein bekannt. Aber auch im Westen wird sich der Wandel in Zukunft erheblich beschleunigen. Die beiden großen Kirchen zusammen vertreten heute nicht einmal mehr die Hälfte der Menschen in Deutschland. Bis 2040 wird sich die Zahl noch einmal halbieren. Die Kirchenaustritte sind ein deutliches Zeichen für eine Abkehr von der Institution Kirche, und aus eigener Erfahrung wissen wir, wie dürftig inzwischen normale Gottesdienste besucht werden.

Gleichzeitig besteht in den Dörfern eine diffuse Sehnsucht nach einer irgendwie gearteten „guten Dorfgemeinschaft". Und es gibt durchaus noch Erwartungen an Kirche und Gemeinde, auch von Menschen, die am kirchlichen Leben nur wenig oder gar nicht beteiligt sind. Häufig hängen die Menschen an der „Kirche im Dorf". Mit ihrer unverwechselbaren Gestalt steht sie für eine gemeinsame Herkunft und eine verbindende Geschichte.

Die Kirche sollte im Dorf bleiben, als letzte verbindende Instanz. Sie sollte aber nicht einfach ein weiterer Verein im Dorf sein, der sich in Konkurrenz mit den anderen Vereinen oder Gruppierungen und ihren Angeboten begibt. Sie sollte vielmehr als Vermittler zwischen den unterschiedlichen Gruppen mit ihren verschiedenen Lebensformen fungieren.

Das ist – kurz gefasst – das Ergebnis eines Projekts der Wüstenrot Stiftung, die 2019 unter dem Titel „Land und Leute. Die Kirche in unserem Dorf" die Zukunftsaussichten der kleinen Kirchengemeinden auf dem Lande untersucht und gelungene Beispiele für eine am Gemeinwohl orientierte, über eine rein religiöse Ausrichtung hinausgehende Nutzung der Kirchen prämiert hat. Als Beispiele seien genannt: Pilgerunterkunft, Kinokirche, Kulturkirche, Dorftreff, Dorfladen.

Die Idee ist, neue, barrierefrei zugängliche Räume in der Kirche zu schaffen, ohne den sakralen Raum zu stören. So kann ein mit neuem Leben erfüllter Treffpunkt für die kirchliche, aber auch für die politische Gemeinde entstehen, ein sowohl spiritueller wie sozialer Mittelpunkt des Dorfes.

Noch stehen in Hameln-Pyrmont Kirchengebäude nicht leer. Noch ist es zu Schließungen, gar Abrissen nicht gekommen. Aber schon jetzt beansprucht das Thema Instandhaltung die kirchlichen Akteure über die Maßen. Wenn eine Kirche nur noch viermal im Jahr zu Gottesdiensten genutzt wird, diese aber unter Denkmalschutzauflagen dringend saniert werden muss und kaum flexibel umzubauen ist, wird es immer schwieriger, hohe Summen für die Ausgaben zu rechtfertigen.

Eine Nutzungserweiterung muss von der Dorfgemeinschaft mitgetragen werden. Und es gibt die Sehnsucht nach Alternativen zur hektischen Lebensweise in der Stadt und eine neue Lust auf ein modernes Leben auf dem Lande.

Eine Nutzungserweiterung benötigt aber vor allem die Eigeninitiative der betroffenen Kirchengemeinde. Aktuell steht für die Mehrzahl der Kirchen die sakrale Nutzung im Vordergrund. Und für die große Mehrzahl der Kirchengemeinden soll diese Funktion auch zukünftig erhalten bleiben. Historisch gesehen war die Kirche aber kein rein sakraler Ort. Allerdings ging diese über Jahrhunderte dauernde Rolle als zentraler, multifunktionaler Ort schon lange verloren.

Vielerorts ist es bereits zu einem Einbau von Küchen und sanitären Anlagen gekommen, ist die feste einer flexiblen Bestuhlung gewichen. Vorbildhaft scheint die jüngste Umgestaltung in Flegessen. Dort entstand unter der Westempore ein Versammlungsraum, der durch eine Glasfront vom Kirchenschiff getrennt ist. Ein kurzer gläserner Gang führt von der Kirche zu einem Funktionsbau, der Büro, Sanitärräume, Heizung und eine Küche beherbergt.

Anders als in den kleinen ländlichen Gemeinden sind Nutzungsergänzungen in Städten nichts Ungewöhnliches. Der Architekt Friedhelm Grundmann hat bereits in den 1970er Jahren im Hamelner Münster St. Bonifatius eine multifunktionale Nutzung vorbildhaft umgesetzt. Er verstand seine Arbeit als „Rückbesinnung auf die vielfältigen Arbeiten, die kirchliche Räume in früheren Jahrhunderten erfüllten."

Das Innere Zentrum des Hamelner Münsters

REGION WESERTAL (KIRCHENKREIS GRAFSCHAFT SCHAUMBURG)

Sieben Kirchen, die in diesem Buch behandelt werden, gehören zum Kirchenkreis Schaumburg. Sie haben eine andere Entwicklung genommen als die Kirchen der beiden anderen Kirchenkreise. War dort der örtliche Adel maßgeblich für den Ausbau verantwortlich, so war es hier der Landesherr, der mit Stadt- und Kirchengründungen den Ausbau des Landes vorantrieb. Fast an jeder Kirche findet man das Schaumburger Nesselblatt.

Erst 1559 führte Graf Otto IV. die Reformation in Schaumburg ein. Das späte Datum erklärt sich aus der Rücksichtnahme auf seine beiden Brüder, Adolf und Anton. Adolf von Schaumburg war Erzbischof von Köln und Anton sein Nachfolger. Erst als dieser 1558 starb, trat Schaumburg der Reformation bei. Mit den in nahezu jeder Kirche anzutreffenden Abendmahlsbildern wird die Konversion nachdrücklich bezeugt.

Als mit Otto V. das Geschlecht der Schaumburger erlosch, fiel 1647 der südöstliche Teil, die Grafschaft Schaumburg, an den Landgrafen von Hessen-Kassel, der nordwestliche Teil bildete die Grafschaft Schaumburg-Lippe. Im Gegensatz zu dieser stagnierte in der Grafschaft Schaumburg die Entwicklung. Das mag mit ein Grund sein, dass sich in diesen Kirchen besonders viele alte Kunstschätze erhalten haben, so der Torso aus Deckbergen, die Flügelaltäre in Deckbergen und Fuhlen (ehemals), die Wandmalereien in Großenwieden und Segelhorst.

Ende des 19. Jahrhunderts begann der hessische Konservator Ludwig Bickell hessische Kulturgüter fotografisch zu dokumentieren und zu sammeln. Dabei zog er auch durch die Grafschaft Schaumburg und „erbeutete“ wertvolle Altäre und andere Kunstgegenstände, die jetzt im Museum für Kunst und Kulturgeschichte in Marburg ausgestellt sind.

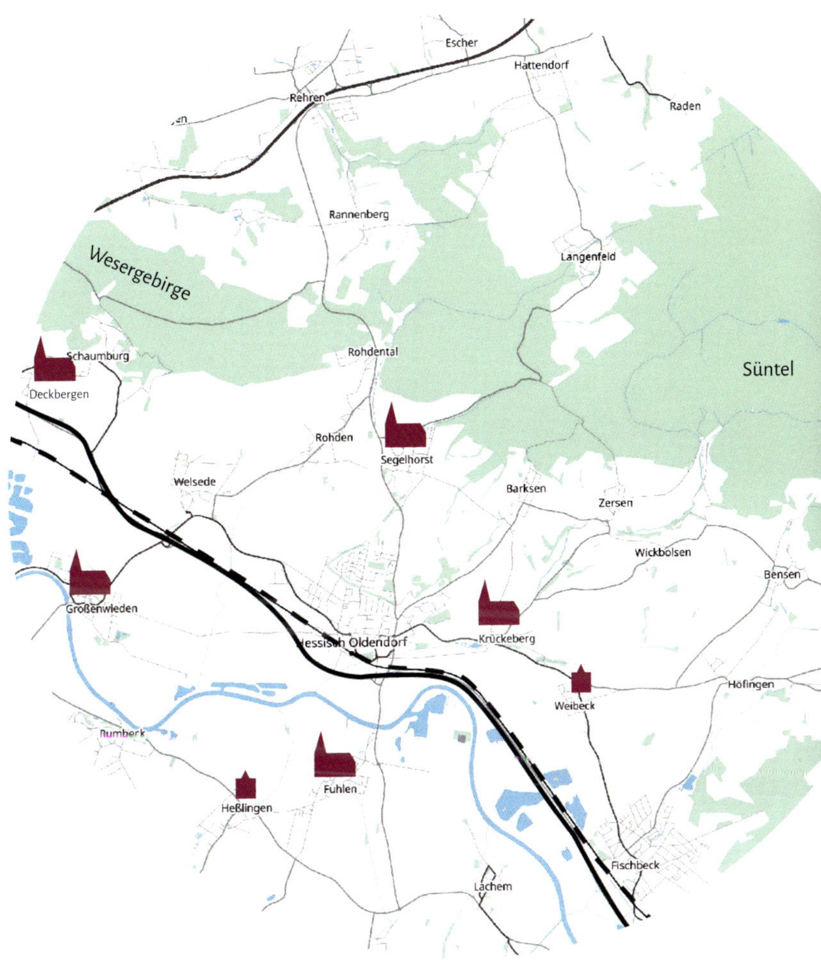

Deckbergen, St. Petri
Fuhlen, Johannes der Täufer
Großenwieden, St. Matthaei
Heßlingen, Kapelle
Krückeberg, St. Petri
Segelhorst, St. Marien
Weibeck, Kapelle

DECKBERGEN

Die St. Petri-Kirche liegt auf einer Terrasse oberhalb der Weser im nordwestlichen Bereich des Dorfes. Einer Legende nach ist sie zusammen mit acht anderen Kirchen eine Gründung der Hildburg, Gemahlin des Edlen Uffo von der Uffenburg in Lippe. Die ältere Forschung hat die Entstehung daher mit der des Klosters Möllenbeck gleichgesetzt, so dass 1896 das 1000-jährige Bestehen der Kirche gefeiert wurde. Wahrscheinlicher ist aber, dass es sich um die Eigenkirche eines in Deckbergen ansässigen Adelsgeschlechts handelte, da die adlige Stifterin und Patronatsherrin Kunigunde zwischen 1127 und 1140 die Kirche samt einem Vorwerk dem Mindener Domstift übertrug.

Ansicht von Süden

Im Zuge einer umfassenden Restaurierung in den Jahren 1963/64 stellte man bei den begleitenden bauhistorischen Untersuchungen mehrere Bauphasen fest. Die komplizierte Baugeschichte wirft allerdings noch immer Fragen auf. Westturm, Chorbereich, Gewölbe und verschiedene Anbauten an der Nordseite wurden immer wieder verändert. Mit einem großen Umbau, der fast einem Neubau gleichkam, erhielt das Gotteshaus um 1500 seine heutige Gestalt. Erhalten blieben der Turm und Teile der Nordwand. Der Chor wurde vergrößert wieder aufgebaut und das Seitenschiff angebaut.

Mit den beiden Querhausgiebeln orientiert sich die südliche Schauseite an der Architektur des Mindener Doms bzw. an seinem Nachfolgebau, dem Stift Obernkirchen. Die Südtür nennt in einer Inschrift auf dem Sturz den damaligen Geistlichen Konrad von Sülbeck und seine drei Altarleute sowie das Jahr 1500 als Datum des Anbaus. Bemerkenswert und für eine Dorfkirche außergewöhnlich sind die spätgotischen Maßwerkfenster mit Fischblasen. Vermutlich sind auch diese in Anlehnung an den Mindener Dom entstanden.

Blick auf Flügelaltar und Orgelempore

Die schlichte, durch Strebepfeiler gegliederte Nordfassade bekam um 1600 große dreibahnige, inzwischen erneuerte Fenster. Die Sakristei an der Nordseite des Chors wurde 1895 um ein Obergeschoss erhöht und dient jetzt als Zugang zur Orgelempore.

Aus romanischer Zeit stammt der quadratische Westturm. Die gekuppelten Schallöffnungen mit Würfelkapitellsäulchen verweisen in das 12. Jahrhundert. Die Umrahmung der Eingangstür im Westen ist das Ergebnis einer Restaurierung von 1878. In jüngster Zeit wurde dieser Bereich noch einmal verändert. Das Untergeschoss des Turmes ist mit einem Kreuzgratgewölbe geschlossen, das auf mächtigen Gurtbögen ruht. Licht fällt nur durch ein kleines Schlitzfenster ein. Die Decke ist mit Rankenmalerei aus der Zeit um 1600 verziert. In ihrer Mitte prangt das Schaumburger Nesselblatt.

Das schmale Zwischenjoch

Im Inneren empfängt den Besucher eine großzügige zweischiffige Hallenkirche. Das ursprünglich einschiffige, romanische Langhaus aus dem 12. Jahrhundert hatte aus zwei Jochen und einem Chorjoch bestanden. Eine erste Einwölbung erfolgte im frühen 13. Jahrhundert. Da sich die Jocheinteilung am Langhaus vermutlich vor 1500 mehrfach geändert hat, wurde schlussendlich im Westen ein schmales Zwischenjoch eingefügt, um die Verbindung zum Turm herzustellen. Es erhielt eine Tonne mit Stichkappen als Wölbung, die am südlichen Seitenschiff fortgesetzt wurde. Ein ähnliches Zwischenjoch findet man auch am Mindener Dom.

Schlussstein im Nordschiff mit dem Namenspatron der Kirche

Auf die Scheitelpunkte der Kreuzgratgewölbe im nördlichen Schiff sind nachträglich als „Schlusssteine“ erscheinende Wappen der Grafschaft Schaumburg und des Bistums Minden angebracht, die sich damit als Bauherren ausweisen. Das südliche Seitenschiff hat ein Kreuzrippengewölbe und wurde in Backstein ausgeführt. Auf dem östlichen Schlussstein ist das Brustbild des Namenspatrons der Kirche, des Hl. Petrus, dargestellt.

Ringsherum an den Wänden des Langhauses waren Emporen eingebaut. Die Nordempore wurde 1963 bei der Renovierung abgebro-

Das Kruzifix im Südschiff

chen. Die schlichten Brüstungen mit einfachen marmorierten Füllungen werden im oberen Bereich durch Gitterwerk und einen Klötzchenfries abgeschlossen.

Die Westempore datiert 1669. Die Füllungen der Südseite werden teils durch gedrehte Säulen oder verjüngte Pfeiler gegliedert, die mit Puttenköpfen oder ionischen Kapitellen abschließen. Der Baumeister der Emporen hat sich mit der Inschrift „mid lvekebade me fecit anno 1650" und seiner Hausmarke verewigt.

Der Innenraum beherbergt eine Fülle von wertvollen Ausstattungsgegenständen aus verschiedenen Jahrhunderten.

Das an der östlichen Wand des Südschiffes hängende Kruzifix stammt aus der Zeit um 1200 und gehört damit zu den ältesten im Landkreis. Es handelt sich um einen sog. Viernageltypus, bei dem beide Füße nebeneinander auf eine Konsole genagelt sind. Wie in Beber trägt Christus als Macht- und Würdesymbol die Krone. Durch den geneigten Kopf und eine leichte Körperbewegung wirkt er aber weniger triumphierend und statuarisch. Vergleichsbeispiele gibt es in Cappenberg oder Osnabrück. Dieser Typus wurde in der Gotik abgelöst durch den Dreinageltypus, bei dem die Darstellung des Leidens Christi in den Vordergrund trat.

Das Kruzifix wurde erst in den 1920er Jahren auf dem Dachboden wiederentdeckt und ist stark beschädigt. Kreuz und beide Arme fehlen, Zehen, Nase und Haare sind abgestoßen, an der Krone fehlen die Schmuckstücke und ein langer Riss zieht sich von der Brust bis hinunter zum Lendentuch. Nach dem Inventar weist der Rumpf eine Höhlung zur Unterbringung einer Reliquie auf, die mit dem geöffneten Mund und einer zweiten Höhlung über der rechten Hüfte in Verbindung steht.

Der geschnitzte Flügelaltar aus der Zeit um 1500 war ursprünglich doppelflügelig. Im Mittelteil ist eine Kreuzigungsgruppe dargestellt, die vier Heilige flankieren. Links neben Maria stehen Petrus und Paulus, rechts neben Johannes ein Bischof und ein Papst. In den Flügeln befinden sich in zwei Reihen sechzehn Heilige unter gotischen Kielbögen. Bei der bekrönten Frau mit dem Kirchenmodell links oben handelt es sich vermutlich um Hildburg, die der Sage nach die Kirche gestiftet haben soll. In der oberen Reihe des rechten Flügels glaubt man in der zweiten Person von links den Mann Hildburgs, Graf Uffo, zu erkennen, der das Modell des Klosters Möllenbeck in den Händen hält.

Gegenüberliegende Seite:
Der Flügelalter - geschlossen

DABAT IN SOLIDA CHRISTVS CONVIVIA VITAM NEMPE SVIS QVORVM SVSCIPIT IPSE VICES

Der Flügelaltar - geöffnet

Auf den Außenseiten der Flügel sind zwei Passionsszenen zu sehen, die Gefangennahme Jesu, leider zur Hälfte beschädigt, und die Handwaschung des Pilatus nach Matth. 27,24. Die Malereien wurden wahrscheinlich in einer Goslarer Werkstatt im Umfeld des Meisters des Altars von Abbenrode gefertigt. Die figurenreiche Szene spielt in einem Innenraum, der durch Arkaden den Blick auf eine Stadt mit Fluss und Brücke freigibt. Alle Figuren sind sehr detailreich dargestellt. Sie tragen unterschiedliche Kopfbedeckungen vom einfachen Tuch über eine Haube bis zum Helm. Die Kleidung ist nach der damaligen Mode gestaltet. So tragen zwei Ritter spitze Schnabelschuhe mit hohem Schaft, die Ärmel ihres Gewandes sind geschlitzt. Das Geschehen ist ganz in die Gegenwart gestellt. Nur Jesus ist barfuß und zeitlos in einen braunen Umhang gehüllt.

Die Predella mit der Darstellung des Abendmahls von 1589 hat Heinricus Cropius gestiftet. Eine Besonderheit stellt ganz links unter der Inschrift das Bild des Stifters in bäuerlicher Tracht und modischer Kopfbedeckung dar, mit der er sich in die Gemeinschaft der Apostel einfügt.

Über dem Altar thront die Orgel. Der Prospekt ist auf das Jahr 1692 datiert. 1798 erfolgte die Erweiterung um zwei Seitenfelder. Seit 1967 verbirgt sich hinter dem Prospekt eine Orgel der Firma Hillebrand.

Zeitgleich mit seinem Bau wurden um 1500 die Wände des Chores ausgemalt. Von den Malereien ist der größte Teil verlorengegangen. Auf der südlichen Chorseite sind drei Apostel dargestellt, die über den Häuptern mit ihrem Namen gekennzeichnet sind. Es handelt sich um Matthias mit Beil und Buch, Paulus mit Buch und Jakobus den Jüngeren mit Walkerstange und Buch, darunter ein Wellenfries. Vermutlich sind sie wie in Salzhemmendorf Teil eines Apostelfrieses gewesen, der sich um den ganzen Chor herumzog. An der östlichen Wand sind nicht deutbare Fragmente einer menschlichen Gestalt und eines löwenähnlichen Tieres zu erkennen.

Das achteckige Taufbecken besteht aus Sandstein und ist mit farbig gefassten Figuren reich geschmückt. Am Fuß sind die vier Evangelistensymbole als Fundament des Evangeliums angebracht, über dem Schaft an der Beckenwandung befinden sich vor Blendarkaden die zwölf Apostel mit ihren Attributen als Vermittler des Evangeliums. Als Zuspruch an die Gemeinde steht am oberen Beckenrand die Inschrift „Christus reiniget die gemeine durchs wasserbad im worde ephes. 5. 1594."

Die Brüstungsfelder der auf das Jahr 1609 datierten Kanzel zeigen in einem christologischen Bilderzyklus Verkündigung, Geburt, Christus als Weltenherrscher, Kreuzigung, Höllenfahrt und Auferstehung. In manieristischem Stil sind die Körper kräftig und muskulös dargestellt, besonders deutlich an der Höllenfahrt zu sehen. Dominierende Farbe ist rot.

Die Kanzel steht auf einem achteckigen verjüngten Sandsteinpfeiler von 1498, der mit Fischblasenmaßwerk verziert und farbig gefasst ist. Sie befand sich ursprünglich am südlichen Pfeiler auf dem gegenüberliegenden Sockel, der seit 1963 für die Lesungen genutzt wird. Dieser trägt die Jahreszahl 1511, auf der gegenüberliegenden Seite die Buchstaben IHS für Jesus und dazwischen ein Weihekreuz.

Ein außen in der Ostwand des Chores eingelassenes Relief um 1500 stellt in zwei übereinander angeordneten Bildern die Kreuzigung mit Johannes und den Frauen dar, unten die Kreuztragung.

Um den Kirchhof gruppieren sich in seltener Geschlossenheit das klassizistische Pfarrhaus von 1799, das ehemalige Küsterhaus und die Schule von 1722.

KANZEL UND TAUFE

RELIEF IN DER OSTWAND DES CHORES

Ansicht von Süden

Reizvoll wirkende Maueranker im Turm, von Westen gesehen

Kapitell und Fries am Nordportal

FUHLEN

Der Ort gilt aufgrund seiner günstigen Lage auf einer Weserterrasse in unmittelbarer Nähe zum Fluss als einer der ältesten im Wesertal, wird aber erst 1146 urkundlich erwähnt. Die Kirche liegt – umgeben von größeren Hofstellen – mitten im alten Ortskern und zählt zu den wenigen Beispielen einer noch in großen Teilen erhaltenen romanischen Kirche in Hameln-Pyrmont. Möglicherweise ist sie eine Gründung des Stiftes Herford, das im Ort über Besitz verfügte. Um 1146 gehörte Fuhlen dem Kloster Abdinghof bei Paderborn. 1275 wurde die Kirche vermutlich durch Tausch dem Stift Fischbeck übertragen, das seither das Patronatsrecht innehat.

Langhaus und Turm der Kirche sind romanisch, während der um eine Mauerstärke vorkragende verputzte Chor und die im Norden angebaute Sakristei aus dem 18. Jahrhundert stammen. Turm und Kirche sind einheitlich mit Sollingsandsteinplatten gedeckt.

Die Schallarkaden mit einem korinthischen und einem Würfelkapitell sowie die Basen mit Ecksporn machen eine Datierung des Turmes ins frühe 12. Jahrhundert wahrscheinlich. Der ins Achteck überführte Turmhelm wurde nach einem Blitzschlag 1621 wieder aufgebaut. Ein ehemaliger, wenn auch nicht unbedingt ursprünglicher Eingang im Westen wurde erneuert. Im Inneren überspannen Kreuzgratgewölbe die beiden Turmgeschosse. Zwei nachträglich im Westen vorgesetzte Strebepfeiler und die zahlreichen Maueranker deuten darauf hin, dass es immer wieder Probleme mit der Statik gab.

Auf der Nordseite befindet sich ein bemerkenswertes Portal. Die eingestellten Gewändesäulen tragen links ein Palmetten-Ringband-Kapitell, rechts ein Blattkapitell, wobei die Palmetten des linken Kapitells von einem eingeflochtenen Ring zusammengehalten werden. Dieses Motiv tauchte das erste Mal am Bremer Dom auf und verbreitete sich über die Hildesheimer Kirche St. Godehard im ganzen Weserraum.

Der umlaufende Kämpferfries ist mit Fabelwesen und Rankenwerk geschmückt. Deren Vorbilder sind ebenfalls in Hildesheim (St. Godehard) zu finden. Das Portal kann damit in die Mitte des 12. Jahrhunderts datiert werden. Im heute leeren Tympanonfeld soll sich eine Darstellung von Christus in der Mandorla befunden haben, die leider verloren gegangen ist.

Auf der Südseite sind mehrere spätere Eingriffe zu finden: ein 1521 datiertes Südportal, daneben ein zugemauertes romanisches Fenster sowie ein erneuertes gekuppeltes Spitzbogenfenster mit der Datierung 1564.

Südansicht

Einer Akte von 1737 ist zu entnehmen, dass die Kirche ursprünglich einen querrechteckigen Chor mit einer eingezogenen Apsis besaß, eines der wenigen Beispiele für eine Dorfkirche mit Apsis (wie Oldendorf, Bäntorf und Wallensen). 1740 wurde die Apsis abgerissen und der fast quadratische Altarraum mit einem hölzernen Spiegelgewölbe angefügt.

Das Langhaus besteht aus zwei kreuzgratgewölbten Jochen. Die Gurtbögen ruhen auf kräftigen Wandpfeilern, die Wandbögen auf Viertelkreiskonsolen. Die Konstruktion innenliegender Wandpfeiler statt äußerer Strebepfeiler legt nahe, dass es sich um eine sehr frühe Wölbung handelt.

Blick in den abgesetzten Chorraum

In den 1960er Jahren wurden aus dem sehr beengten Kirchenraum die Emporen entfernt. Aus dem Altarbereich verschwanden die Orgelempore, ein Abendmahlsbild und eine ausladende Gedenktafel für die Gefallenen.

Die verbliebene und jetzt für die Orgel genutzte Westempore und die Empore im nördlichen Chorbereich sind mit Brustbildern von Propheten und Aposteln bemalt und an einer der Emporenstützen aufs Jahr 1582 datiert. Der mit den Bildern der vier Evangelisten geschmückte Kanzelkorb, der früher am südlichen Chorbogen hing, wurde abgenommen und steht jetzt - verschiebbar - auf dem Boden.

Auf Viertelkreiskonsolen ruhende Wandbögen

Gleichzeitig mit Emporen und Kanzel entstand das qualitätvolle Taufbecken aus Sandstein. Am Sockel befinden sich vor flachen Bogennischen vier Grimassenköpfe, darüber die Symbole der vier Evangelisten als Träger des Beckens. An der Unterseite des Beckens sind vier Engelsköpfe angebracht. An der Wandung sind in vier Dreiergruppen die zwölf Apostel als Verkünder des Evangeliums mit viel Bewegung und reichem Faltenwurf dargestellt. Im Garten steht ein weitaus älteres Taufbecken mit gotischen Dreipassnischen an der Wandung.

Bis 1883 stand im Chorraum ein wertvoller Flügelaltar. Er wurde vom Hessischen Geschichtsverein erworben und befindet sich jetzt im Museum für Kunst- und Kulturgeschichte in Marburg. Geöffnet

Die Orgelempore im Westen

Bilder alttestamentlicher Propheten an den Emporenbrüstungen

Der Taufstein im Kirchgarten

Der Taufstein im Inneren

zeigt der Altar in der Mittelachse Maria mit dem Kind auf der Mondsichel, über ihr ein die Krone haltender Engel. Zu den Seiten Marias und auf den Innenseiten der Flügel stehen die zwölf Apostel, jeweils vor einem Goldhintergrund unter Baldachinen.

Auf den Außenseiten des Flügelaltars ist die Bartholomäuslegende dargestellt. Weil Bartholomäus, einer der zwölf Apostel, die Verehrung des Götzen Assatot verweigert und ein Götzenbild niederreißt, wird er ins Gefängnis geworfen und zu Tode gefoltert.

Die Malereien werden einem Schüler von Bernt Notke, einem bedeutenden Maler und Bildhauer des Ostseeraums, zugeschrieben. Die Schnitzarbeiten sollen auf Bartold Kastrop (ca. 1460-1531) zurückgehen, der vor allem im Göttinger Raum gearbeitet hat.

Noch heute wird in Fuhlen das Kirchweihfest am Wochenende nach dem Bartholomäustag am 24. August gefeiert. Deshalb ist es wahrscheinlich, dass die Kirche früher dem Hl. Bartholomäus geweiht war.

Das Kirchengebäude mit dem an St. Godehard in Hildesheim orientierten Portalschmuck, seiner frühen Wölbung wie auch der wertvolle Marienaltar verdeutlichen das hohe Alter und den hohen künstlerischen Anspruch der Kirche von Fuhlen.

Seit 2005 ist Fuhlen Pilgerstation auf dem Weg von Loccum nach Volkenroda, Radwegekirche und „verlässlich geöffnet“.

GROSSENWIEDEN

Das Dorf Großenwieden liegt an einem jetzt zugeschütteten Altarm der Weser. Die Hofstellen und die Kirche verteilten sich auf mehrere inselartigen Erhöhungen. 1146 ist die Kirche St. Matthei das erste Mal sicher bezeugt. Der Ort hatte früher als Handelsplatz für Getreide und als Zollstätte der Grafen von Schaumburg einige Bedeutung.

Die Kirche liegt – von einer Mauer umschlossen – mitten im alten Dorf. Das heutige Gebäude wird in das dritte Viertel des 13. Jahrhunderts datiert. Der äußerlich schlichte Bau wird von dem sehr hohen ungegliederten Turm dominiert, der ein einfaches Satteldach trägt. Die südliche Traufseite des Schiffes ist durch Strebepfeiler und drei kleine spitzbogige Fenster gegliedert. Am westlichen Strebepfeiler befindet sich eine Sonnenuhr, ebenso am Turm.

Der mächtige Turm

An der Nordseite wurde 1481 im Osten eine Sakristei mit einem Querdach angebaut. Ein neues, 1927 erbautes Seitenschiff nimmt diese Bauform auf. Vor dem Ersten Weltkrieg sollte die Kirche einem neugotischen Backsteinbau wie in Steinbergen weichen. Aus Kostengründen entschied man sich 1927 jedoch für diese Form der Erweiterung und eine gründliche Restaurierung.

Durch das gotische, mit einer groben Fassung des Schaumburger Wappens geschmückte Turmportal betritt man über zwei abwärts führende Stufen das Kirchenschiff und gelangt unmittelbar in eine andere Welt. Man ist sofort von der Ausmalung des Chores in den Bann gezogen. Wie viel stärker muss der Eindruck auf Menschen gewesen sein, die nicht täglich von Bildern überflutet wurden!

Bis zur Renovierung 1927 unter einer Kalkschicht versteckt, hat sich die Ausmalung des Chores von 1488 fast vollständig erhalten. Durch eine unsachgemäße Freilegung ging allerdings ein großer Teil der Farbigkeit verloren, so dass mehr oder weniger nur die Vorzeichnung und die Untermalung erhalten geblieben sind, immer noch genug, um sich an der Fülle der Themen und der figurenreichen Ausarbeitung erfreuen zu können.

BREDEMEIER
LINA
1903–1994
HERMANN
1900–1978

An den Wänden des Altarraums sind in zwei Reihen in seltener Ausführlichkeit 41 Szenen aus dem Leben Jesu festgehalten worden. Der Zyklus wird, beginnend neben der Sakristeitür, von links nach rechts gelesen.

Obere Reihe

1. Sündenfall
2. Vertreibung aus dem Paradies
3. Verkündigung an Maria
4. Marias Besuch bei Elisabeth
5. Geburt Jesu
6. zerstört
7. Anbetung der Könige
8. bethlehemitischer Kindermord
9. Flucht nach Ägypten
10. Zwölfjähriger Jesus im Tempel
11. Taufe Jesu
12. Hochzeit zu Kana
13. Salbung durch Maria Magdalena
14. Versuchung Jesu
15. Samariterin am Jakobsbrunnen
16. Auferweckung des Lazarus
17. Einzug in Jerusalem
18. Tempelreinigung
19. Einsetzung des Abendmahls
20. zerstört

Untere Reihe

21. Jesus in Gethsemane
22. Verrat des Judas
23. Gefangennahme
24. Jesus vor Pilatus
25. Jesus vor Herodes Antipas
26. zerstört
27. zerstört
28. vermutlich Verurteilung Jesu
29. Kreuztragung
30. Kreuzannagelung
31. Schweißtuch, von Engeln gehalten
32. Kreuzigung Jesu, Maria, Johannes
33. Kreuzabnahme
34. Kreuzabnahme
35. Grablegung
36. zerstört
37. Auferstehung
38. Tubaengel
39. Die drei Frauen am Grab
40. Noli me tangere
41. Himmelfahrt Christ

Der untere Wandbereich ist mit einer vorhangähnlichen Draperie bemalt.

Am bemerkenswertesten sind die Bilder vom Jüngsten Gericht im Chorgewölbe, die hier genauer beschrieben werden sollen. Die Gewölbekappen sind mit einer Vielzahl von Figuren, Gruppen und erzählerischen Details gefüllt. Im Chorscheitel findet sich um eine Osterlammdarstellung eine Inschrift, die übersetzt lautet: „Lamm Gottes, welches die Sünde trägt, erbarme dich meiner. 1488."

In der Ostkappe thront Christus als Weltenrichter; seine Füße ruhen auf der Erdkugel. Dieses Motiv geht auf Jesaja 66,1 zurück: „Der Himmel ist mein Thron

Blick in den ausgemalten Chor

Gegenüberliegende Seite: Großenwieden von Osten

Chorscheitel mit dem Osterlamm im Zentrum

Die Sakramentsnische

und die Erde der Schemel meiner Füße." Aus seinem Mund gehen links das Schwert als Zeichen der Gerechtigkeit bzw. des göttlichen Zorns, rechts der Lilienzweig als Symbol der göttlichen Gnade aus. Zu seinen Füßen steigen die Toten aus ihren Gräbern, um nun vor Gericht gestellt zu werden. Rechts und links kündigen Engel mit der Trompete den Tag des Gerichtes an. Maria und Johannes stehen fürbittend neben dem Gottessohn.

In der Südkappe werden die Verdammten von Teufeln in Empfang genommen und nach rechts in den Höllenrachen getrieben. Diese Szenen sind besonders drastisch. Vorneweg zieht ein Teufel einen vollbesetzten Karren. Die erste Person scheint eine Papstkrone zu tragen – auch höchste kirchliche Ämter schützen nicht vor der Hölle. Eine andere Person hält eine Waage als Zeichen für einen Betrug hoch. Dem Karren folgt eine sogenannte „Butterfasshexe". Den Schadenszauber der Hexen machte man etwa für das Sauerwerden der Milch verantwortlich, ein Motiv, dass immerhin zwölfmal in niedersächsischer Wandmalerei vorkommt. Im Vorraum der Hölle sind nackte Frauen zu erkennen, die sich mit dem Teufel eingelassen haben. Einige Teufel musizieren auf einem Dudelsack und einem Signalhorn.

In der nördlichen Kappe ist ganz rechts der Erzengel Michael zu sehen, der die Seelen abwägt, wobei ein Teufel noch versucht, die Waage zu beeinflussen. Engel führen die Erlösten geordnet in den Himmel.

In der Westkappe tragen Engel die Leidenswerkzeuge, die zur Kreuzigung benutzt wurden: Geißel, Dornenkrone, Kreuz, Hammer und Nägel sowie Leiter, Lanze und die Stange mit Schwamm.

Teufel, die ihr Spiel mit den Verdammten treiben

In der mittelalterlichen Frömmigkeit nahm das Weltgericht einen wichtigen Platz ein. Einerseits wird den Sündern mit drakonischen Strafen gedroht, andererseits wird hier das Erlösungswerk vollendet. In den Kirchen findet es sich entweder als Tympanon über dem Eingang oder im Chor, so dass jeder Gläubige sehen konnte, was ihn erwartete.

Das 1927 hinter dem Altar eingebrochene Glasfenster gibt die protestantische Auffassung von Gnade und Gerechtigkeit wieder: Es zeigt den auferstandenen Christus mitten unter uns, zwischen der bereits renovierten Kirche und der Schaumburg.

An der östlichen Wand befand sich die Sakramentsnische, in der die geweihten Hostien verwahrt wurden. Als der Tabernakel für die protestantischen Gottesdienste nicht mehr gebraucht wurde, hat man hier ebenfalls ein Glasfenster eingebrochen. Die Nische ist mit einem krabbenbesetzten gotischen Ziergiebel geschmückt, der die Inschrift trägt:

„Dies schuf Arnold von Eckersten, der im Jahre 1300 am 5. Sonntag nach Pfingsten starb.“

Unter dem Giebel, der von den Händen Christi gehalten wird, ist sein Antlitz als Relief eingemeißelt. Der Hintergrund wurde später mit einer Vielzahl gotischer Türme bemalt, das himmlische Jerusalem darstellend.

Der Zug der Verdammten in den Höllenrachen

Das Kirchenschiff besteht aus zwei annähernd quadratischen Jochen mit Kreuzgratgewölben. Der daran anschließende Chorraum ist nicht vom Langhaus abgesetzt, wohl aber sind alle Joche durch kräftige Gurtbögen unterteilt. Die Kreuzgrate und Bögen sind farbig gefasst. Im Kirchenschiff ist an der südöstlichen Fensterlaibung die farbige Figur des Jakobus des Älteren mit

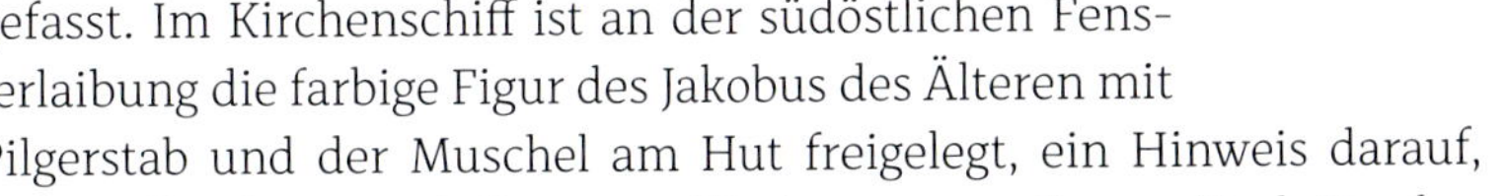

Pilgerstab und der Muschel am Hut freigelegt, ein Hinweis darauf, dass vielleicht einmal die ganze Kirche ausgemalt war. Nach Norden

In der Ostkappe: Christus als Weltenrichter (links), unten die Auferstehung aus den Gräbern zum Gericht

Erzengel Michael mit der Seelenwaage in der Nordkappe

hin schließt sich das kreuzrippengewölbte Seitenschiff an. Die Sakristei betritt man vom Chorraum aus, über deren Tür die Jahreszahl 1481 und das Schaumburger Wappen eingelassen sind.

Die heutige Kirchenausstattung stammt aus nachreformatorischer Zeit. Altar, Kanzel, Taufe und auch die Orgel standen bis 1927 eng zusammengerückt im Chorraum; die nördliche Empore ragte weit in den Kirchenraum hinein.

Die achteckige Kanzel ist ein Werk des 17. Jahrhunderts. Die Reliefs in den von ionischen Säulen gerahmten Rundbogenarkaden zeigen die Verkündigung an Maria, die Geburt Jesu sowie Kreuzigung und Auferstehung. Zeitgleich mit der Kanzel ist die Taufe entstanden. Auf einem achteckigen Sockel mit Löwenköpfen und Diamantquadern steht eine kurze ionische Säule, die ein achteckiges Becken trägt. An vier Ecken kragen hermenartige Voluten mit abwechselnd männlichen und weiblichen Köpfen hervor, dazwischen gemalte Blumenmotive auf schwarzem Grund.

Die Emporen sind schlicht ausgeführt. Jeweils zwei rundbogige Arkaden werden durch kannelierte Pfeiler gerahmt, darüber eine zierliche Balustrade mit abschließendem Zahnschnitt. Der reich mit Rankenwerk verzierte Prospekt der Orgel, die seit 1927 auf der westlichen Empore steht, stammt von 1747.

Die Orgelempore im Westen

HESSLINGEN

Heßlingen – bekannt als Sieben-Mühlen-Dorf – wird erstmals 1269 erwähnt. Die Kapelle, die von Fuhlen aus betreut wird, liegt, umgeben von älteren Gehöften, im Südwesten des Ortes. Urkundliche Quellen gibt es nicht. Der Bau wird in das 14. Jahrhundert datiert.

Der bescheidene Baukörper aus Bruchsteinmauerwerk wird durch eine eingezogene halbrunde Apsis abgeschlossen. Das mit Sollingsandsteinen gedeckte Dach trägt im Westen einen Dachreiter für die Glocke. Spuren einer freien Aufhängung der Glocke findet man noch am Westgiebel. Im Apsisbereich sind zwei Schlüssellochscharten zu sehen, die der Belichtung und Belüftung dienten.

Aus der Zeit vor der tiefgreifenden Renovierung 1983, welche die Kapelle vor dem Verfall bewahrte, hat sich im Inneren nur der steinerne Altar erhalten. Der mit einer Holzbalkendecke geschlossene Raum besitzt ein modernes schlichtes Gestühl. Die Turmuhr von 1911 wurde aus Platzgründen frei im westlichen Bereich aufgestellt. Die auf alle Wände verteilten vorreformatorischen Weihekreuze sind wieder hergestellt worden. Das im Eingangsbereich eingelassene Weihwasserbecken aus Sandstein dient nun als Kollektenbehälter. Die bei einer früheren Renovierung 1906 eingebauten großen spitzbogigen Fenster wurden wieder auf das ursprüngliche Maß zurückgebaut.

Die von dem Künstler Siegfried Steege 1983 entworfenen farbigen Glasfenster – selbst die Schlüssellochscharten wurden farbig gefasst – verleihen dem Raum einen sehr intimen Charakter.

Ostansicht

Das Innere

Verglaste Schlüssellochscharte

KRÜCKEBERG

Die dem Hl. Petrus geweihte Kirche von Krückeberg liegt auf einer leichten Anhöhe am südlichen Ortsrand. Sie soll die Mutterkirche von Hessisch Oldendorf gewesen sein. Die bis heute bestehende Pfarrei Weibeck-Krückeberg geht auf das Jahr 1564 zurück, als der erste evangelische Prediger in der Grafschaft Schaumburg, Pastor Eberhard Poppelbaum aus Krückeberg, die Pfarrei an Weibeck abtrat und erster Prediger in Hessisch Oldendorf wurde.

Von Südosten

Der romanische Westturm ist älter als das Kirchenschiff. Die gekuppelten Schallöffnungen mit den Teilungssäulen verweisen auf das 12. Jahrhundert. Ursprünglich war der Turm nur in der östlichen Wand durch eine rundbogige Öffnung mit dem Kirchenschiff verbunden. Wohl in spätgotischer Zeit schuf man einen zweiten Zugang in der Westwand, der in jüngster Zeit noch einmal verändert wurde. Im Turminneren wurde das untere Geschoss nachträglich eingewölbt, vermutlich zusammen mit dem Neu- oder Umbau des Kirchenschiffes im späten 13. Jahrhundert. Der später aufgesetzte, verschieferte Helm ist ins Achteck überführt. Wenig glücklich ist, dass die Ende der 1960er Jahre geschaffenen Gemeinderäume den Blick von Nordwesten auf die Kirche verstellen.

Das zweijochige Langhaus mit eingezogenem quadratischem Chor ist durch Strebepfeiler gegliedert. Die südliche Fassade hat in jedem Joch ein schmales rundbogiges Fenster, dessen Außenkanten bereits spitzbogig verlaufen. Die beiden spitzbogigen Portale unter den Fenstern sind später geschlossen worden. Im zweiten Joch ist ein Giebelkreuz eingemauert, auf das sich die Bezeichnung „Kirche zum Heiligen Kreuz“ bezieht, wie die Kirche noch im 19. Jahrhundert genannt wurde.

Auf der Nordseite fehlt das Fenster im südwestlichen Joch. Hier befinden sich eine neuere Tür und ein kleines Fenster für die Belichtung der Empore. Die flachgedeckte Sakristei wurde in den 1960er Jahren anstelle einer älteren errichtet.

Der Kirchenraum - nach Osten und nach Westen

Das Langhaus hat zwei rechteckige Gewölbefelder mit Kreuzgraten, deren Wand- und Gurtbögen von Konsolen getragen werden. Bei der 1969 vorgenommenen tiefgreifenden Renovierung wurde die Innenausstattung fast komplett entfernt. Seitdem wirkt die Kirche offen und hell.

Ursprünglich engten drei Emporen – auf der Nordseite, im Westen und über dem Altar (für die Orgel) – den Kirchenraum ein. Jetzt bestimmen die Architekturelemente der Gewölbefelder mit ihren ziegelrot gefassten Bögen und den grün-schwarzen Konsolen den Raumeindruck.

Im Altarraum standen gedrängt der Altar samt Retabel, darüber die Tafel mit den Namen der Gefallenen und – eingezwängt unter dem Gewölbe – die Orgelempore. Davor waren die Kanzel, das Taufbecken und die Sitzplätze der Familie von Zersen platziert.

Der neu aufgebaute Altar erhielt die Mensa des Hessisch Oldendorfer Altars. Die ursprünglich im Retabel des Altars sich befindende Darstellung des Abendmahls hängt jetzt an der Südwand. Der hölzerne Taufständer von 1606 ist noch in Gebrauch. Er besteht aus horizontalen Gesimsen, die sich nach oben hin zu einem Achteck erweitern. Die 1969 geschaffene Orgel fand einen Platz auf der neuen Westempore.

Das bemerkenswerteste Ausstattungsstück der Kirche ist ein Kruzifix, das 1966 auf dem Dachboden des Weibecker Pfarrhauses gefunden wurde und heute auf dem Altar steht. Die um 1320 entstandene Plastik zeigt eindrucksvoll den leidenden Christus mit verkrümmten Fingern und angewinkelten Beinen. Wegen dieser intensiven Darstellung des Schmerzes wird das Kreuz als Pestkreuz bezeichnet.

Das Altarkruzifix (um 1320)

SEGELHORST

Der Ort liegt auf einer Anhöhe am Fuße des Wesergebirges. Die Marienkirche befindet sich im Zentrum des alten Dorfes. Die älteste urkundliche Erwähnung stammt aus dem Jahr 1230, Teile des Baus verweisen aber in das 12. Jahrhundert.

Von Norden

Mit dem quadratischen Westturm, dem zweijochigen Schiff und dem gerade geschlossenen Chor folgt die St. Marien-Kirche dem üblichen Schema der Dorfkirchen. Der Turmhelm ist ins Achteck überführt. Die im Osten angebaute Sakristei ersetzt eine ältere.

Am äußeren Bau sind zahlreiche Veränderungen ablesbar. In der südlichen Fassade zeigen das mittlere und östliche Fenster den gotischen Spitzbogen und den Ansatz eines Mittelpfostens. Die nördliche Fassade hat in jüngerer Zeit drei große Segmentbogenfenster erhalten. Ursprünglich wiesen die Wände noch wesentlich mehr Fenster, Nischen und Zugänge auf, als heute erkennbar sind.

Durch das kleine spätgotische Westportal gelangt man zunächst in die enge tonnengewölbte Turmvorhalle, die sich mit einem romanischen Rundbogen zum Kirchenschiff hin öffnet. Das Kirchenschiff stammt im Wesentlichen aus dem Ende des 13. Jahrhunderts. Anstelle einer flachen, durch einen Brand zerstörten Balkendecke, deren Reste man bei einer Restaurierung 1989 fand, erhielt der Kirchenraum im 15. Jahrhundert eine Wölbung. Die Rippen des Chorquadrats sind breiter und gehören vermutlich zum ursprünglichen Bau. Der Chor hat die gleiche Breite wie das Schiff, wird aber durch einen kräftigen Triumphbogen vom Schiff getrennt. Die Treppen zur Kanzel und zur nördlichen Empore führen durch die seitlichen Wangen des Triumphbogens.

Der Chor mit Altar, Abendmahlsbild, Kruzifix und Orgel, den protestantischen „Prinzipalstücken“

Die drei Schlusssteine zeigen im mittleren Gewölbe eine Herz-Jesu-Darstellung mit einem Herzen und fünf Blutstropfen für die Wundmale, über der Empore einen

Die beiden Strahlenkranz- bzw. Mondsichelmadonnen

Anker als Sinnbild der Hoffnung. Der Schlussstein im Chor besteht aus dem Schaumburger Nesselblatt.

An den Wänden finden wir zwei Verweise auf den Namen der Kirche. In der östlichen Kappe des mittleren Gewölbes ist eine sogenannte Strahlenkranz- oder Mondsichelmadonna mit Kind dargestellt, datiert 1493, also vermutlich zeitnah mit dem Ausbau der Gewölbe. Älter ist eine ganz ähnliche um 1400 entstandene Darstellung, die sich im Chorraum über dem Südportal befindet. Maria steht auch hier auf der Mondsichel. Das Motiv geht zurück auf Offenbarung 12,1-18:

> „Und es erschien ein großes Zeichen am Himmel: ein Weib, mit der Sonne bekleidet, und der Mond unter ihren Füßen und auf ihrem Haupt eine Krone von zwölf Sternen."

Beide Malereien sind stark überarbeitet. Zusammen mit weiteren Resten der Gewölbeausmalung wurden sie bei der Restaurierung 1989 freigelegt.

Mit der Einführung der Reformation 1559 wurde das Innere der Kirche neu gestaltet. Der Altar erhielt ein

Die Kanzel mit den Bildern der Evangelisten

Die Abendmahlsdarstellung mit den Reformatoren Melanchthon und Luther, darunter der Verräter Judas. Möglicherweise hat sich ganz links der Stifter oder Maler des Bildes bartlos dargestellt. Oben rechts und links die Einsetzungsworte

von Säulen gerahmtes Tafelbild mit dem verbreiteten Thema des Abendmahls. Interessant ist die Darstellung von zwei Jüngern, die die Gesichtszüge der Reformatoren Luther und Melanchthon tragen (2. und 3. von links). Die das Bild ergänzenden Einsetzungsworte sind in plattdeutsch geschrieben. Meistens wurden diese Bilder nachträglich in die Sockelzone des Altarretabels eingefügt. Hier steht die Abendmahlsszene im Zentrum.

Gleichzeitig entstand die 1557 datierte Kanzel samt Schalldeckel. Sie zeigt die vier Evangelisten und als Besonderheit die Namen der lutherischen Prediger seit 1552.

Wenig später, Ende des 16. Jahrhunderts, wurden die Emporen an der Nord- und Westseite eingebaut. Die nördliche Brüstung ist durch Blendarkaden gegliedert, die mit den Darstellungen der Apostel, Paulus, Christus mit der Weltkugel und den Wappen der v. Cornberg und v. Bortfeldt gefüllt sind.

Die im Chor stehende Sandsteintaufe entstand um 1600. Der achteckige Schaft ist im Stil der Frührenaissance abwechselnd mit leeren Muschelnischen und Tiermasken gestaltet, die Unterseite des in ein Zwölfeck übergehenden Beckens zeigt Engelsköpfe.

Das eindrucksvolle hölzerne Kruzifix, das über der Abendmahlsdarstellung schwebt, ist ein Werk der Mitte des 13. Jahrhunderts. Die kleinen Sandsteinreliefs einer Pieta direkt neben dem Südausgang sowie einer Geißelung mögen aus derselben Zeit stammen und waren früher außen eingelassen.

Eine Eigentümlichkeit von Segelhorst und der Enge des Kirchenschiffs geschuldet ist die auf der Ostwand des Chores über dem Altar angebrachte Orgelempore. Ihr Prospekt stammt aus dem Jahre 1899.

Die in kräftigen Farben gehaltenen Einbauten und die farbig profilierten Gewölberippen geben dem Inneren einen warmen, freundlichen Gesamteindruck.

Das wertvolle Altarkruzifix

Die Sandsteintaufe

Pieta – ursprünglich auf der Außenwand

WEIBECK

In beherrschender Lage auf einer hochwassergeschützten Weserterrasse bildet die St. Lukas-Kirche mit Pfarrhaus und Schulgebäude das Zentrum des schmucken Örtchens Weibeck. Über die Entstehung der Kirche ist nur wenig überliefert. Die wichtigsten Daten sind 1331 der Verzicht des Grafen Johannes von Rohden und Wunstorf und 1336 der Verzicht des Grafen Adolf von Holstein und Schaumburg auf das Patronatsrecht, das sie auf das Mauritiuskloster in Minden übertrugen.

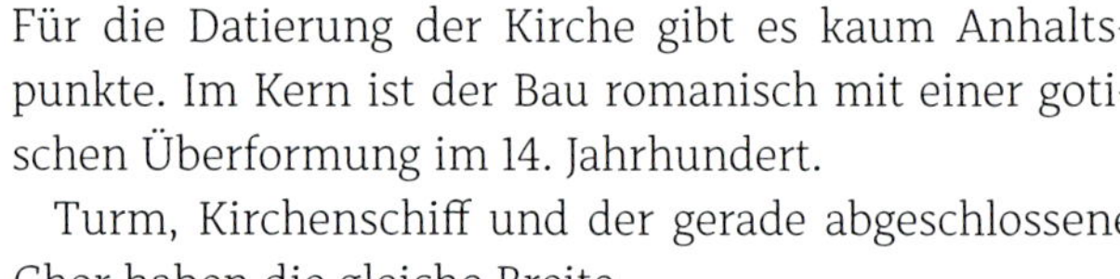

Von Südosten

Für die Datierung der Kirche gibt es kaum Anhaltspunkte. Im Kern ist der Bau romanisch mit einer gotischen Überformung im 14. Jahrhundert.

Turm, Kirchenschiff und der gerade abgeschlossene Chor haben die gleiche Breite.

Baugeschichtlich weist die kleine Kirche zahlreiche Veränderungen auf. Der quadratische Turm hat im ersten Geschoss drei schmale Mauerschlitze, wovon der westliche inzwischen zugemauert wurde. Im zweiten Geschoss befindet sich eine aus einem Block herausgearbeitete Schlüssellochscharte, die aber wohl eher der Belichtung und Belüftung diente als einer wehrhaften Funktion. Ob die größeren Schallöffnungen im Norden und Süden, einmal rundbogig, einmal gekuppelt mit Spitzbögen, ursprünglich sind, ist unsicher. Der westliche Turmeingang dürfte einer späteren Bauphase angehören.

Die Turmgeschosse sind nur vom Kirchenschiff aus über eine in der Turmwand eingelassene enge Treppe erschlossen. Der ursprüngliche Durchgang zum Kirchenschiff im Erdgeschoss wurde nachträglich vermauert.

Vier Strebepfeiler stützen das Mauerwerk des Chores ab. Am südlichen Strebepfeiler befindet sich ein zweitverwendeter Stein unbekannter Herkunft mit einem eingemeißelten Kreuz vor einem Halbkreis, ähnlich wie bei einem Würfelkapitell.

Die nördliche Seite besitzt bis auf ein kleines spitzbogiges Fenster im Chorbereich über der später eingebauten Tür keine Fenster. Das

Mauerwerk der Nordwand weist zahlreiche Unregelmäßigkeiten auf, so dass davon auszugehen ist, dass diese Seite weitere Fenster besaß, die möglicherweise beim Einbau der Empore geschlossen wurden.

Neben dem Haupteingang im Süden steht eine kurze Säule mit einem unbeholfen behauenen Würfelkapitell, die früher einmal die hölzerne Kanzel der Weibecker Kirche getragen hat.

Das Innere ist ein schlichter Saalbau mit einer Flachdecke. Das ziegelrote Gestühl und die kleine Nordempore bilden mit dem hellen Chor und den karottenorange gefassten Gewölberippen ein harmonisches Ganzes.

Der gewölbte Chorbereich wurde im 14. Jahrhundert angebaut oder erneuert. Zum Schiff hin zeigen sich Ansätze von nicht ausgeführten Gewölberippen. Über der vorreformatorischen Sakramentsnische im Chor ist ein kreuzförmiges Stück einer gotischen Fenstereinfassung oder eines Baldachins befestigt.

Der Altar trägt die Mensa aus der Krückeberger Kirche. Darüber befindet sich ein älteres Gemälde von 1654 mit dem Abendmahlsmotiv, gestiftet von Catharina von Haxthausen von Gut Stau. Die alte schlichte Holztaufe wurde durch eine moderne Taufe in Form einer gedrehten Steinsäule ersetzt. Auch die übrige Innenausstattung ist jungen Datums.

Nach der Einführung der Reformation wurde Weibeck mit Krückeberg zu einem Kirchspiel vereinigt. Der Pastor wohnte aber weiter 400 Jahre lang im benachbarten prächtigen Fachwerkhaus mit angebauter Scheune. Dazu gehörten noch ein Pfarrwitwenhaus und eine Schule mit Küsterwohnung.

Blick in den Chor

Das Pfarrhaus

REGION AERZEN (KIRCHENKREIS HAMELN-PYRMONT)

Die heutige Kirchenregion Aerzen setzt sich aus den ehemaligen Ämtern Lachem und Aerzen zusammen.
Lachem gehörte ursprünglich zur Grafschaft Schaumburg und fiel 1647 an das Fürstentum Braunschweig-Lüneburg. Die Lachemer Amtmänner verwalteten die Dörfer des südöstlichen Schaumburger Wesertals mit Kirchen in Hemeringen und Lachem sowie der Kapelle in Haverbeck.
Nach dem Zweiten Weltkrieg entstanden im großen Hemeringer Kirchspiel aus privater Initiative gottesdienstliche Orte in Gestalt der Kapelle in Posteholz, der Diele des Hauses Bredemeyer in Egge und der katholischen St. Marien-Kapelle in Grießem. Egge und Grießem werden inzwischen für gottesdienstliche Zwecke nicht mehr genutzt.
Aerzen unterstand lange den Eversteiner Grafen, bis es 1408 an das Fürstentum Braunschweig-Lüneburg fiel. Im 16. Jahrhundert verpfändeten die Calenberger Aerzen an die Herren von Münchhausen auf Schloss Schwöbber. Um 1660 ging Aerzen wieder in landesherrliche Verwaltung über und wurde Sitz eines Amtes, das neben dem Kirchspiel Aerzen auch das Kirchspiel Groß Berkel umfasste.

Aerzen, St. Marien
Egge, Haus Bredemeyer
Grießem, St. Marien-Kapelle
Haverbeck, Kapelle
Hemeringen, St. Petrus
Groß Berkel, St. Johannis
Lachem, St. Paulus
Posteholz, Gutskapelle
Reher, Johannes-Kapelle
Schwöbber, Schlosskapelle

Von Westen

AERZEN

Zur Zeit des ersten nachweisbaren Kirchenbaues war der Ort Sitz der Grafen von Everstein. 1508 erhielt Statius von Münchhausen von Gut Schwöbber die Pfandherrschaft über Aerzen, die bis 1660 in den Händen des Adelsgeschlechts verblieb. Als Besitzer von Gut Schwöbber hatten die von Münchhausen auch das Patronat über die Kirche von Aerzen inne. Erst 1987 wurde es aufgehoben.

Bei kriegerischen Auseinandersetzungen wurde der Ort mehrfach verwüstet. 1642, im Dreißigjährigen Krieg, brannten Dorf, Burg und Kirche zum großen Teil nieder.

Die Marienkirche steht im Zentrum des alten Dorfes, direkt am ehemaligen Hellweg, der Aerzen in Ost-West-Richtung durchquerte. Der 1153 geweihte romanische Ursprungsbau wurde um 1200 zu einer kreuzförmigen Anlage erweitert und wich damit vom Grundriss der typischen Dorfkirche ab. Nach dem Großbrand ließ Börries von Münchhausen 1643 die Kirche auf Teilen des romanischen Vorgängerbaus wieder aufbauen und zu einem rechteckigen Saalbau vergrößern. Übernommen wurden der Westturm, der nördliche Querhausarm sowie Teile des Langhauses.

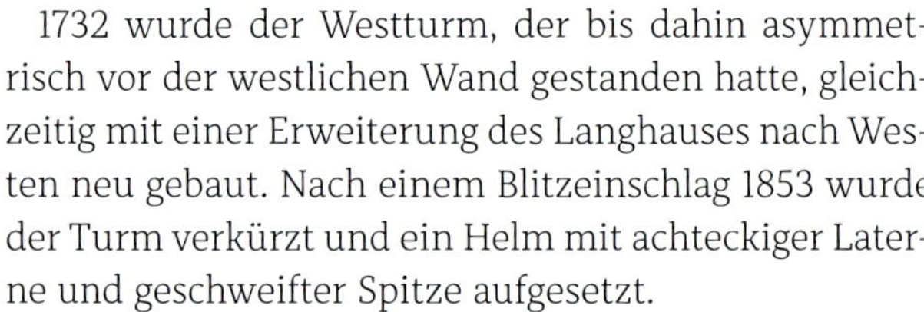

1732 wurde der Westturm, der bis dahin asymmetrisch vor der westlichen Wand gestanden hatte, gleichzeitig mit einer Erweiterung des Langhauses nach Westen neu gebaut. Nach einem Blitzeinschlag 1853 wurde der Turm verkürzt und ein Helm mit achteckiger Laterne und geschweifter Spitze aufgesetzt.

Von Süden

Von der zur Straße hin ausgerichteten Schauseite sieht man dem breit gelagerten Bau mit Eckverquaderung, großen Rechteckfenstern und mittigem Eingang die vielen Bauphasen nicht an.

Im Westen erhebt sich über einem hohen Sockel ein zweigeschossiger Turmunterbau mit gekuppelten Rechteckfenstern und abschließendem klassizistischem Gesims, darüber etwas eingezogen die Glockenstube mit rundbogigen Schallöffnungen und dem erneuerten Turmhelm.

An der Nordseite hat sich aus dem Vorgängerbau ein

romanisches Fenster erhalten. Der aus romanischer Zeit stammende Querarm wurde beim Neubau erhöht, blieb aber etwas niedriger als das Schiff. An der östlichen Seite befindet sich ein überdachter Aufgang aus Fachwerk, der zur ehemaligen Herrschaftsprieche führt, die im nördlichen Querarm untergebracht war. Ein weiterer Zugang hat heute keine Funktion mehr.

Die östliche Giebelseite ist schlicht mit zwei hochrechteckigen Fenstern und einigen kleinen Lichtöffnungen gestaltet. Darin eingelassen sind die Wappen von Börries von Münchhausen und seiner Ehefrau Anna Dorothea, geb. von Kerssenbrock.

Im Inneren ist der Saal durch zwei von Eichenstützen getragene Unterzüge in drei Schiffe geteilt. Dies wurde 1859-63 infolge einer Dachreparatur notwendig.

Die barocke Ausstattung aus dem 17. Jahrhundert hat sich geschlossen erhalten. Die Farbgebung der Wände ist in einem hellen Grau und Weiß gehalten, das Gestühl in warmem Rot. Bei den Ausstattungsstücken dominiert die anthrazitfarbene, weiß-grau gebänderte Marmorierung, während die Ornamente in Rot, Gold und Weiß gehalten sind.

Das kostbare Altarretabel, datiert auf das Jahr 1691, ist eine Stiftung des Patrons Otto von Münchhausen. Es dürfte in Italien gefertigt worden sein. Das Material des zweigeschossigen Aufbaus besteht aus rötlichem und grauem Marmor, während die Schmuck- und Bildelemente aus weißem Alabaster gestaltet sind.

Die perspektivisch angelegte Abendmahlsszene zeigt eine in die Tiefe führende gewölbte Halle. Der Strahlenkranz hinter dem Kopf Christi, der Abendmahlskelch und das Brot sind golden gefasst. Gerahmt wird das Relief von jeweils zwei korinthischen Säulen. Über einer Gebälkzone mit der gleichen Rahmenarchitektur ist das Kruzifix zu sehen. Den Abschluss bilden ein Dreiecksgiebel mit Wappenkartusche und darüber der auferstandene Christus auf der Weltkugel – dazwischen reiche Verzierungen mit Girlanden, Fruchtgehängen

Der romanische Querhausarm auf der Nordseite mit dem Zugang zur Herrschaftsprieche

Das kostbare marmorne Altarretabel

Die Herrschaftsprieche

Die Kreuztragung Jesu und die Hl. Veronika mit dem Schweisstuch

und Puttenköpfen. Neben den Säulen stehen auf Postamenten die Figuren von Moses mit den Gesetzestafeln (links) und des Evangelisten Johannes (rechts).

Aufwendig gestaltet ist auch die hölzerne Taufe. Das vierseitige Taufbecken steht auf Voluten, die aus einer durch Akanthusblätter verkleideten Säule erwachsen. Die Wandung des Beckens ist muschelähnlich ausgeführt. Der obere Teil des Taufbeckens ist durch eine sechsseitige Wandung ummantelt, in deren Feldern der Spruch „Ich bin der Weinstock, ihr seid die Reben“ steht. Getragen wird diese Rahmung von sechs Säulen. Abgeschlossen wird die Taufe mit einem sechsseitigen Haubendeckel.

Auch die Kanzel – auf einer korinthischen Säule fußend – ist noch ganz im Stile der Renaissance gefertigt. Ihre sechs Wandfelder besitzen Füllungen aus Rundbögen, in denen ganz im protestantischen Sinne die vier Evangelisten und Paulus dargestellt sind. Im sechsten Feld befindet sich das Wappen der von Münchhausens, die als Stifter der Kanzel anzunehmen sind. Der Schalldeckel ist reich mit Volutenaufsätzen und Kugeldekor verziert.

Die Herrschaftsprieche der freiherrlichen Familie von Münchhausen, auch Schwöbberprieche genannt, war im kreuzgratgewölbten Obergeschoss des nördlichen Querhauses untergebracht. Die kostbar gestaltete Schauwand ist mit Schiebefenstern ausgestattet und durch schmale Säulen dreigeteilt.

Die Brüstungsfelder sind mit drei be-

Ich bin der Weinstock
ihr seid die Reben.
Wer in Mir bleibet

Die Abendmahlsszene

Die Kanzel

wegten Szenen aus der Passionsgeschichte gefüllt, links Christus vor Pilatus, in der Mitte die Kreuztragung und die Hl. Veronika mit dem Schweisstuch, rechts die Grablegung. Das mittlere Bild ist signiert mit J. Woltemate und datiert 1680. J. Woltemate war Universitätsmaler in Rinteln. Den Abschluss bildet ein Aufsatz mit zwei aufsteigenden Löwen, die die Wappenkartusche der von Münchhausen halten. Heute wird die Prieche als Gemeinderaum genutzt.

Auf der um 1686 errichteten Westempore steht die Orgel mit dem fünfachsigen, sparsam mit Rankenwerk verzierten barocken Prospekt von 1713, der noch heute erhalten ist. Die 2021 abgeschlossene Innensanierung galt insbesondere der Orgel. Mit ihrem Pfeifenbestand aus drei Jahrhunderten zählt sie zu den bemerkenswertesten Instrumenten im Weserbergland.

Gedenktafel für den Superintendenten Philipp Lonigerus

An der Brüstung der Westempore hängt eine 1664 datierte interessante Gedenktafel für den Superintendenten Philipp Lonigerus. Zwei Tafeln, die seinen Lebenslauf würdigen, sind durch Säulchen und von barbusigen Meerjungfrauen gerahmt, die aus Maskenköpfen herauszuwachsen scheinen. Am unteren Rand präsentieren je zwei mit Flügeln und langem Schwanz ausgestattete Meerjungfrauen eine Wappenkartusche.

Bei der Renovierung der Kirche 1951 wurden die unter dem Altarraum liegende Münchhausensche Gruft aufgehoben sowie die Emporen verkleinert.

Wappentragende Meerjungfrauen

EGGE

Lange Jahre wurde in der Diele des Bauernhauses der Familie Bredemeyer im kleinen Dorf Egge Gottesdienst gefeiert.

Wie sich der Sohn Daniel Bredemeyer erinnert, muss der erste Gottesdienst 1973 oder 1974 stattgefunden haben. Vorher war er in der Dorfschule in Posteholz gefeiert worden, die im Zuge der Gebietsreform verkauft wurde.

Die evangelische Kirchengemeinde Hemeringen-Lachem richtete den Gottesdienst aus. Besonders zu Weihnachten kamen 70-80 Personen, aber auch das Erntedankfest wurde größer gefeiert. Zu den normalen Sonntagen waren es oft nur eine Handvoll Leute. Der letzte Gottesdienst in Egge fand Weihnachten 2018 statt.

Mit dem Wegzug der Familie endete diese schöne Tradition.

Zeichnung Heinz-Jürgen Bredemeyer

Erntedank 1995 und 2005 (Zeichnung und beide Fotos Sammlung Daniel Bredemeyer)

GRIESSEM

Die Gedenknische

Die Kapelle St. Maria zum Loskauf der Gefangenen diente der katholischen Bevölkerung von Grießem von 1954 bis 1999 für ihre Gottesdienste. Gestiftet hat sie Werner Joseph Bernhard Freiherr von Canstein (1899-1979) für die in Griessem wohnenden katholischen Flüchtlinge und Vertriebenen zum Dank dafür, dass er selbst die Schlacht um Stalingrad und die Kriegsgefangenschaft überlebt hatte.

An der Stirnseite der Kapelle, die an der Straße Oberer Anger stand, befand sich ein von der Bildhauerin Christel Nieland geschaffenes Tonrelief der „Madonna von Stalingrad". Vorlage war eine Zeichnung, die der Pfarrer und Oberarzt Kurt Reuber (1906-1944) Heiligabend 1942 im Kessel von Stalingrad auf die Rückseite einer russischen Landkarte skizziert hatte: „Weihnachten 1942 im Kessel Festung Stalingrad – Licht Leben Liebe."

Seine Gedanken zu dem Bild formulierte er in einem Brief an seine Frau:

> „Das Bild ist so: Kind und Mutterkopf zueinander geneigt, von einem großen Tuch umschlossen, Geborgenheit und Umschließung von Mutter und Kind. Mir kamen die johanneischen Worte: Licht, Leben, Liebe. Was soll ich dazu noch sagen? Wenn man unsere Lage bedenkt, in der Dunkelheit, Tod und Hass umgehen – und unsere Sehnsucht nach Licht, Leben, Liebe, die so unendlich groß ist in jedem von uns!"

Diese Zeichnung wurde zu einem der wichtigsten Symbole des Gedenkens an die Opfer von Stalingrad.

Heute steht von der Kapelle nur noch der Glockenturm. In einer Nische hängt mittig das christliches Kreuz, links eine schmale Platte mit einem Gedenktext, rechts das Tonrelief der „Madonna von Stalingrad".

GROSS BERKEL

Von Südosten

Schon von weitem sieht man den hoch aufragenden Turm der St. Johanniskirche von Groß Berkel, die im alten Ortskern in unmittelbarer Nähe der Humme steht. Die mittelalterliche Kirche wurde zum Ende des Dreißigjährigen Krieges 1647 bei einem Großbrand bis auf den Turmunterbau zerstört. Mit drei Geschossen und einem ins Achteck überführten, sehr spitz zulaufenden, schiefergedeckten Helm wurde der Turm 1660 wieder hergestellt.

Unheimlich eng sollen die Menschen in der baufälligen Kirche zusammengesessen haben. Den längst fälligen Neubau verzögerten u.a. die Ereignisse des Siebenjährigen Krieges (1756-63).

1769 endlich erteilte das Konsistorium in Hannover dem Hamelner Zimmer- und Wasserbaumeister Johann Conrad Dammert den Auftrag für den Neubau des Kirchenschiffs. Dammert hatte Pläne für den Grundriss und den Querschnitt der Kirche sowie des Kanzelaltars vorgelegt, welche die Kirche in Grone bei Göttingen kopierten. Diese besitzt wie die St. Johanniskirche einen barocken Altar des hannoverschen Hofbildhauers Ziesenis. 1777 wurde der Neubau feierlich eingeweiht.

Die Tugend der Geduld

Der rechteckige Saalbau aus verputztem Bruchsteinmauerwerk mit einer Eckbetonung durch Sandsteinquader erhebt sich über einem profilierten Quadersockel. Die Längsseiten gliedern sich in vier Fensterachsen mit Segmentbogen in Sandsteingewänden. In der Nord- und Südwand befindet sich jeweils eine Tür mit einem Giebelfeld, das die Inschrift „Bewahre deinen Fus wenn du zum Hause Gottes gehest“ enthält. Im Osten schließt sich eine fast quadratische Sakristei an.

Der äußerlich konventionelle Bau überrascht im Inneren durch barocke Leichtigkeit. Ein Muldengewölbe auf profiliertem Stuckgesims überspannt den Raum. Die dreiseitig umlaufende Empore auf schlanken Holzsäulen ist im Westen U-förmig abgerundet mit geschweiften Anschlüssen an die Nord- und Südempore. Der dreiachsige Orgelprospekt mit durchbrochenem Rankenwerk stammt von 1790.

Der Taufdeckel

Prunkstück ist der von Johann Friedrich Blasius Ziesenis angefertigte Kanzelaltar. Ziesenis (1715-1787) war Hofbildhauer des Kurfürstentums Hannover, erhielt aber die meisten Aufträge von kirchlicher Seite, da der Hof damals weitgehend von London aus verwaltet wurde.

Der hochragende Kanzelaltar

Sicher nachzuweisen sind ihm 14 Kanzelaltäre sowie 14 weitere Werke wie Epitaphien, Taufständer u.ä. Leider sind im Zweiten Weltkrieg zahlreiche seiner Arbeiten verloren gegangen, wie z. B. der Kanzelaltar in der Marktkirche St. Nicolai in Hameln. Der Kanzelaltar in Groß Berkel ist das einzige gut erhaltene Beispiel für den Barock des Kurfürstentums Hannover im Landkreis Hameln-Pyrmont.

Der bis unter die Decke reichende, weit ausladende, geschwungene Altaraufbau hat eine Höhe von 9,66 m und eine Breite von 4,55 m. Auf einem hohen Postament sind vierfach gestaffelte Säulen und Pilaster so angeordnet, dass sie in den Raum ausgreifend Kanzel und Altar rahmen. Frühklassizistische Zopfornamente schmücken die Kanzel und die rundbogige Kanzeltür. Darunter befindet sich das Abendmahlsbild, gemalt von Johann August Bartels aus Hannover.

Über der Gebälkzone befindet sich ein geschweifter Aufsatz, der von zwei auf Voluten sitzenden Tugenden gerahmt wird, der Hoffnung mit dem Anker rechts, der Liebe mit einem flammenden Herzen links. Zwischen ihnen erheben sich übereinander die beiden Tafeln der Zehn Gebote, die Biblia Sacra (= Heilige Schrift), das Auge Gottes im Strahlenkranz sowie die Taube des Hl. Geistes, rechts und links davon zwei lodernde Flammenvasen.

Wechsel von Säulen und Pilastern

Die Krönung des Kanzelaltars mit dem Auge Gottes und der Taube des Hl. Geistes

In die seitlichen Scherwände sind rundbogige Türen mit einem giebelartigen Aufsatz eingelassen, auf denen links die Tugend des Glaubens mit dem Kelch, rechts die Tugend der Geduld mit dem Lamm sitzen. Alle vier Tugenden sind mit „anständiger Bekleidung" angefertigt, wie es im „Contract" von 1776 vom Künstler verlangt wurde. Der äußere Teil der Scherwände ist wiederum jeweils mit einer Vase bekrönt.

Die Sandsteintaufe ist jüngeren Datums. Von einem mehrfach abgetreppten Sockel geht sie mit konischen Wandungen ins Rechteck über. Der Holzdeckel ist mit Rocaillen und Blättergirlanden verziert, darauf ein vergoldetes Lamm mit Siegesfahne. Es handelt sich um eine weitere Arbeit von Ziesenis.

Der von Otto Hägemann aus Hannover angefertigte Messingleuchter ist in zwei Etagen zu je neun Armen mit jeweils zwei Kerzen angeordnet. Die Kerzenhalter haben die Form eines Muscheltellers. Den Abschluss bilden ein Doppeladler und ein Engel.

In der Sakristei hängt ein eindrucksvoller Torso des Gekreuzigten, wohl um 1600 entstanden. Ein Ölgemälde erinnert an Pastor Johann Bernhard Bütemeister, dessen über 50 Jahre dauerndes Wirken in Groß Berkel die ganze erste Hälfte des 18. Jahrhunderts prägte.

Die ursprünglich gewölbte, jetzt flachgedeckte Turmhalle dient heute als Gedenkort für die Gefallenen der beiden Weltkriege.

Den Namen St. Johannis erhielt die Kirche erst 1909/10. In vorreformatorischer Zeit hatte sie den Namen St. Laurentius getragen, der nach der Reformation vermieden wurde.

Torso

HEMERINGEN

Von Nordwesten

Die erste urkundliche Erwähnung Hemeringens stammt aus dem Jahre 1145, die Entstehung des Ortes wird um 800 vermutet. Die Besiedelung erfolgte östlich der Hemeringer Straße. Kleine Kötnerstellen folgten auf der westlichen Seite und im Bereich der Kirchstraße. Der Hemeringer Bach versorgte zahlreiche Mühlen mit Wasser.

Das außergewöhnlich große Kirchspiel Hemeringen umfasste Hemeringen, Boldenkoven, Dehmkerbrock, Egge, Flakenholz, Herkendorf, Hesslingen, Pessinghausen, Posteholz, Rodenbeck, Schevelstein, Wahrendahl und Wördeholz. Haverbeck und Halvestorf kamen 1540 dazu; Haverbeck wurde 1660 wieder nach Lachem umgepfarrt. Die Kirche wies laut Stuhlregister von 1839 die stattliche Anzahl von etwa 686 Sitzen auf.

Die erstmalig 1151 erwähnte St. Petri-Kirche liegt erhöht am südwestlichen Rand des alten Ortskerns. Von 1426-1468 war sie Sitz eines Augustinerinnenklosters, das aus Sicherheitsgründen vom nahen Egestorf, das im 18. Jahrhundert als Friedrichswald wieder besiedelt wurde, nach Hemeringen verlegt worden war. Die Klosterfrauen hielten an dem Patrozinium St. Maria ihres Klosters in Egestorf fest, so dass das ursprüngliche Patrozinium St. Petrus für die Hemeringer Kirche erlosch. 1498 wurde das Kloster endgültig nach Rinteln verlegt. Während der Klosterphase wurde das Kirchspiel Hemeringen von einem stellvertretenden Pfarrer versorgt, spätestens 1484 ist wieder ein selbstständiger Pfarrer nachweisbar. 1559 erhielt die Kirche auch ihren alten Namen St. Petrus wieder zurück. Spuren aus der Zeit des Klosters sind am Bau nicht mehr zu finden.

Rundbogenfenster aus einem Block im Turm

Ein in der Nordwand des Turmes zweitverwendetes Rundbogenfenster mit Teilungssäule aus einem Block verweist in das 12. Jahrhundert. Der Turm selber mit seinem hohen, ins Achteck überführten Helm stammt wohl aus dem 13. Jahrhundert, ebenso wie das Kirchenschiff, das auf dem aus drei flachen Kehlen bestehenden Sockel des Vorgängerbaus errichtete wurde. Dieser aus zwei Jochen bestehende

Inschrift über dem Nordportal

Bau war gewölbt, wie im Inneren noch an den Gewölbevorlagen der westlichen Wand abzulesen ist.

Im Dreißigjährigen Krieg wurden Dorf und Kirche schwer heimgesucht, die Kirche laut Kirchenchronik „jämmerlich verwüstet".

Laut Inschrift über dem Nordportal hat man 1726 an das Langhaus einen großen, breiteren Chor mit dreiseitigem Abschluss angefügt. Im Zuge dieser Baumaßnahme wurden die hochrechteckigen Fenster mit Sprossenteilung in die Wände des Langhauses gebrochen. Im Türsturz des neuen Eingangs an der Nordseite des Chors lautet eine lateinische Inschrift:

Sancti huius Deo sacrati limina ingressurus novi aedificii veteri reparato astructi anno 1726. T Past P L Garben.

In Übersetzung: „Du wirst die Schwelle dieses heiligen, neuen, Gott geweihten Gebäudes betreten, das dem alten nach seiner Wiederherstellung im Jahre 1726 angefügt ist. Pastor Philippus Laurentius Garben."

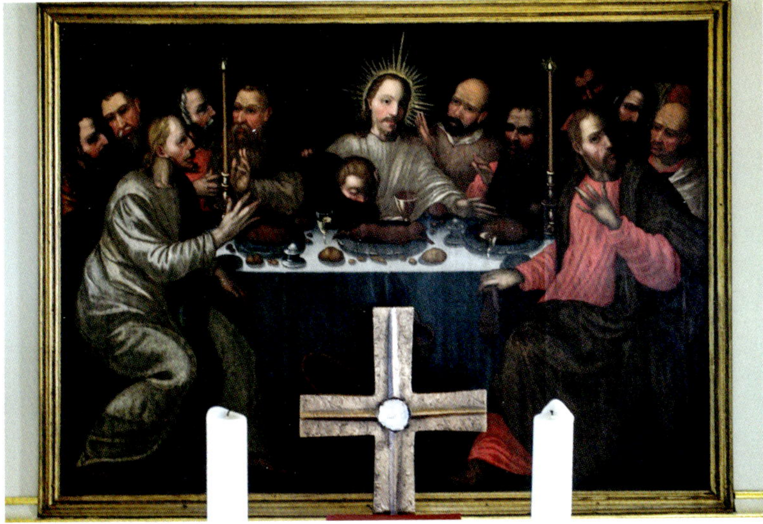

Das Retabel mit dem Abendmahlsmotiv

Der Kanzelaltar

Blick durch das Kirchenschiff auf die Orgelempore

Im Inneren empfängt den Besucher ein schlichter, heller Raum im frühbarocken Stil des 18. Jahrhunderts. Die Verbindung der flachen Putzdecke mit den Längswänden erfolgt durch eine breite Kehle. Das Gestühl und die U-förmige Empore mit schlichten Füllungen stammen von 1730.

1733 erhielt die Kirche eine Orgel, die sich über dem Altar an der Ostwand befand. Um 1830 gestaltete man den Chorbereich neu und versetzte die Orgel auf die Westempore, um Platz für einen hohen Kanzelaltar zu schaffen. Den Kanzelaltar fertigte 1834 der einheimische Tischlermeister Lüders an. Das Retabel mit dem Abendmahlsmotiv wird flankiert von jeweils zwei gestaffelten Säulen mit korinthischem Kapitell und einem Gebälk, das sich um den Kanzelkorb herumzieht. Über dem Schalldeckel befindet sich als bekrönender Abschluss das Auge Gottes.

Rechts und links des Altars führen zwei Durchgänge in die dahinterliegende Sakristei. Seitlich des Altars hängen zwei Bilder mit der Grablegung und der Geburt Christi, die 1985 auf dem Dachboden des Küsterhauses gefunden wurden.

Die Farbgebung ist modern; es dominiert weiß mit farblich abgesetzten hellgrauen Füllungen. Nur der Altar ist durch goldene Akzente hervorgehoben.

Die jetzige Orgel wurde 1889 eingebaut. 1995 wurde sie umfassend restauriert. Bei der Gestaltung des Orgelprospekts mit goldfarbenen Blätterranken und Kelchkreuzen hat der Künstler Heinz-Jürgen Bredemeyer aus Egge wesentlich mitgewirkt.

Als 1985 der Kirchenfußboden renoviert wurde, fand man eine mit Weihekreuzen versehene Platte, die von einem Altartisch aus vorreformatorischer Zeit stammt. Sie liegt heute als Trittstufe vor dem Altar.

Erwähnenswert sind zwei Messingkronleuchter aus den Jahren 1687 und 1850. Nachdem sie 1979 gestohlen worden waren, wurden sie 1983 durch Repliken ersetzt.

HAVERBECK

Die kleine Kapelle aus unverputztem Bruchsteinmauerwerk steht mitten im Dorf an der in Nord-Süd-Richtung verlaufenden Hauptstraße auf einem deutlich erhöhten Platz.

Von Osten

Der Saalbau mit halbkreisförmigem Chorschluss ist mit Sollingplatten gedeckt, der Dachreiter mit achteckigem Helm verschiefert. Die Fenster und der Eingang an der Nordseite sind spitzbogig, zwei davon gekuppelt, teilweise in erneuerten Sandsteingewänden. An der Südseite im Sturz über dem gekuppelten Fenster befindet sich die Datierung Anno dni (= domini) M CCCC XCV (1495), die als Gründungsdatum des Baues angenommen wird.

Das äußere Bild eines ungestörten Ensembles setzt sich im Inneren fort. Obwohl das Inventar aus verschiedenen Jahrhunderten stammt, ist der Gesamteindruck harmonisch. Gleich neben dem Eingang an der Nordseite befindet sich der Aufgang zur im 17. Jahrhundert errichteten West- und Südempore. Die Brüstung besteht aus einem schlichten geschweiften Geländer. Auf dem Gesims der Emporenstützen sind die Namen der damaligen Kirchenstuhlbesitzer aufgemalt, von denen einige Familien (z.B. Sander, Bollwitte, Benditte [= Benedictus, der Gesegnete]) noch im Dorf leben. Sie mussten ihre Plätze damals kaufen.

An der Nordwand steht eine Reihe von Kastensitzen, ebenfalls aus dem 17. Jahrhundert. An deren Ostende ist die Kanzel eingebaut, de-

Kanzel und Altar mit den Reliefs von Abel, Melchisedek, Isaak und Aron

Von Nordwesten

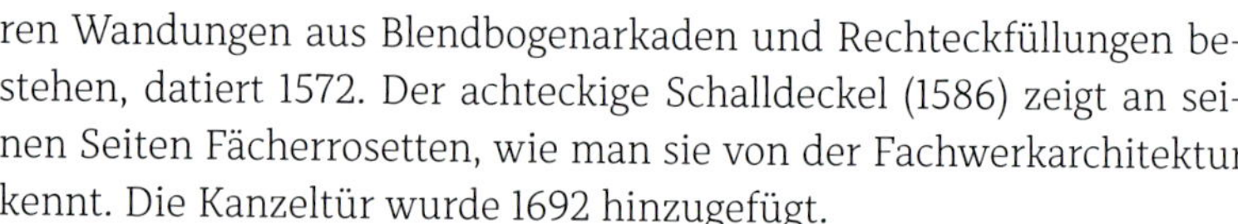

ren Wandungen aus Blendbogenarkaden und Rechteckfüllungen bestehen, datiert 1572. Der achteckige Schalldeckel (1586) zeigt an seinen Seiten Fächerrosetten, wie man sie von der Fachwerkarchitektur kennt. Die Kanzeltür wurde 1692 hinzugefügt.

Zwei gemalte Holztafeln mit den Wappen von Megersheimb und von Campen, die ihren ursprünglichen Ort am Predigersitz im Chorbereich hatten, sind an der Brüstung der ersten Sitzreihe wiederverwendet worden.

Die Mensa des Altars ist vorreformatorisch, das Altarretabel, in neogotischen Formen mit Fialen und kleinen Kreuzblumen besetzt, stammt dagegen von 1897. In vier Medaillons sind die Priestergestalten des Alten Testaments dargestellt: Abel mit Lamm, Melchisedek mit Brot und Kelch, Isaak mit Reisigbündel und Aron mit Zepter und Weihrauchgefäß. Darüber befindet sich das Kruzifix. Im Opfertod Christi verkörpert sich die Ablösung des alttestamentlichen Opfers durch den Neuen Bund in Gestalt des Abendmahls. Das Bildprogramm entspricht damit präzise dem vom Haseschüler August Lingemann 1892 in Flegessen 1892 am Triumphbogen aufgemalten Programm.

Empore mit den Namen der Kirchenstuhlbesitzer

Gerd Bollwitte als Kirchenstuhlbesitzer

Das vorhandene Altarretabel ersetzt einen sehr wertvollen dreiflügeligen Passionsaltar aus der Zeit um 1500 des Lübecker Malers Hinrik van dem Kroghe. Der Altar befindet sich seit 1897 im niedersächsischen Landesmuseum Hannover. Aufgrund starker Feuchtigkeit in der Kapelle hatte das Kunstwerk bereits Schaden genommen. Sowohl der Altar wie auch die Kanzel sollen ursprünglich aus der Lachemer Kirche stammen, wie Rechnungen aus den Jahren 1670 und 1696 belegen. Danach zahlten die Haverbecker „5 Taler an Lachem für Kanzel, Altar u.a.".

Aus vorreformatorischer Zeit stammt das kleine Becken für liturgische Waschungen an der Südseite des Chores, dessen Ausguss innen vermauert, aber von außen noch sichtbar ist.

LACHEM

Der Name Lachem leitet sich von Lache ab und bezieht sich auf die Lage in der Weserniederung. Der Ort war vom 11. Jahrhundert bis 1823 Sitz einer Amtsvogtei, von der aus die südöstlichen Dörfer der Grafschaft Schaumburg verwaltet wurden. Das Kirchspiel Lachem umfasste die Dörfer Lachem, Bannensiek, Halvestorf, Haverbeck, Helpensen, Hope und Weidehohl, wobei Halvestorf und Haverbeck zeitweise zu Hemeringen gehörten.

Die St. Paulus-Kirche von Lachem befindet sich am östlichen Rand des Ortes, umgeben von Fachwerkhäusern, die zum Teil zur Kirche gehörten, darunter das benachbarte alte Pfarrhaus, das jetzt als Gemeindehaus genutzt wird. Den Namen St. Paulus trägt sie erst seit 1972.

Nähert man sich der Kirche, fällt zunächst der querrechteckige Westriegel aus Bruchsteinmauerwerk mit seiner schönen Dacheindeckung aus Sollingsandstein auf. Im obersten Geschoss hat der Turm rundbogige Schallöffnungen, ansonsten nur schmale Lichtschlitze. Er stammt aus dem frühen 13. Jahrhundert. Vorbild war sicher das auf der anderen Weserseite liegende Stift Fischbeck mit seinem mächtigen Westbau.

Das Tympanon über dem Eingang zeigt stark verwittert ein Brustbild von Christus. Auf der Gloriole war früher zu lesen: IHS. NAZARENUS. R. IUD. (Jesus von Nazareth, König der Juden). Auf dem Spruchband, das Christus zwischen den ausgebreiteten Armen hält, steht: EUGE SERVE BONE (Ei, du treuer Knecht, Matth. 25,21). Darauf folgt im Bibeltext der Satz: „Geh ein zum Freudenfest deines Herrn!“. Dieser Spruch kann sich einerseits auf den Besuch des Gottesdienstes beziehen, aber auch auf den Eingang in die Ewigkeit.

Die Turmhalle wurde 1650-1851 als Grablege für die Familie von Mengersen genutzt und diese ist bis heute

Südostansicht

Ostansicht mit dem Aufgang zur Herrschaftsprieche der von Mengersen

Das Tympanon über dem ehemaligen Eingang im Turm

erhalten geblieben. Der Durchgang zur Kirche wurde deshalb geschlossen.
Das sich an den Turm fast bündig anschließende Langhaus wurde am Anfang des 16. Jahrhunderts neu errichtet. An jeder Längsseite befinden sich drei gekuppelte segmentbogige Fenster in erneuerten Sandsteingewänden. Der Zugang erfolgt an der Nordseite durch ein Rundbogenportal. Ein Aufgang an der Südseite zur Empore des Amtsvogtes wurde 1892 vermauert.

Das Innere, obwohl aus unterschiedlichen Zeiten stammend, zeigt sich als ungestörtes Ensemble. Der schlichte Saalbau ist mit einer Balkendecke geschlossen. Der um eine Stufe erhöhte Altarraum ist annähernd so lang wie der Gemeindebereich. In seiner Mittelachse steht der Altar mit dem aus der ersten Hälfte des 17. Jahrhunderts stammenden Retabel. Der eineinhalbgeschossige Aufbau wird von gebälktragenden Säulen umschlossen, die seitlich von Anschwüngen im Ohrmuschelwerk verziert sind. Die Bilder mit dem Salvator mundi und der Kreuzigung stammen aus dem 19. Jahrhundert. Ursprünglich soll der spätgotische Flügelaltar von Hinrik van dem Kroghe, der später in die Haverbecker Kapelle kam und jetzt im Landesmuseum Hannover ausgestellt ist, den Lachemer Altar geschmückt haben.

Über und hinter dem Altar errichtete man 1608 die Herrschaftsprieche der Familie von Mengersen, die einen eigenen Zugang an der

Der 1892 geschaffene Orgelprospekt auf der Westempore

Blick durchs Schiff auf Altar, Herrschaftsprieche, Kastensitze und Kanzel

Ostseite hat. Die Wappen von Cord Philipp von Mengersen und seiner Frau Dorothea von Münchhausen (wie in Haverbeck) hängen jetzt an der Ostwand, früher sicher an prominenter Stelle an der Brüstung. Die Brüstung besteht aus schmalen Rundbogenblenden, darüber eine Holzvergitterung mit Schiebeöffnungen.

Hinter dem Altar befindet sich als vorreformatorisches Ausstattungsstück eine Sakramentsnische mit einem Radkreuz, datiert 1503.

Auf beiden Seiten des Altarraums befinden sich Kastensitze mit Stabgitter über der Wandung, an der südlichen Seite der jetzt als Sakristei genutzte Beichtstuhl. Die daran angebaute Kanzel von 1663 hat in den Blendarkaden zwischen Säulchen gemalte Halbfiguren von Christus, den vier Evangelisten mit ihren Attributen und dem Apostel

Der Kanzelkorb mit den Evangelisten

Die vorreformatorische Sakramentsnische in der Ostwand

Paulus. Der geschwungene Kanzeldeckel ist mit Obelisken besetzt und von einem Halbmond auf einer Speerspitze bekrönt.

Auf der Rückseite des Retabels befindet sich eine Inschrift, welche die weitere Entwicklung der Ausstattung beschreibt:

„Die Priechen, welche Anno 1660 erbauet, sowie alle Männer und Frauenstühle, die Anno 1681 erneuert sind, wurden Anno 1690 gestrichen. – Nachdem im Jahre 1881 die Frauenstühle durch die aus der Garnisonkirche in Hameln angekauften ersetzt (Die Garnisonkirche wurde 1881 entweiht), Anno 1892 eine Orgel angeschafft und 1893 die Männerprieche mit neuem Gestühl versehen, wurde im Jahre 1894 die ganze Kirche gestrichen."

Die Orgel befand sich bis 1892 neben dem Altar auf der Nordempore. Daher sind hier auf der Brüstung Psalmverse aufgemalt. An den anderen Brüstungen sieht man wie in Haverbeck die Namen der Kirchenstuhlbesitzer. Die Westempore war ursprünglich der Sitz des Vogtes, der wie von Mengersen einen eigenen Zugang von außen hatte. Nach Auflösung des Amtes wurde hier die neue Orgel aufgestellt.

An der südlichen Wand hängen zwei Gemälde aus der Zeit um 1700: Die Anbetung der Hirten und die Himmelfahrt Christi. Bemerkenswert sind der eichene, mit Eisenbändern beschlagene Opferstock aus dem 17. Jahrhundert und der gotische Wandschrank.

POSTEHOLZ

Von den Herren von Post im 16. Jahrhundert gegründet, ging das Gut 1888 in den Besitz der Familie von Alten über. Von der ehemaligen Wasserburg ist nur der 1669 erbaute Torturm erhalten geblieben, der früher als Durchfahrt diente.

Aus Dankbarkeit dafür, dass er Krieg und Kriegsgefangenschaft überlebt hatte, ließ Baron Siegfried Hanach von Alten 1955 im Erdgeschoss des Torturms eine Kapelle einrichten. Zur Ausstattung, die wesentlich aus Familienbesitz stammt, gehören zwei Holzreliefs eines ehemaligen Altarretabels, barocke Figuren der zwölf Apostel und des Salvator mundi, ein Kaselkreuz, ein Ölgemälde mit der Darstellung des Wasser aus dem Felsen schlagenden Moses von Paolo de Matteis (um 1705) und mehrere Wandleuchter. Jährlich feiert die Kirchengemeinde Hemeringen-Lachem hier und im Park den Himmelfahrtstag.

DER FRÜHERE TORTURM MIT DER KAPELLE IM ERDGESCHOSS

REHER

Die kleine, Johannes dem Täufer geweihte Kapelle gehörte zum Wirtschaftshof eines Klosters, der von 1418 bis ins 16. Jahrhundert von Brüdern des Johanniterordens aus Wietersheim bei Minden geführt wurde. Nach Einführung der Reformation 1542 stand die Kapelle nach anfänglichen Streitigkeiten über die Besitzverhältnisse weiterhin für den Gottesdienst zur Verfügung.

Von Norden

Der schlichte Saalbau steht am Steilhang der Hummeniederung über dem Grießebach auf einem Felsen, dem eine Quelle entspringt. An der nördlichen Hangseite ist der Bau nachträglich durch massive Strebepfeiler abgestützt. Das Satteldach ist an seiner Westseite abgewalmt. Darauf befindet sich ein kleiner, achtseitiger, verschieferter Dachreiter mit Pyramidenhelm. Vor dem Westgiebel wurde im 20. Jahrhundert ein Abstellraum angebaut.

Das westliche Drittel der Kapelle ist um 1580 angebaut worden, wie die Inschrift Anno DNI. 1580 V D M I AE (= Verbum Domini manet in aeternum) im Gewände des Südportals belegt. Durch den Verputz sind die Baunähte nicht mehr ablesbar.

Von Südwesten

In der südlichen Außenwand befinden sich in dem östlichen Bauteil drei rundbogige Fenster und ein vermauertes Fenster über dem Portal, in der Nordseite zwei Fenster und ein weiteres im neueren Westteil. Am östlichen Giebel ist ein vermauertes Fenster erkennbar.

Im Inneren hinterlässt der Raum, der ein leichtes Gefälle in Richtung Altar hat, einen reizvollen, einheitlichen Eindruck. Wände und Decke sind glatt verputzt, nur in der Mitte der nördlichen Wand gibt es einen wohl durch die Verlängerung verursachten Versprung. In einer darin befindlichen Nische steht eine moderne Figur Johannes des Täufers, der Richtung Altar weist, auf „den, der nach ihm kommen wird“, nämlich Christus.

Von 1880-1882 restaurierte Conrad Wilhelm Hase die Kapelle grundlegend. Der Raum, ursprünglich durch eine Stützenreihe in ein breiteres Hauptschiff und ein schmaleres, nördliches Seitenschiff unterteilt, wurde als Saal gestaltet, die Fenster vergrößert und rundbogig geformt, das gekuppelte Ostfenster geschlossen. Die Ausstattung mit Altar, Kanzel und Gestühl geht ebenfalls auf Hase zurück.

Ein bis dahin aufgestellter Barockaltar wich einem 1465 datierten Retabel, dessen Teile man auf dem Dachboden wiederentdeckt hatte. Der zweiflüglige Altar hat durch Hase eine neue Predella, einen bekrönenden Kreuzblumenfries und die Altarwangen erhalten. Im Mittelteil ist die Muttergottes auf der Mondsichel mit dem Christuskind auf dem rechten Arm dargestellt. Links von ihr stehen ein Bischof und die Hl. Katharina mit Rad und Schwert, den Instrumenten ihrer Marterung, rechts die Hl. Barbara mit einem Turm und Palmzweig. Der Mann neben ihr ohne Heiligenschein ist durch Schlüssel und Buch als Petrus charakterisiert.

Der Flügelaltar

Die Innenseiten der Flügel zeigen geschnitzte Reliefs, links die Geburt Christi, rechts die Anbetung durch die Hl. Drei Könige, die aber stilistisch nicht zu den Heiligenfiguren passen und vermutlich von einem anderen Altar stammen. Bei einer Restaurierung in den 1960er Jahren wurden sie nicht wieder farbig gefasst.

Die Rückseite des Altars ist in Grisallemanier mit einer Darstellung des Gekreuzigten und des anbetenden Stifters bemalt. Darunter befindet sich die Inschrift:

„Ernst August, Herzog von Cumberland, ermöglichte durch seine Freigebigkeit die Wiederherstellung dieses Altars im Jahre 1882."

Herzog Ernst August war ein Sohn von Georg V., des letzten Königs von Hannover.

Bei einer weiteren Renovierung 1960 wurde die Orgelempore eingebaut. Damals legte man auch die Schriftbänder an den Wänden aus der Zeit der Restaurierung durch Hase frei.

SCHWÖBBER

Südlich des Schlosses und schon außerhalb des Wassergrabens ließ Otto IV. von Münchhausen (1786-1853) 1840 die Schlosskapelle errichten. Schon zuvor hatte es an gleicher Stelle eine kleine Fachwerkkapelle gegeben, die vom Besitzer des Schlosses und dem Dorf Grupenhagen unterhalten wurde.

von Südosten

Es handelt sich um einen schlichten, rechteckigen Saalbau in Bruchsteinquadern, einem mit Sollingplatten gedecktem Satteldach, östlichem und westlichem Steilgiebel mit jeweils einer Abtreppung an den Gebäudeecken und einem bekrönenden Kreuz im Osten über dem Haupteingang.

An den Traufseiten befinden sich jeweils zwei große, durch einen Mittelpfosten geteilte Fenster, deren Gewände mit Neorenaissanceornamenten verziert sind – ein sehr frühes Beispiel für diesen Stil, der sich erst um 1860 stärker verbreitet hat. Das gleiche gilt für das Portal, über dem die von Hermenpilastern gerahmten Wappen Otto von Münchhausens und seiner Ehefrau Sophie von Kerrsenbruch eingelassen sind.

Das Ostportal mit den Wappensteinen von Otto von Münchhausen und Sophie von Kerssenbrock

Das Innere der Kapelle wurde mehrfach verändert und ist jetzt ein schlichter Innenraum mit gekehlter Flachdecke. Der Eingang befindet sich im Osten, der Altar im Westen. Zwei Säulen tragen die Ostempore.

Bemerkenswert ist das Altarretabel, das aus einem zweitverwendeten Sandsteinrelief von 1600 besteht und das dramatische Geschehen des Jüngsten Gerichts zeigt. Interessanterweise schmückte diese Darstellung vorher das Hofportal vom Mittelbau des Schlosses. Über der von Hermenpilastern gerahmten Tafel befindet sich ein Dreiecksgiebel mit einem Puttenkopf, der von den Figuren der Gerechtigkeit und Mäßigung gerahmt wird. In der Sockelzone stehen Mahnungen nach Luk. 21,34 zur Vorbereitung auf den Jüngsten Tag.

Eine weitere Kostbarkeit ist das Sandsteinepitaph für ein Kind aus dem frühen 17. Jahrhundert. In seinem

Zentrum steht die Verkündigung des Engels an Maria, im Zusammenhang mit einem Epitaph eine außergewöhnliche Thematik. Der Engel zeigt mit seiner Rechten auf das Auge Gottes in den Wolken. Links steht der Evangelist Lukas, dem ein Engel das Tintenfass hält. Rechts sind die Evangelisten Matthäus und Johannes sowie der Löwe für den Evangelisten Markus zu sehen. Im unteren Drittel beugt sich ein Engel zu einem Kind herab, gerahmt von zwei Ehepaaren in zeitgenössischer Tracht.

Vor dem Altar liegt eine Grabplatte mit monumentaler Inschrift für Charlotte Luise Sophie von Münchhausen, gestorben 1865 in Schwöbber. Die geplante Anlage einer Gruft für die Schlossherrschaft wurde nicht ausgeführt. Bestattet wurde im Park neben der Kapelle.

Gleichzeitig mit der Restaurierung des Schlosses und seinem Umbau zu einem Hotel wurde 2002 auch die Kapelle restauriert. Heute wird sie für Taufen und Trauungen genutzt.

Altarretabel mit dem dramatischen Geschehen des Jüngsten Gerichts

Sandsteinepitaph für ein Kind - Ausschnitt

REGION BAD PYRMONT (KIRCHENKREIS HAMELN-PYRMONT)

Die weltliche Herrschaft Pyrmonts wechselte in der Vergangenheit mehrfach. 1494-1557 lag sie bei den Grafen von Spiegelberg, die die Reformation einführten. 1625 fiel sie an die Grafen bzw. Fürsten von Waldeck.
Die Kirche in Neersen bildet seit alters das geistliche Zentrum der fünf Pyrmonter Bergdörfer Baarsen, Eichenborn, Großenberg, Kleinenberg und Neersen.
Zum großen Kirchspiel der Oesdorfer Kirche gehörten die Dörfer Hagen, Holzhausen, Löwensen und Thal und zeitweise auch die Stadt Pyrmont. Erst in den 1950er Jahren erhielten die inzwischen nach Bad Pyrmont eingemeindeten Ortschaften Hagen und Holzhausen eigene Gotteshäuser.

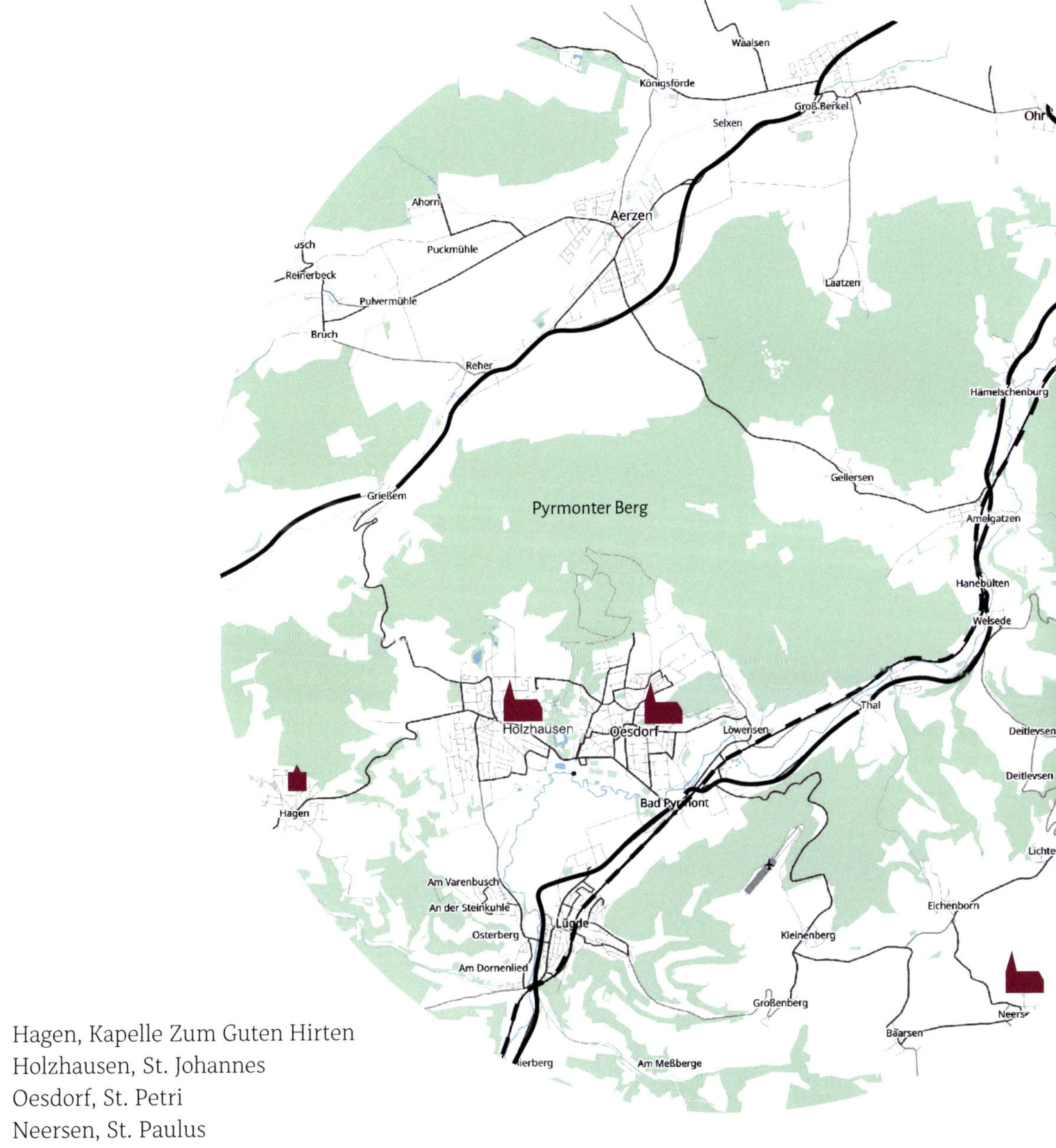

Hagen, Kapelle Zum Guten Hirten
Holzhausen, St. Johannes
Oesdorf, St. Petri
Neersen, St. Paulus

HOLZHAUSEN

Holzhausen ist als bäuerliche Siedlung im 8. Jahrhundert entstanden. Kirchlich gehörte der Ort lange zu St. Kilian in Lügde. Seit dem 12. Jahrhundert ist in Holzhausen eine Kirche nachgewiesen, die im Mittelpunkt des Dorfes an der Wohrtdrift lag. Holzhausen gehörte wie alle Orte der Grafschaft Pyrmont zum Bistum Paderborn.

Nach 1552 ist die Pfarrei Holzhausen mehr und mehr von der größeren Pfarrei Oesdorf verwaltet worden. Die Grafen zu Spiegelberg-Pyrmont hatten sich offenbar, auch wenn Holzhausen näher lag, mehr der größeren Oesdorfer Kirche zugewandt.

1566 wird in einer Urkunde erstmals ein Kirchweg von Holzhausen nach Oesdorf erwähnt, was eindeutig für den Übergang der Pfarrrechte an Oesdorf spricht. Die Kirche in Holzhausen ist danach wahrscheinlich noch als Beerdigungskirche genutzt worden. Spätestens 1623, beim Brand des Dorfes, ist sie dann zerstört worden. Bedingt durch die damals ärmlichen Verhältnisse ist ein Wiederaufbau nicht zustande gekommen. In den folgenden gut 300 Jahren mussten die Holzhäuser zum Gottesdienst den langen Weg nach Oesdorf gehen.

Von Südosten

1954 wurde die langersehnte neue Kirche für Holzhausen eingeweiht. Sie ist dem Evangelisten Johannes geweiht, dem Lieblingsjünger Jesu. Die Holzhäuser Bevölkerung hatte mit erheblichen Spenden zum Bau beigetragen. Der Entwurf stammt vom Bremer Architekten Witt; die Bauleitung lag bei dem heimischen Architekten Heinrich Mogk. Das Äußere ist strahlend weiß verputzt, der Turm ist asymmetrisch an die nordwestliche Seite gesetzt, an der nordöstlichen Seite springt der Sakristeianbau hervor.

Wie es in den 1950er Jahren üblich war, plante man die Gemeinderäume gleich mit ein. Diese schließen sich im

Das Innere mit der gewölbten Decke

Altarrelief

Westen an und wurden mittlerweile durch einen weiteren gut angepassten Anbau ergänzt.

Die Kirche ist einschiffig mit eingezogenem Chor, der Innenraum schlicht, das Dach im mittleren Bereich als Tonne ausgeführt, an den Seiten als Flachdecke. Wird der Gemeindesaal geöffnet, finden bis zu 350 Personen Platz.

Betritt man die Kirche, so geht der Blick ganz auf das im schmalen Altarraum hängende hölzerne Kruzifix. Geschaffen hat es die aus Bayern stammende Künstlerin Elisabeth Kronseder. Sie hat auch das dreiflügelige hölzerne Altarrelief gefertigt, das fünf Szenen aus dem Leben Jesu darstellt: Die Geburt und den Einzug Jesu in Jerusalem auf der linken Seite, in der Mitte die Feier des letzten Abendmahls und auf dem rechten Flügel die Verurteilung und Verhöhnung Christi sowie seine Auferstehung. Die im Halb- bis Dreiviertelrelief gearbeiteten Figuren erscheinen plastisch und lebensecht.

Der Taufstein ist alt und stand ursprünglich in der Oesdorfer Kirche. Nachdem dort im Zuge des Neubaus 1880 eine neue Taufe angeschafft worden war, gelangte er in Privatbesitz. Als für Holzhausen ein Taufstein gebraucht wurde, erinnerte sich die Familie an ihren „Schatz“. Der alte Taufstein konnte – mit einem neuen Schaft versehen – wieder zu seinem ursprünglichen Zweck finden. Den über dem Taufbecken hängenden Teppich hat ebenfalls Elisabeth Kronseder geschaffen.

HAGEN

Von Süden

Jahrhunderte hindurch mussten die Bewohner des westlich von Bad Pyrmont gelegenen Dorfes Hagen in das weit entfernte Oesdorf zum Gottesdienst gehen. Dort begruben sie auch ihre Toten. 1851 gelang es ihnen, wenigstens einen eigenen Friedhof anzulegen. Seit 1946 hielt der Oesdorfer Pfarrer immerhin alle zwei Wochen in der Schule von Hagen Gottesdienst ab.

Nachdem Holzhausen, das 1938 nach Bad Pyrmont eingemeindet worden war (Hagen erst 1973), 1954 eine eigene Kirche erhielt, gehörte Hagen kirchlich zu Holzhausen. Seitdem war der sonntägliche Weg nicht mehr so lang.

Gleichwohl blieb der Wunsch nach einem eigenen Gotteshaus bestehen. Am 3. September 1962 konnte die von dem Architekten August E. Stuckenbrock entworfene schlichte Kapelle „Zum guten Hirten“ mit ihrem hohen kupferumkleideten Dachreiter auf dem freien Platz vor dem Friedhof eingeweiht werden. Das Altarmosaik gestaltete der Künstler Siegfried Steege aus Schwarmstedt nach Johannes 10,1–18, wo Jesus von sich selbst sagt: „Ich bin der gute Hirte“.

Das Altarmosaik mit dem Thema des Guten Hirten

NEERSEN

Die Paulus-Kirche in Neersen bildet seit jeher das geistliche Zentrum für die fünf Pyrmonter Bergdörfer Baarsen, Eichenborn, Großenberg, Kleinenberg und Neersen.

Wahrscheinlich wurde die erste Kirche zwischen 1241 und 1260 von den Eversteiner Grafen gegründet. Vor 1393 – in den Jahren der furchtbaren Pest – ist Neersen wüst gefallen und erst 1496 wieder besiedelt worden. Nur die Kirche dürfte die Wüstungszeit notdürftig überstanden haben.

Die in Ortsmitte auf dem früheren Friedhofsgelände leicht erhöht gelegene Kirche setzt sich aus einem einschiffigen, langgestreckten Saalbau und einem wuchtigen, quadratischen Westturm zusammen.

Ältester Bauteil ist der aus spätgotischer Zeit – wohl um 1500 – stammende Westturm. Sein Unterbau, der aus flächig behauenem Bruchsteinmauerwerk mit Eckverzahnung aus Quadern besteht, ragt knapp über die Firsthöhe des Schiffes. Die spitzbogigen Schallöffnungen sind mit Dreipassmaßwerk geschmückt. Der Turm trägt einen aus dem Viereck anlaufenden gedrungenen Achtkanthelm und ist mit Kupferblech bedeckt, auf der Spitze Knauf, Kreuz und Wetterfahne mit der Jahreszahl 1919.

An der Südseite des Turmes findet sich ein heute vermauertes schlichtes Rundbogenportal in Sandsteingewände, darüber eine quadratische Steintafel mit dem Pyrmonter Ankerkreuz und der Jahreszahl 1579.

Im Jahre 1536 baute man an den bestehenden Westturm ein Langhaus in Bruchsteinmauerwerk an, dessen Satteldach mit Ziegeln gedeckt ist. Spitzbogige Portale mit gekreuztem Rundstabdekor finden sich auf der Nord- wie der Südseite. Den Scheitel des Südportals schmückt das Wappenschild der Spiegelberger Grafen: der Hirsch, darüber die Jahreszahl 1536. Die Spiegel-

Von Südosten

Südtür mit Spiegelberger Wappen

A
Ω

Altarraum mit umlaufender Prieche

berger Grafen, die 1494 die Herrschaft in der Grafschaft Pyrmont erbten, dokumentierten mit dem Neubau des Kirchenschiffes ihren Herrschaftsanspruch.

Nach dem Aussterben der Spiegelberger übernahmen 1625 die Grafen von Waldeck die Herrschaft in Pyrmont. In die Regierungszeit des Fürsten Georg Friedrich zu Waldeck (1620-1692) fällt 1669 die Instandsetzung der im Dreißigjährigen Krieg schwer verwüsteten Kirche. Gleichzeitig hat man das Langhaus nach Osten um eine Fensterachse verlängert (inschriftliche Datierung in der Ostwand). Die Fenster in rundbogigen Gewänden wurden wohl im Laufe des 19. Jahrhundert eingefügt.

Der an der Ostwand der Kirche früher befindliche Zugang zur Herrschaftsprieche (mit inschriftlicher Datierung 1669) wurde zugemauert, zeichnet sich aber noch im Mauerwerk ab.

Heute präsentiert sich die Kirche wesentlich in der durch die Waldecker Fürsten um 1700 geschaffenen Gestalt und beeindruckt durch ihre ausgesprochen reizvolle, einheitliche Innenausstattung. Der Hauptzugang erfolgt seit der Renovierung 1958/59 über die Tür im Turm. Der Blick des Besuchers fällt auf diese Weise sogleich auf den vor der Ostempore aufgestellten barocken Altaraufbau. Zum gelungenen Ausstattungsensemble gehört daneben vor allem die umlaufende, nur für die Kanzel unterbrochene Emporenanlage.

Das Retabel des Altars ist zweigeschossig und durch kleine Säulen gegliedert. Im unteren Geschoß hatten ehemals zwei Ecksäulchen ein heute nicht mehr vorhandenes Altarbild gerahmt. An seiner Stelle wurden 1958 zwei zusätzliche Säulchen eingefügt. Im Obergeschoss wie im Untergeschoss trennen nun vier kleine Säulen drei hochrechteckige Füllungen, die mit je einem geflügelten Puttenkopf gekrönt sind. Den Aufbau begleiten seitlich geschnitzte Ohren und darüber ein mit Schnörkelwerk besetzter Aufsatz mit geflügeltem Puttenkopf.

Anstelle der 1958 entfernten Kastensitze im Altarraum und der früher links vom Altar untergebrachten Sakristei wurde in der Nordostecke eine „Taufecke" eingerichtet. Auf den Lehnen der Sitzbank, die heute für Eltern und Paten bestimmt ist, finden sich eingeschnitzt die Eigentümernamen aus dem 17. Jahrhundert. Der originelle, farbig gefasste Taufständer besteht aus Eiche. Aus einem auf Kugelfüßen ruhenden Kreuzfuß erwächst ein gedrehter Schaft, der einen korbartigen Schalenhalter trägt. Die Taufe wie das ähnlich gestaltete Lesepult gehören zur um 1700 geschaffenen Ausstattung.

Blick nach Westen

Die Kanzel ist laut Inschrift auf der Korbwandung eine Stiftung von Anna Catharina Ramm aus dem Jahre 1707. Die Stifterin war die Ehefrau des damaligen Pfarrers. Auf den Wandungen des sechsseitigen Korbes finden sich mit einem Rundbogen abgeschlossene Blendbogenfelder. Die Kanzelrückwand zeigt eine geschweifte Ohrmuschelkontur. Den achtseitigen Schalldeckel schmückt eine Taube.

Das heute in zwei Blöcken mit Mittelgang aufgestellte Gestühl weist profilierte Wangen und Rücklehnen mit feinen gedrechselten Stäben auf.

Die den Westteil des Kirchenschiffes einnehmende, U-förmige Emporenanlage steht auf profilierten Holzständern mit geschweiften Kopfbändern. Die Brüstungen sind mit schmalen Halbsäulen gegliedert, an ihrer Unterkante befindet sich eine profilierte Zierleiste. Die Brüstung an der Westseite ist durch ein neues Orgelpositiv ersetzt.

Im Süden schließt sich an die Westempore eine weitere Prieche an, die nach den geschnitzten Jahreszahlen auf dem Brüstungsholm von 1745 bzw. 1746 stammt. Sie umfasst U-förmig den Altarraum. Ihre Brüstungen bestehen aus rechteckigen Eckpfosten und gedrechselten Docken (= dicke, profilierte Säulen), deren Mittelglied birnenförmig gestaltet ist.

Bänke mit eingeschnitzten Eigentümernamen samt Taufe

OESDORF

Die Ursprünge der Pfarrkirche des ehemals selbstständigen Dorfes Oesdorf gehen auf das 11. Jahrhundert zurück. 1667 fiel die Kirche einem Brand zum Opfer; lediglich der romanische Glockenturm blieb erhalten. 1668 wurde sie in Form einer Saalkirche wieder aufgebaut. 1880 war die Kirche so baufällig, dass sie abgerissen werden musste.

Von Südosten

Zum Kirchspiel Oesdorf gehörten auch die zum Teil weit entfernten Dörfer Hagen, Holzhausen, Löwensen und Thal. 1720 kam noch die Stadt Pyrmont dazu. 1877 schied Pyrmont mit der Einweihung der Christuskirche wieder aus, Holzhausen samt Hagen erst 1954 nach Erbauung der Johanneskirche. Der Umfang des Kirchspiels erklärt die Größe der Kirche und die hohe Zahl der Sitzplätze. Bereits die Vorgängerkirche hatte 678 Plätze.

Den Neubau realisierte der hannoversche Konsistorialbaurat Conrad Wilhelm Hase in romanisierenden Formen, eines der wenigen Gebäude von ihm in diesem Stil. Er konnte damit an den vorhandenen Bau anknüpfen und die Konkurrenz mit der fünf Jahre zuvor in Bad Pyrmont eingeweihten neugotischen Christuskirche vermeiden.

Schmiedeeiserne Türbeschläge

Durch Einfügen eines Mittelschiffes mit Obergaden-Wänden erhielt der frühere Saalbau die Gestalt einer dreischiffigen Pfeilerbasilika. Im Ostteil wurde sie durch querschiffartige Anbauten erweitert und endete in einer Apsis. Das aus Rotsandstein bestehende Mauerwerk blieb unverputzt. Typisch für Hase sind die sichtbar gehaltenen schmiedeeisernen Türbeschläge.

1921 erhielt die Kirche einen neuen wesentlich höheren Turm, ebenfalls aus Rotsandstein. Dabei wurden die romanischen Teilungssäulchen der Schallluken des alten Turms an Ost- und Nordseite wieder verwendet. Alle Dächer sind mit Sollingplatten gedeckt.

Der Innenraum ist als dreischiffige, flach gedeckte Pfeilerbasilika gestaltet. Hohe Schiffe lassen Raum für eine U-förmig umlaufende Empore. Im Westen des Mittelschiffes ist diese zur Unterbringung der Orgel sogar zweistöckig gestaltet. Auch in die Seitenschiffe der kurzen Arme des Querhauses sind Emporen eingefügt. Die Holzkonstruktionen in Gestalt von Kopfbändern und Stichgebälk sind sichtbar gehalten.

Altar, Taufe, Kanzel, Gestühl und Ausmalung von 1880 bilden ein einheitliches Ausstattungsensemble im neoromanischen Stil. Bei der Kanzel griff Hase auf das Vorbild der Bückener Steinkanzel zurück, die ebenfalls über Rundbögen auf Säulen ruhend einen halbrunden Grundriss aufweist. Auch der Taufstein ist monumental gestaltet und farbig gefasst.

Im Retabel des Altars – ebenfalls von C. W. Hase entworfen – befindet sich rechts ein mittelalterliches geschnitztes Relief der Auferstehung Christi (um 1510). Für die Wiederverwendung wurde es überarbeitet und neu gefasst. Links ist die Anbetung der Heiligen Drei Könige zu sehen.

Über dem Triumphbogen ist in Anlehnung an Darstellungen des Jüngsten Gerichtes Christus in der Mandorla zu sehen. Zu seiner Rechten hält der Erzengel Gabriel eine weiße Lilie als Zeichen der Versöhnung in der Hand, zu seiner Linken kämpft der Erzengel Michael mit einem Drachen als Symbol für das Böse.

Die ornamentale Malerei beschränkt sich auf den Wandbereich zwischen den Arkaden. Sie wurde 1948 in romanisierenden Formen erneuert.

Altar, Lesepult und und Kanzel

Blick nach Osten in den Altarraum mit dem monumentalen Wandgemälde

Region Emmerthal (Kirchenkreis Hameln-Pyrmont)

Karl der Große soll um 780 in „Ohsen“ ein Missionszentrum mit Kirche gegründet haben. Von etwa 800 bis 1200 war hier der Sitz eines Archidiakonats des Bischofs von Minden. Hier also haben wir den Ursprung der Christianisierung des mittleren Weserraums zu suchen.
Politisch gehörte das Gebiet über mehrere Jahrhunderte den Grafen von Everstein, bis es im 14. Jahrhundert an die Herzöge von Braunschweig-Lüneburg fiel.
Ein besonderer Schatz der Region Emmer-Wesertal sind die insgesamt zwölf Kirchen und vier Kapellen.

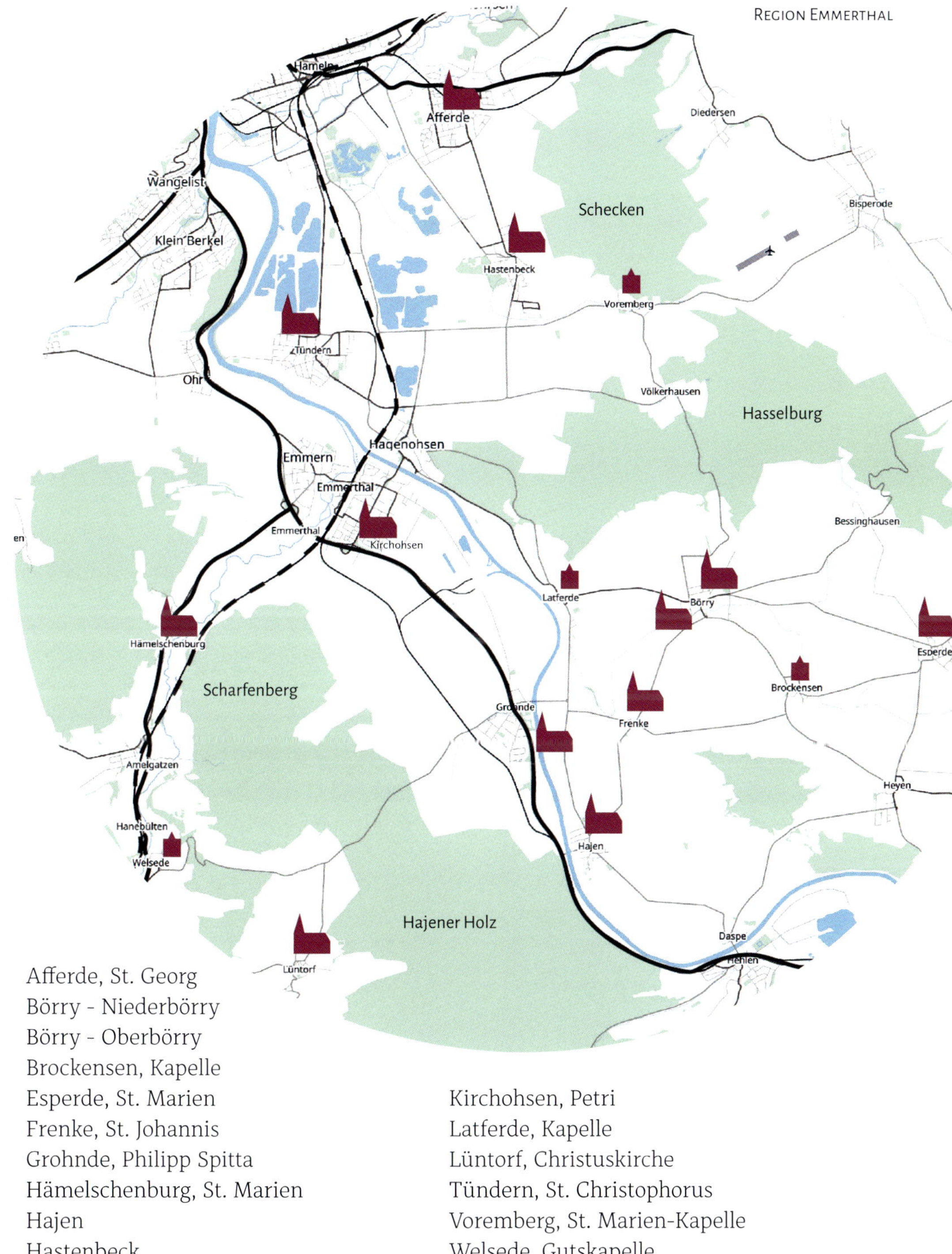

Afferde, St. Georg
Börry - Niederbörry
Börry - Oberbörry
Brockensen, Kapelle
Esperde, St. Marien
Frenke, St. Johannis
Grohnde, Philipp Spitta
Hämelschenburg, St. Marien
Hajen
Hastenbeck
Kirchohsen, Petri
Latferde, Kapelle
Lüntorf, Christuskirche
Tündern, St. Christophorus
Voremberg, St. Marien-Kapelle
Welsede, Gutskapelle

AFFERDE

Afferde gehörte vom 9. bis zum 13. Jahrhundert kirchlich zu Hilligsfeld, konnte aber um 1200 wohl auf Betreiben des ansässigen Adelsgeschlechtes derer von Afforde eine selbstständige Pfarrei gründen und ein eigenes Gotteshaus errichten, das nach dem Hl. Georg benannt wurde. Eine moderne Skulptur des Heiligen Georg befindet sich in der Kirche.

Von Norden

Die Kirche steht am nördlichen Rand des alten Dorfes inmitten des von einer Mauer umgebenen Kirchhofs in leicht erhöhter Lage am Fuße des Düth und geschützt vor den Hochwassern der Remte.

Im Dreißigjährigen Krieg wurde die Kirche verwüstet. Hundert Jahre später beschrieb der Pastor den Bau als „sehr alt und gebrechlich". 1772 wurde sie schließlich abgebrochen und auf ihren Fundamenten die heutige Kirche errichtet.

Dem niedrigen, gedrungenen Westturm, der im Untergeschoss vom Vorgängerbau stammt, wurde ein Glockengeschoss aus Fachwerk mit Schieferbehang und ein Pyramidendach aufgesetzt, das mit Sollingplatten gedeckt ist und auf dessen Südseite sich ein Ausleger für die Uhrschlagglocke befindet.

Zugang von Süden über den ehemaligen Friedhof

Daran schließt sich ein schlichter Saalbau aus Bruchsteinmauerwerk und zweitverwendeten Quadersteinen des Vorgängerbaues an. Die Ecken und der Sockel des Außenbaus sind mit Quadern akzentuiert. Die Längsseiten haben je drei Fensterachsen mit segmentbogigem Abschluss in Sandsteingewände. Eingänge befinden sich in der Mitte der Südseite, der Westseite des Turms und in der Ostwand. Der Weg zur sogenannten Hochzeitstür im Süden wird von den ausladenden Kronen zweier Linden beschirmt.

Das Innere wird durch die umlaufende, U-förmige Emporenanlage geprägt, deren westlicher Bereich für die Orgel vorgezogen ist. Darunter öffnet sich ein spitzbogiger Durchgang zur Turmhalle, dem ältesten Bauteil der Kirche.

Zeitgleich mit den Emporen wurde der Kanzelaltar eingebaut. Den polygonalen Kanzelkorb flankieren gebälk- und kapitelltragende Pilaster. Einziger Schmuck ist ein blütenförmiger Vasendekor und ein abschließender segmentbogiger Aufsatz mit dem gemalten Auge Gottes. Über der Mensa befindet sich ein 1776 gestiftetes Abendmahlsbild. Eine Inschrift auf der Rückseite des Altars klärt darüber auf, dass sich die Gemeinde 1776 entschlossen habe, „wegen Armuth der Kirche, auf eigene Kosten ihr neues Gotteshaus vermahlen zu lassen".

Blick auf den Kanzelaltar

Neben den beiden seitlichen Türen schließen sich an die Altarwand zwei Räume an, die im oberen Bereich durch Scherengitter abgeteilt sind. Der linke Raum diente als Sakristei, der rechte als Prieche für die Pastorenfamilie.

Die aufwendig gestaltete Balkendecke wurde 1873 zur Hundertjahrfeier eingebaut. Sie ruht auf einem neoromanischen Säulchenfries. Damals hat man die gesamte Kirche in den Farben des Deckenfrieses neu ausgemalt. Aus dieser Zeit stammt auch die Orgel auf der Westempore mit ihrem klassizistischen Prospekt.

Der neoromanische Taufstein wurde 1888 vom emeritierten Pastor Bartels gestiftet. Im Außenbereich steht ein weiteres Taufbecken aus Sandstein, dessen runde Form durch Wulstrippen gegliedert ist und aus der romanischen Vorgängerkirche stammen könnte.

Ein Renaissanceepitaph an der Nordseite erinnert an Gerhard Georg Leist, Bürgermeister und Kaufmann aus Hameln, der 1598 in Afferde an der Pest gestorben und hier begraben ist.

1992/93 wurde bei einer Restaurierung der ursprüngliche frische Grünton wiederentdeckt, in dem nun die Empore und der Kanzelaltar gefasst sind. Die Emporen und die Sakristei hat man verkleinert, so dass der Raum größer und heller wirkt.

An der westlichen Seite des Kirchengrundstücks steht das Pfarrhaus von 1831, ein großzügiger Fachwerkbau mit fünf Fensterachsen.

Die Deckengestaltung

BÖRRY - NIEDERBÖRRY

Von Süden

Im Südwesten des Dorfes Börry gelegen ist die aus dem 12. Jahrhundert stammende Kirche von Niederbörry wahrscheinlich die ältere der beiden Kirchen des Ortes. Der langgestreckte Bau aus Bruchsteinmauerwerk setzt sich zusammen aus einem schlanken Westturm, an den sich ein schmales Langhaus mit drei Fensterachsen anschließt. Im Osten erfolgte in der zweiten Hälfte des 18. Jahrhunderts der Anbau einer Sakristei mit einem Fachwerkgiebel.

Romanische Bauteile finden sich im zwei Fensterachsen umfassenden westlichen Teil des Langhauses. Sie zeichnen sich durch sorgfältig gesetztes Bruchsteinmauerwerk aus. Auf beiden Seiten sind Konturen eines Rundbogenfensters erkennbar, im Süden der Rest eines Portals. Bei der ursprünglichen Kirche muss es sich um einen recht kleinen und niedrigen Bau gehandelt haben.

Um 1620 wurde unter Einbeziehung der alten Langhausmauern ein Neubau errichtet. Deutlich erkennbar an der Baunaht ist die Verlängerung um eine Fensterachse nach Osten. Zur Belichtung des Altars wurden um 1830 zwei runde Oberlichter eingesetzt. Die großen rundbogigen Fenster sind mit Gewänden aus Ziegelsteinen eingefasst.

Der eingezogene Turm, ebenfalls von 1620, wurde in die ältere Westwand eingepasst. Auf seiner Nordseite führt ein ursprüngliches Rundbogenportal mit Rundstab und Blattelementen ins Innere. Der südliche Eingang entstand erst in jüngerer Zeit. Der Turm steigt ohne Gliederung auf. Die Glockenstube aus Fachwerk und der achtseitige Helm sind ver-

Zwei Kirchen in einem Dorf

Anlässlich der Abtrennung des Dorfes Frenke und der dortigen Kirchengründung 1288 werden mit Ober- und Unterbörry erstmals zwei Kirchen für Börry erwähnt. Welche von beiden die ältere ist, lässt sich nicht mit Sicherheit sagen. Beide Kirchen sind im Kern romanisch, gehen also ins 12. Jahrhundert zurück und werden zeitlich nicht weit auseinander liegen.

Zwei Kirchen in einem Dorf: das ist ungewöhnlich und bedarf einer Erklärung. Grundherren des Dorfes waren mehrere Adelsgeschlechter, darunter die von Hake aus Ohr, die von der Schulenburg aus Hehlen, die Edelherren von Homburg, aber auch das Kloster Corvey und Stift und Stadt Hameln. Nur aufgrund dieser Zersplitterung konnten zwei Kirchen im Dorf entstehen. Hinzu kommt die Größe des Kirchspiels Börry, zu dem die Dörfer Bessinghausen, Brockensen, Esperde, Frenke und Latferde sowie fünf untergegangene Ortschaften gehörten.

1949 schlossen sich beide Gemeinden zu einer zusammen. Seit 1970 wurde die Kirche von Niederbörry nicht mehr genutzt und 1985 samt Pfarrhaus, Pfarrscheune und einem 2000 qm großen Grundstück an die politische Gemeinde Emmerthal verkauft, wobei die Kirche unentgeltlich überlassen wurde. Dieses Ensemble bildete den Grundstock für das 1990 eröffnete Museum für Landtechnik und Landarbeit, in das sich die Kirche mit einer Kombination von musealer und kirchlicher Nutzung bestens einfügt.

Der Kanzelaltar

schiefert. Auf seiner Ostseite befindet sich über der Gaube für die Turmuhr der Ausleger für die Schlagglocke.

Das Innere wird bestimmt durch die Einbauten aus der Zeit um 1830. Bei der Restaurierung in den 1980er Jahren orientierte man sich an dieser Gestaltung, so dass ein stimmiger Gesamteindruck entstand. Das Inventar ist in Braun-Ocker-Tönen gehalten, die helleren Flächen sind teilweise mit einer Holzmaserung bemalt oder mit Schablonenmalerei geschmückt.

Die den Raum beherrschende Emporenanlage umzog ursprünglich den ganzen Kirchenraum und schloss den Kanzelaltar mit ein. Heute ist sie U-förmig und endet vor dem Altarbereich.

Der Kanzelaltar steht als neoromanische Schauwand vor der östlichen Wand und ragt hinauf bis zur flach gewölbten Decke. Zu beiden Seiten führen rundbogige Öffnungen in den hinteren Umgang. Aus dem Brüstungsbereich kragt der runde hölzerne Kanzelkorb hervor. Den Abschluss bilden zwei Blendbögen und eine mittlere Arkade als Kanzeltür mit darüber liegendem Schalldeckel.

Über dem Altartisch hängt das von Berendt Woltemate gemalte Abendmahlsbild, datiert 1641. Auf dem Altartisch steht ein Kruzifix aus Gusseisen (um 1860).

Der Orgelprospekt aus dem 18. Jahrhundert ist sparsam mit seitlichen Akanthusanschwüngen und zwei bekrönenden Lyraaufsätzen geschmückt.

Der Orgelprospekt in Gestalt einer Lyra

BÖRRY - OBERBÖRRY

Nach der Urkunde von 1288, in der erstmals die Kirchen in Ober- und Unterbörry erwähnt werden, lag das Patronat für Oberbörry bei dem Abt von Corvey.

Die Kirche von Oberbörry reicht mit ihren ältesten Bauteilen bis in die Mitte des 13. Jahrhunderts zurück. Der einschiffige Bau gliederte sich im Inneren in zwei kreuzgratgewölbte Joche, an die sich ein eingezogener Chor anschloss.

Von Südosten

Im 18. Jahrhundert brach man den alten Chor ab und verlängerte das Schiff um ein Joch nach Osten. Anfang des 19. Jahrhunderts wurde die östliche Wand durch eine Fachwerkwand ersetzt, um Platz für einen Kanzelaltar und einen Umgang zu schaffen. Daran schloss sich eine etwas schmalere Sakristei an, deren Pultdach vom Walm des Kirchendaches abgeschleppt ist.

Der verputzte Bruchsteinbau wird an den Traufseiten durch drei große, im 18. Jahrhundert eingefügte, hochrechteckige Fenster belichtet. Über dem älteren zweijochigen Baukörper fällt eine Besonderheit an der Dachbalkenlage ins Auge. In die Unterseite der Deckenbalken sind senkrecht kurze Balkenstücke mit Knaggen eingezapft, die so einen Dreiecksverband bilden und ein Verschieben des Dachverbandes verhindern.

Abendmahlsgemälde

Der ungegliedert aufsteigende mächtige Westturm besitzt in der Glockenstube zwei Schallarkaden mit Teilungssäulen aus der romanischen Zeit. Das Satteldach des Turmes wird durch einen Dachreiter mit offener Laterne, geschweifter Haube, Kreuz und Hahn, datiert 1870, abgeschlossen. Durch das spätgotische, mit Birnstab und zwei Hohlkehlen verzierte Portal an der Westseite des Turmes gelangt man in die Kirche.

Im westlichen Joch hat sich das ursprüngliche, mit Ranken und Ornamenten verzierte Kreuzgratgewölbe erhalten. Durch einen breiten Gurtbogen ist es gegen das östliche Joch abgetrennt. Das zweite Joch und der um zwei Stufen erhöhte Altarraum sind von einer verputzten hölzernen Flachtonne überwölbt.

Eine schlichte U-förmige, nachträglich verkürzte Empore aus dem 19. Jahrhundert umzieht das Langhaus.

Blick nach Osten auf den Kanzelaltar

Der vor der östlichen Wand stehende Kanzelalter wird von zwei Pfeilern mit von Putten verzierten Kämpfern gerahmt. Den Abschluss bildet ein geschweifter segmentbogenförmiger Aufsatz. Auf der Schnörkelhaube des Schalldeckels aus dem 17. Jahrhundert steht die Figur des auferstandenen Christus. Über der Mensa des Altars hängt ein Bild mit dem Abendmahlsmotiv, das dem Bild aus der Kirche in Niederbörry stark ähnelt. Vermutlich hat es ebenfalls Berendt Woltemate gemalt. Auf dem Altartisch steht wie in Niederbörry ein Kruzifix aus Gusseisen (um 1860).

Auf beiden Seiten des Altars führen Türen mit Pilastern gerahmt und von einem Architrav bekrönt in den dahinterliegenden Umgang und die Sakristei. Auf dem Gebälk der linken Tür stehen die Worte: „Ich bin das Brot des Lebens“, auf der rechten: „Ich bin der gute Hirte.“

Auf der Westempore befindet sich die Orgel mit ihrem Prospekt aus dem 19. Jahrhundert. An der südlichen Wand hängt ein gut gemaltes Epitaph für den „Consistorialrath und Superintendent der Inspection Börri“, M. Paul Dietrich Stisser, gest. 1723.

Epitaph für den „Consistorialrath und Superintendent der Inspection Börri“

BROCKENSEN

Mitten im Dorf liegt im Kreuzungsbereich mehrerer Straßen auf beengtem Raum die Kapelle von Brockensen. Früheste Nachrichten über ein Gotteshaus stammen aus dem 12. Jahrhundert. Kirchlich wurde Brockensen von Börry aus betreut, hatte also nie einen eigenen Pfarrer.

von Nordwesten

Nach dem Abbruch des Vorgängerbaus wurde die Kapelle 1890 nach einem Entwurf des Architekten Eduard Wendebourg aus Hannover im neogotischen Stil neu errichtet. Wendebourg war ein Schüler von Conrad Wilhelm Hase, dem wir zahlreiche Neu- und Umbauten von Kirchen im heimischen Bereich verdanken. Aus der Zeit des Vorgängerbaus hat sich allein die Grabplatte des Amtmanns F. A. Oetting (1711-1765) erhalten, die an der Südwand lehnt.

Das Äußere des sorgfältig gemauerten, unverputzten Ziegelbaus gliedern auf allen Seiten zierliche, gestufte Strebepfeiler. Details der Architektur wie die Fenstergewände, der Fries unterhalb der Dachtraufe und das Rosettenfenster auf der Westwand über dem Eingang sind durch die Verwendung von Ziegelformsteinen detailliert und liebevoll gestaltet.

Aus dem gewalmten Dach wächst über der Westwand der Kapelle der Glockenturm mit seiner Uhr heraus und daraus ein schlanker, vierseitiger, kupferum-

Von Westen

Konsole im Chorraum

Kruzifix und Glasfenster im Chror

Blick in den Chorraum

mantelter Turmhelm. Im Osten schließen sich ein eingezogener Chor und eine separate Sakristei an.

Ins Innere führt eine schön beschlagene Holztür. Die Ausstattung samt Altar, Kanzel und Gestühl stammt aus der Erbauungszeit und wurde 1994 nach aufwendiger Restaurierung in den Ursprungszustand versetzt.

Das blau abgesetzte Kreuzrippengewölbe des polygonalen Chors ruht auf Konsolen in Gestalt weiblicher Masken. Die Glasmalerei in den Fenstern des Chors besteht vorwiegend aus Weinlaub-Ornamentik. Das große Kruzifix trägt auf den vier Enden die Symbole der Evangelisten. Die beiden bronzenen Altarleuchter sollen 1717 in den Niederlanden hergestellt worden sein, wären also älter als die übrige Ausstattung.

Mit der Balkendecke des Kirchenschiffs und dem Gestühl harmoniert im Westen die freistehende, reich geschnitzte Orgelempore mit ihren offen liegenden Holzverbindungen und der schönen Wendeltreppe.

Die Orgelempore im Westen

Von Westen

Das neoromanische Rundbogenportal

Die Nordseite – der älteste Teil der Kirche

ESPERDE

Fährt man von Börry kommend auf Esperde zu, stößt man als erstes auf die vor dem Dorf auf einer leichten Anhöhe liegende St. Marien-Kirche. Eine Treppe führt von Westen zum Eingang. Die Kirche präsentiert sich frei nach Süden und Westen.

Dem Betrachter fällt sogleich ins Auge, dass die Kirche aus zwei Teilen besteht, die unterschiedlichen Epochen zuzuordnen sind.

Die ursprüngliche Kirche stammte aus der Zeit vor 1300 und besaß einen westlichen Turm, ein rechteckiges, wohl nachträglich gewölbtes zweijochiges Langhaus und einen eingezogenen gewölbten Chor.

Vom Ursprungsbau haben sich Teile des Turms und die Nordseite des Kirchenschiffs mit seinem sorgfältig gefugten Bruchsteinmauerwerk erhalten. Kräftige gestufte Strebepfeiler stützen auf beiden Seiten die dicken Mauern. Auch eine Glocke hat sich aus dieser Zeit erhalten.

Im Dreißigjährigen Krieg wurde das Gebäude 1625 stark beschädigt. Beim Wiederaufbau nach 1633 musste der Turm bis auf die Halle im Erdgeschoss (Mauerabsatz erkennbar) abgetragen und neu aufgeführt werden. Ihn krönt eine mit Sollingplatten gedeckte vierseitige Pyramide. Die Gaube mit dem Zifferblatt der Uhr schaut nach Süden zum Dorf, während nach Osten ein kleiner Ausleger für die Stundenglocke vorspringt.

1880 war die Kirche der Gemeinde zu klein geworden. Sie engagierte damals den in Niedersachsen führenden Kirchenbaumeister Conrad Wilhelm Hase (1818-1902). Hase ließ den Chor und die südliche Langhauswand abreißen und baute an die Reste des Langhauses ein mächtiges Querhaus und einen rechteckigen eingezogenen Chor in rot leuchtendem Ziegelmauerwerk. Während die Strebepfeiler am Langhaus den Gewölbeschub aufnehmen, haben sie an den Giebelseiten des Querschiffes und der Ostwand nur eine dekorative Funktion.

Der Einbau eines Querschiffes entspricht nicht dem Typus einer Dorfkirche, sondern verrät städtische Ansprüche. Für die recht kleine Kirchengemeinde, die wohl zu keiner Zeit einen eigenen Geistlichen hatte und zumeist von Börry aus betreut wurde, war das ein Kraftaufwand.

Im gesamten Gebäude ersetzte Hase die kleinen Fenster durch große Rundbogenfenster. Das Spitzbogenportal auf der Turmwestseite musste einem mehrfach gestuften Rundbogenportal weichen.

Obwohl er überzeugter Neogotiker war und im Inneren die gotischen Gewölbe beibehalten hat, hat Hase bei der Neugestaltung des Äußeren den romanischen Charakter wieder stärker hervorgehoben.

Der Gang durch die Turmhalle führt zunächst in das alte Langhaus mit seinem schönen gotischen Kreuzgratgewölbe, von dort in das geräumige Querhaus mit der hohen, flachen, rot gehaltenen Balkendecke und schließlich in den erneut kreuzgratgewölbten Chorraum mit dem Altar.

Die Mensa des Altars stammt noch aus spätgotischer Zeit und enthält eine Reliquiengrube. Den vergleichsweise schlichten Altaraufsatz hat Hase in neogotischen Formen entworfen. Er zeigt das für Christus stehende Lamm mit der Auferstehungsfahne, gerahmt von Alpha und Omega (= Anfang und Ende), bekrönt mit einem Kruzifix, dessen Enden mit Weinblattornamenten geschmückt sind. Die kostbaren gedrungenen Silberleuchter mit je drei Löwentatzen stammen aus dem 16. Jahrhundert.

Auch die aus Eichenholz bestehende Kanzel und die sandsteinerne Taufe gehen auf Entwürfe Hases zurück.

Die 2020 abgeschlossene umfassende Renovierung hat das Innere sehr viel lichter und zugleich schlichter gestaltet. Drei große Radleuchter spenden Licht. Von der Einrichtung Hases sind das Altarretabel, die Kanzel, das Lesepult, die Taufe und die hölzerne Eingangstür geblieben.

Das Äußere hat durch die rot gehaltene Verfugung der Ziegelfassade seinen ursprünglichen Charakter wiedergewonnen. Auch das komplett mit Sollingsandsteinplatten gedeckte Dach wurde renoviert.

Blick in die Vierung mit den großen Radleuchtern und den Chor

Taufe, Altar, Lesepult und Kanzel

FRENKE

Die Kirchengemeinde Frenke wurde 1288 vom Ritter Johannes von Frenke und seiner Frau Lefgardis sowie ihren Söhnen Bruno, Johannes und Hermann gestiftet. Die Mutterkirche im nahen Oberbörry wurde dafür aus Frenkeschem Familienbesitz entschädigt. Die von Frenke hatten das 1588 durch Aussterben erloschene Patronatsrecht als Lehen des Klosters Corvey inne.

Über einen eigenen Geistlichen verfügte die kleine Gemeinde nicht lange. Die geistliche Versorgung erfolgte in den Jahrhunderten wechselnd von Niederbörry, Hehlen, Heyen und Hajen. 1997 wurde Frenke dem Kirchenkreis Hameln-Pyrmont zugeordnet oder Teil der Gemeinden im Ilsetal.

Das inmitten des Dorfes unter alten Bäumen liegende, von einer niedrigen Mauer umgebene Kirchengebäude dürfte bald nach der Abtrennung von der Muttergemeinde errichtet worden und weitgehend unverändert erhalten sein. Es gliedert sich in einen kleinen steinsichtig verputzten, annähernd quadratischen Bruchsteinbau und einen im Osten anschließenden niedrigen Chor.

Von Süden

Das Gebäude wurde 1897/98 nach Plänen des Konsistorialbaumeisters Conrad Wilhelm Hase im neugotischen Stil umgestaltet. Dabei wurden vor allem die Fenster vergrößert. Die ursprünglichen kleinen, unregelmäßig angeordneten gotischen Spitzbogenfester sind noch am Chor vorhanden und in Resten oberhalb der neuen Fenster auf den Langseiten des Schiffes zu erkennen.

Das ehemals auf der Nordseite befindliche Eingangsportal verlegte Hase an die Westseite und betonte es mit einem Vorbau aus Ziegelmauerwerk in Form eines Stufengiebels.

Das neogotische Westportal

Der vierseitige Dachreiter auf dem Westgiebel mit Spitzhelm, Kreuz und Wetterhahn wurde zuletzt 1975 erneuert. Einen links vom Altarraum befindlichen hölzernen Sakristeieinbau entfernte man 1957.

Im Inneren fällt der Blick vom Langhaus mit flacher, verputzter Decke durch den spitzbogigen Gurtbogen in den kreuzgratgewölbten Altarraum. Im Kirchenschiff sind nach Norden und Westen Emporen eingebaut. Die Orgel im Westen stammt aus der Mitte des 19. Jahrhunderts, ebenso die neugotische Kanzel.

Die Kirche besaß früher einen Kanzelaltar, der im Zuge der Renovierung von 1898 abgebaut und durch einen neugotischen Altaraufsatz ersetzt wurde. Der Blick geht nun frei zum Fenster des Chores. Der Altaraufsatz zeigt das Lamm Gottes mit der Fahne der Auferstehung, gerahmt von den Buchstaben Alpha und Omega (= Anfang und Ende) und gekrönt vom Kruzifix. Zwei reich gegliederte und ornamentierte Messingleuchter mit aufgenietetem Wappen von 1663 schmücken den Altartisch.

Der neugotische Altar

Einziges Bild in der Kirche ist ein eindrucksvolles Ölgemälde des Abendmahls vom Anfang des 17. Jahrhunderts. Eine Besonderheit der Darstellung ist, dass das Motiv des Verrats in den Vordergrund gerückt ist, während die üblichen Abendmahlsbilder stärker das gemeinsame Mahl thematisieren.

Zentral im Hintergrund Jesus, vor ihm der bartlose Johannes („der Jünger, den Jesus liebte"), daneben der Verräter Judas, rothaarig. Nach Joh. 13,26 („Der ist's, dem ich den Bissen eintauche und gebe") berührt Jesus dessen Mund mit den Fingern seiner rechten Hand und schaut ihn mit brennenden Augen an. Die Jünger – mehr liegend als sitzend – verstehen das Zeichen Jesu nicht und rätseln in erregtem Gespräch, wer denn der Verräter sei. Auf dem runden Tisch liegen Teller, Messer, Brotlaibe, ein Kelch und eine Schale mit Gebratenem.

Das Ganze spielt in einem Säulengemach, das hinten links den Blick in einen zweiten Raum auf einen mit Karaffe, Tuch und Leuchter gedeckten Tisch freigibt. Karaffe und Tuch dürften an die Fußwaschung erinnern, die Jesus vor dem Abendmahl an seinen Jüngern vollzogen hat (Joh. 13). Konsequent lässt der unbekannte Maler die Jünger uns ihre sauberen Füße zeigen.

Das Chorfenster mit der Darstellung von Johannes dem Täufer, des Patrons der Kapelle, hat Ferdy Horrmeyer 1957 gestaltet. Den Taufstein schuf Steinmetzmeister Siever (Börry) 1962. Die hölzerne Wappentafel der Stifterfamilien von Frenke und von Mandelsloh schenkte Wilhelm Hölscher der Kirche.

Der vor einigen Jahren wieder entdeckte und im Kirchhof aufgestellte Taufstein stammt vermutlich aus der Zeit der Erbauung der Kirche. Er ist achteckig, zum Fuß hin verjüngt und aus Rotsandstein gehauen. Der Rand ist stark abgewetzt und beschädigt, da er lange als Viehtränke auf einer Weide benutzt wurde.

Originelle Darstellung des Abendmahls

VON OSTEN

GROHNDE

Der Flecken Grohnde liegt an einer wichtigen Weserfurt, an der im 17. Jahrhundert eine Fähre eingerichtet wurde. Um 1300 wurde dort unter der Familie von Hake (später von Holle) eine befestigte Anlage errichtet, die zum Schloss ausgebaut wurde und heute als Domäne fungiert.

Grohnde gehörte während vieler Jahrhunderte zum großen Kirchspiel Ohsen und hatte lange keine eigene Kirche. Zum Kirchgang mussten die Einwohner nach Kirchohsen gehen.

Für die Bewohner des Schlosses errichtete der Drost von Holle eine Kapelle, die der Pfarrer von Hajen betreute. Sie stand links des heutigen Torbogenhauses der Domäne nahe der Weser. Den Bewohnern des Fleckens gestattete man die Mitbenutzung, nicht jedoch dem Geistlichen von Ohsen, was Streitigkeiten zur Folge hatte. 1730 wurde deshalb das Dorf Grohnde nach Hajen umgepfarrt. Erst 1915 erhielt Grohnde ein eigenes Pfarramt.

VON SÜDOSTEN

1847 wurde im Ortszentrum auf dem alten Friedhof eine neue Kirche mit 400 Plätzen und einem Kanzelaltar eingeweiht.

Verschiedentlich wird erwähnt, dass König Georg III. die Kosten des Baus übernommen habe. Dieser starb freilich bereits 1820. Es ist aber denkbar, dass König Georg V. einen Zuschuss gewährt hat. Georg gilt als sehr fromm und hat sich nicht selten in Grohnde zur Jagd aufgehalten. Eine Tafel oder ein sonstiger Hinweis am Gebäude auf eine königliche Schenkung fehlt allerdings.

DER MIT SCHRANKEN AUSGESTATTETE ALTAR, DIE TAUFE UND DIE TÜR ZUR SAKRISTEI

Das Gotteshaus besteht aus einem saalartigen Langhaus, trägt einen Ostturm und weist nach Westen hin eine halbkreisförmige Apsis mit eigenem Zugang auf. Das Schiff zeigt vier Fensterachsen, dazwischen in der Mitte die Eingänge mit einem Kreisfenster darüber. Die Gebäudeecken sind durch leichte Vorsprünge betont. Unter den Traufen verläuft ein Fries mit Rundbögen.

Das Äußere der Kirche, aber auch das Innere mit den Türfüllungen, Säulen, den reich dekorierten Kapitellen und den Emporenbrüstungen ist in einem romanisierenden Stil gehalten, wie er für die Mitte des 19. Jahrhunderts eher selten ist.

Das Innere prägen die kassettierte Balkendecke und der in einer mit einem hohen Rundbogen abgeschlossenen Nische stehende schlichte

Die Altarwand im Westen

Die Orgelempore mit der Kassettendecke

Altar im Westen. Zwei Türen führen von dort in die Sakristei. Vom Chorbereich aus fällt der Blick auf die Westempore, die auf vier Steinsäulen mit prächtigen Blattkapitellen ruht.

Der ursprünglich oberhalb der Sakristei-Türen angeordnete Kanzelkorb steht nach einer Renovierung 1955 – versehen mit einem modernen Schalldeckel – ebenerdig neben dem Altar. Auf der Wand hinter dem Altar hängt seitdem ein schlichtes Holzkreuz.

Über den Türen zur Sakristei waren links der Apostel Petrus mit dem Schlüssel und rechts der Apostel Paulus mit Buch und Schwert abgebildet, darüber eine Seligpreisung. Bei einer zweiten Renovierung 1986-87 übertünchte man die beiden Figuren. Die rein-weiße Farbgebung der 1950er Jahre wurde nach alten Vorlagen wieder rückgängig gemacht. Es dominiert eine braune Lasur mit senfgelben Ornamenten und einigen goldfarbenen Akzenten. Die Decke ist nun in Grün mit roten Begleitern gefasst. Der untere Bereich der Wände erhielt einen aufgemalten taubenblauen Vorhang mit Schablonenmalerei.

Ein reich verziertes Kapitell

Von der Ausstattung, die zu allermeist aus dem Gründungsjahr der Kirche stammt, sei die farbig gefasste Taufe hervorgehoben. Aus einem achtseitigen Fuß erwächst ein achtseitiger Schaft, daraus ein achtseitiger Kessel.

Den Namen des bekannten pietistischen Liederdichters Philipp Spitta erhielt die Kirche erst 1987. Anlass war, dass Spitta, der in den 1830er Jahren in Hameln als Gefängnisseelsorger und Garnisonprediger tätig war, am 4. Oktober 1837 in Grohnde mit Marie Johanne Magdalena Hotzen, der Tochter des Oberförsters, getraut worden war.

HÄMELSCHENBURG

Die am Hang des Emmertals gelegene Hämelschenburg, lange im Besitz der Eversteiner Grafen, wurde 1408 Landesburg der Welfen. Diese belehnten 1437 das Adelsgeschlecht der Klenckes mit der Burg, in dessen Besitz sie bis heute ist. 1487 zerstört, wurde die neu errichtete Burg 1544 ein Raub der Flammen. Darauf folgte ein planmäßiger Wiederaufbau: der Wirtschaftshof 1556, die Schlosskapelle 1563, beides unter Ludolf Klencke. Das Schloss – einer der prachtvollsten Bauten der Weserrenaissance – errichtete Jürgen Klencke im Zeitraum 1588-1610/18. Georg Klencke hatte, begünstigt durch die am Ende des 16. Jahrhunderts bestehende Hochkonjunktur in der Landwirtschaft, vor allem an Getreideexporten ein Vermögen verdient.

Die Kapelle gehört zu den frühesten protestantischen Kirchenbauten Norddeutschlands.

Von Süden – im Hintergrund das Schloss

Das Schlossareal wird von der nach Bad Pyrmont führenden Landstraße durchschnitten. An ihrer Südostseite befinden sich der Wirtschaftshof mit Wassermühle und die parallel zur Straße erbaute Kapelle. An derselben Stelle hatte bereits 1409 laut Urkunden ein Vorgängerbau gestanden.

Aufgrund ihrer beengten Lage an einem Steilhang steht die Kapelle mit ihrer östlichen Seite auf einer Bruchstein-Substruktion mit schräg aufgeführten Strebepfeilern. Sie ist auch nicht nach Osten, sondern nach Nord-Nordost ausgerichtet.

Der schlichte Saalbau schließt mit einem dreiseitigen, an den Ecken gerundeten Chor ab. Auf dem mit Wesersandsteinplatten gedeckten Satteldach sitzt ein Dachreiter mit offener Laterne und geschweifter Glockenhaube, der 1913 den baufälligen Glockenturm ersetzte.

Von Nordwesten

Die zur Straße gerichtete Schauseite weist fünf Fensterachsen mit rundbogigen Fenstern auf. In der zweiten Achse von Süden befand sich der Eingang für die Gemeinde, im Chorbereich der für die Familie Klencke. 2013 wurde ein barrierefreier Eingang in die schlichte südliche Giebelfassade gebrochen.

Die östliche Fassade wird geprägt durch die sieben Meter hohe Substruktion und die breiten Strebepfeiler. In der südlichen Wand des Chores befindet sich ein kleines Fenster, das einen Blick in die darunterliegende Gruft gewährt, die noch von dem ersten Kapellenbau stammt.

Blick in den Altarbereich mit der Orgel, auf die beiden Adelspriechen mit ihrem gesonderten Eingang und die prächtige Decke

Der Altar mit Orgel und Taufe

Das Innere der Kapelle haben die Erbauer des Schlosses, Jürgen Klencke und seine hochgebildete Frau Anna von Holle, seit 1600 reich ausstatten lassen. Es ist unbeschadet durch alle Kriegszeiten gekommen. Jedes Ausstattungsstück ist ein Bekenntnis zum neu angenommenen Protestantismus. Farblich dominiert das Grün-Weiß der kleinteilig kassettierten Flachdecke. Das Olivgrün wiederholt sich in den Füllungen der ansonsten in Schwarz und dezenten Goldeinlagen gehaltenen Einbauten. Passend dazu besitzt das Gemeindegestühl einen gedämpften Rotton.

Der Chorraum ist durch eine niedrige Brüstung mit Gitterwerk vom Gemeinderaum getrennt. In ihm sind nach protestantischer Auffassung alle Prinzipalstücke versammelt, im Mittelpunkt der Altar, darum Taufe und Kanzel und darüber die Orgel.

Der Altar hat sein heutiges Aussehen durch eine umfassende Restaurierung 1913 erhalten. Aus dem Vorgängerbau stammt vermutlich die vorreformatorische Mensa mit fünf Weihekreuzen. Jeweils drei kurze Säulen rahmen einen Öldruck mit der Darstellung des Abendmahles nach Leonardo da Vinci, davor hängt ein Kruzifix.

Darauf gesetzt ist das sogenannte „Paradiesgärtlein“. Auf einer Gartenumfriedung sitzt Maria mit dem Jesuskind im Kreis von sechs heiligen Frauen, von denen sich die Hl. Barbara (rechts) und die Hl. Agnes (links) aufgrund ihrer Attribute identifizieren lassen. Nach der Reformation wurde die erhöhte Position der Maria so verändert, dass sie nun als ebenbürtig mit den anderen Frauen erscheint.

Das Paradiesgärtlein

Im Gegensatz zu den zahlreichen Gemälden zu diesem Thema, die ein bewegtes Idyll mit lesenden, musizierenden Jungfrauen in einem begrünten Garten zeigen, ist die Szenerie scheinbar erstarrt. Stillvergnügt, aber ohne Interaktion sitzen die zartgliedrigen Frauen nebeneinander. Aufgrund der zopfartigen Haartrachten und der prismenartigen Gewandfalten wird die um 1500 entstandene Arbeit dem Umkreis des Epiphanias-Meisters aus Hildesheim zu-

Der Taufdeckel

geschrieben. Ungeklärt ist, in welchem Zusammenhang sich das hochgotische Relief ursprünglich befand.

Das achtseitige Taufbecken in Kelchform steht auf einem Säulenschaft mit Wulst. Ein manieristisches Prachtstück ist der Holzdeckel, der mittels einer Hebevorrichtung angehoben werden kann. Auf der Sockelzone steht die Inschrift Joh. 1,26f. sowie die Datierung 1610. In einem kronenartigen Aufbau biegen sich auf acht Bügeln abwechselnd männliche und weibliche Hermen rücklings um eine Spindel. Die weiblichen Hermen haben vor ihrem Unterleib weibliche Masken, die männlichen Löwenköpfe. Unter den Bügeln hängt an der Spindel ein Fruchtgebinde, darüber ist die Aufhängung des Deckels mit der Taube des Heiligen Geistes befestigt. Zwischen den Bügeln stehen kleine Aufsätze mit Puttenköpfen.

Man mag sich über die Darstellung der nackten Gestalten auf einem Taufdeckel wundern, tatsächlich spiegeln sie das lutherische Taufverständnis wieder, wonach „der Mensch täglich neu aus der Taufe kriechen müsse". Die aus dem Taufwasser erwachsenden guten Werke, die „Früchte des Glaubens", sind eine Folge der Annahme des Menschen durch Gott und nicht, wie bei den Katholiken, die Voraussetzung dafür.

Die Kanzel steht vor der Chorstufe an der östlichen Seite. Vier Wandungen des sechsseitigen Kanzelkorbes liegen frei. In Blendbögen ist zweimal das Wappen von Jürgen Klencke aufgemalt, auf dem dritten Feld die Inschrift „Gloria in excelsis deo", an der Kanzeltür Joh. 14,23 und die Jahreszahl 1610. Am Gesims stehen im Sinne Luthers erklärende, auf die Predigt verweisende Sätze. Der Schalldeckel ist mit halbkreisförmigem Muscheldekor geschmückt und bekrönt mit dem Salvator mundi. Die Siegesfahne fehlt.

Hinter dem Altar an der Nordwand steht die Orgel auf einer von schlanken hölzernen Säulen getragenen Empore. Das erste Instrument ist 1672 belegt und wurde 1913 ersetzt. Die Brüstungen, Teile des Prospektes mit seinen Verzierungen von 1672 und die Erweiterung um einen Mittelteil und einen Turm von 1913 wurden beim Neubau der Orgel 1970 wieder verwendet.

An der Südwand hinter der Kanzel hängt das bekannte Epitaph für Jürgen (alias Georg) Klencke und seine Frau Anna von Holle, die beiden Erbauer des Schlosses. Bestehend aus einem rundbogigen Tafelbild wird es gerahmt von einer prächtigen Aedikula-Architektur im

Renaissancestil, reich verziert mit Voluten, Roll- und Beschlagwerk. Zwei Säulen tragen einen breiten Architrav, darüber der Dreiecksgiebel mit zwei Voluten und einem Aufsatz. Darauf stehen die drei Tugenden Mäßigung, Liebe und Glaube. Zwei weitere Tugenden, Hoffnung und Gerechtigkeit, standen auf den Säulen, an denen jetzt die Familienwappen befestigt sind. Sie haben ihren Platz nun neben dem Paradiesgärtlein gefunden.

Das Ölgemälde im Mittelteil wurde schon im 19. Jahrhundert als ein wertvolles Werk aus der Cranach-Schule eingeordnet. Im Zentrum ist die Kreuzigung Christi dargestellt. Das Kreuz Jesu und die beiden Kreuze der Schächer überragen den dunklen Hintergrund. Zwischen der Menschenmasse unten und dem Gekreuzigten erscheint ein heller Horizont, Symbol der Auferstehung. Links neben dem Kreuz stehen die weinenden Frauen, rechts die würfelnden Knechte und darüber der Hauptmann zu Pferde. Im Hintergrund schauen die Vertreter des Volkes dem Geschehen fragend oder ablehnend zu.

Die Aedikula steht auf einem Gesims mit einem Unterhang, auf dem die Lebensdaten von Jürgen Klencke und seiner Frau verzeichnet sind, darunter die Jahreszahl 1610.

Das prachtvolle Epitaph mit der Lucas Cranach dem Älteren zugeschriebenen Kreuzigung

Die Holzfiguren der 14 Kinder, rechts die Mädchen, links die Jungen

Anna von Holle ließ das Epitaph zur Erinnerung an ihren 1609 verstorbenen Mann anfertigen. Die knienden Familienmitglieder wurden nachträglich auf dem Gesims angebracht. Heute sind noch dreizehn der ehemals vierzehn Figuren vorhanden, nach Größe geordnet, links die Knaben, rechts die Mädchen. Die Eltern sind seitlich neben den Säulen auf zwei Brettchen über den Kindern angebracht. Sie bitten:

„Herr sey ihnen gnedig und barmhertzig und verleihe ihnen sambt allen Christgleubigen eine froliche Auferstehung."

Die an der westlichen Wand stehende Herrschaftsempore ruht auf ionischen Säulen. Sie wird von einer an der Chortür ansetzenden Treppe erschlossen. Die Brüstung ist in zwölf Felder unterteilt, darüber ein Gitterwerk mit vier Schiebefenstern. Auf die Brüstungsfelder sind auf Leinwand gezogene Kupferstiche mit den Kreuzwegstationen aufgeklebt. Sie sind nach Bildern des Münchener Malers Christoph Schwartz gestochen. Darunter kann man die entsprechenden Bibelstellen nachlesen.

Die beiden Adelspriechen, oben für Klenckes, unten für von Stietenkrons aus Welsede

Unter der Prieche der Klenckes ließ sich der Gutsherr von Welsede 1682 einen Kirchenstuhl einbauen. Seine eigene Kapelle wurde durch den Pastor von Hämelschenburg mitbetreut, war aber nur für Betstunden der Hausgemeinschaft zugelassen.

Ursprünglich waren auf der Brüstung der Westempore (oder Männerempore) in 32 Arkadenbögen die Stammbäume von Jürgen Klencke und seiner Frau Anna von Holle in Form von Wappen abgebildet. 1880 verwendete man die Brüstung für die Täfelung im Speisesaal des Schlosses. An der schlichten heutigen Brüstung hängt ein Bild von M. G. Tielemann von 1818, das in romantischer Verklärung Jesus in Gethsemane darstellt. Ursprünglich stand es auf dem Altar.

Unter der Männerempore hängen zwei Eichenholztafeln mit einem lateinischen Gedicht des Eberhard von Holle, seinem „Glaubenstestament". Er war Bischof von Lübeck und Verden und Reformator sowie der Vormund Anna von Holles.

1652 übertrug die Familie Klencke die Schlosskapelle an die Kirchengemeinde Hämelschenburg. Zu ihr gehören heute die Dörfer Amelgatzen, Gellersen, Hanebülten, Hämelschenburg und Welsede.

HAJEN

Von Südosten

Der Ort Hajen dürfte einer der ältesten christlichen Stützpunkte im hiesigen Wesergebiet sein. Wann ein erster hölzerner Kirchenbau errichtet wurde (Pfostenlöcher wurden bei Ausgrabungen nachgewiesen), ist ungewiss. Wurde Hajen vom Archidiakonatssitz (= Sitz eines hohen kirchlichen Amtsträgers, Stellvertreter eines Bischofs) Kirchohsen aus gegründet oder besaß der Ort schon vorher eine Kirche? Auf letzteres deutet der arenaförmige „Predigtstuhl" auf dem nahen Eichberg hin, ein erster christlicher Versamm-
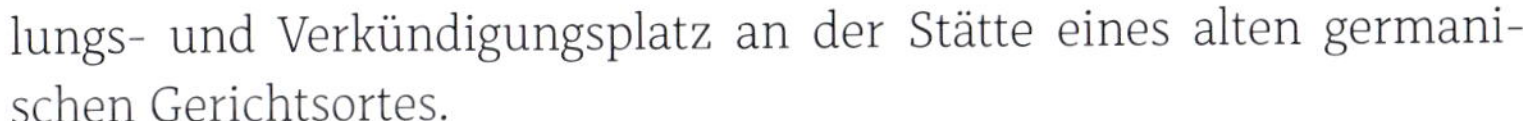
lungs- und Verkündigungsplatz an der Stätte eines alten germanischen Gerichtsortes.

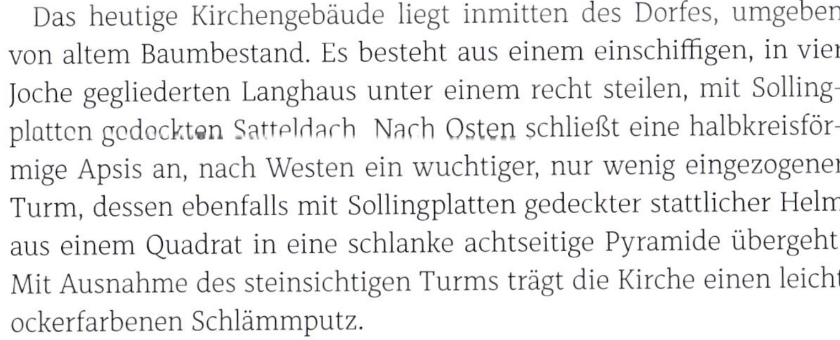

Das heutige Kirchengebäude liegt inmitten des Dorfes, umgeben von altem Baumbestand. Es besteht aus einem einschiffigen, in vier Joche gegliederten Langhaus unter einem recht steilen, mit Sollingplatten gedeckten Satteldach. Nach Osten schließt eine halbkreisförmige Apsis an, nach Westen ein wuchtiger, nur wenig eingezogener Turm, dessen ebenfalls mit Sollingplatten gedeckter stattlicher Helm aus einem Quadrat in eine schlanke achtseitige Pyramide übergeht. Mit Ausnahme des steinsichtigen Turms trägt die Kirche einen leicht ockerfarbenen Schlämmputz.

Die Baugeschichte der Kirche ist nicht ganz geklärt. Vermutlich aus der zweiten Hälfte des 12. Jahrhunderts stammen die beiden westlichen Joche des Schiffes und ca. Zweidrittel des Turmes. Dieser hatte ursprünglich ein Satteldach. Die Traufe verlief – im Mauerwerk noch erkennbar – über den beiden romanischen Schallöffnungen, die sich unter dem Zifferblatt der Uhr befinden. Ebenso deutet sich auf der Westseite der ursprüngliche spitze Giebel an.

Aus dieser Zeit stammt auch der jetzt im Turmraum aufgestellte mächtige Taufstein mit seinen romanischen Ornamenten aus bandförmig angeordneten, ineinander geschlungenen Kreisen. Seinen Fuß bildet eine nicht ursprünglich zu ihm gehörende Säulenbasis aus gleicher Zeit.

Der alte Taufstein in der Turmhalle

Das Kirchenschiff – ursprünglich mit einer Balkendecke geschlossen – erhielt etwa Mitte des 15. Jahrhunderts eine Wölbung. Aus dieser

Gewölbeausmalung

Zeit stammen die rotbraune spätgotische Wand- und Deckenmalerei sowie das gotische Kruzifix mit scheibenförmigen Enden, das ehemals auf dem Altar stand und jetzt über der südlichen Tür angebracht ist.

Diese erste, recht kleine Kirche schloss eine östliche Apsis ab, in der sich der noch heute vorhandene Altartisch (noch ohne Retabel) befand. Seine Platte ist in den Ecken mit vier Weihekreuzen versehen und weist in der Mitte ein Sepulcrum (= Reliquiengrube) auf. Darin wurde ein aus Ton gearbeiteter, mit Stoffresten gefüllter Behälter aufbewahrt. Der dazugehörige Heilige und somit das Patrozinium lassen sich nicht mehr ermitteln.

Infolge der 1542 in Hajen eingeführten Reformation erhielt die Kirche mit Altaraufsatz, Taufstein und Kanzel eine neue Innenausstattung in einheitlichem Renaissancestil, Voraussetzung für die allein

Das ausnahmsweise quadratische Abendmahlsbild

durch das Wort und die beiden Sakramente zu erfolgende Verkündigung.

Das eineinhalbstöckige, von geflügelten Puttenköpfen bekrönte Altarretabel ist ganz auf das Sakrament des Abendmahls ausgerichtet. Die beiden 1645 in Öl auf Holz gemalten Altarbilder zeigen das letzte Abendmahl Jesu mit seinen Jüngern und die Kreuzigung. Der uns auch aus anderen Kirchen (Börry u.a.m.) bekannte Maler Berendt Woldtmate hat das Abendmahl in einer Renaissancehalle angesiedelt.

Die das Bild rahmenden großen Schrifttafeln zitieren die Zehn Gebote und 1. Kor. 2,26f als Mahnung vor dem Gang zum Abendmahl:

„Soofft Ihr von diesem Brodt esset und von diesem Kelch Trincket, solt Ihr des HERREN Todt verkündigen, biß das er kommt. Welcher unwürdig von diesem Brodt isset, oder von diesem Kelch des Herren trincket, der ist schuldig an dem Leib und Blut des HERREN."

Das Altarretabel mit insgesamt sechs Texttafeln für den rechten Gebrauch des Abendmahls

Der Taufstein und das Epitaph für Erich Behling (1596-1667), Präfekt in Ricklingen, Peine und Grohnde

Epitaph für Erich Behlings Sohn J. G. Behling

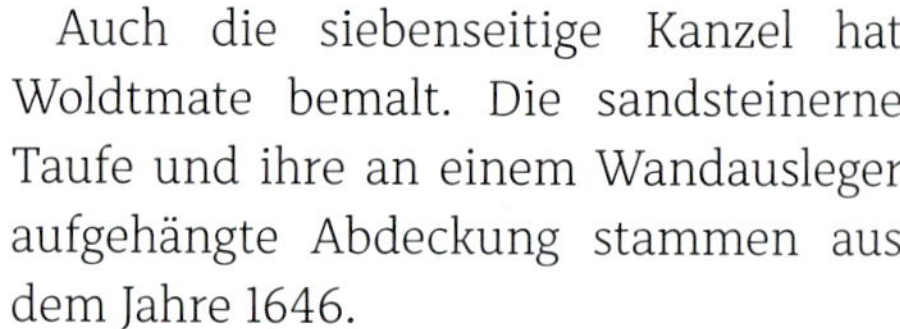

Auch die siebenseitige Kanzel hat Woldtmate bemalt. Die sandsteinerne Taufe und ihre an einem Wandausleger aufgehängte Abdeckung stammen aus dem Jahre 1646.

Kurz nach Fertigstellung der reformatorischen Inneneinrichtung ließen der im Ort ansässige Grohnder Amtmann Erich Behling und seine Frau Magdalena Volger das Schiff der Kirche um zwei Joche und eine halbkreisförmige Apsis nach Osten erweitern – seiner Zeit eine außerordentlich großzügige Spende für einen Bürgerlichen. Behling hat in Hajen auch das sog. von Korffsche Gut mit dem schönen Renaissance-Brunnen als Wohnsitz für seine Frau und sich errichten lassen. In der Kirche haben sich die beiden Stifter an der Ostseite des dritten Gurtbogens mit Wappen und Inschrift verewigt:

ANNO DOMINI 1653 E. B. M. V. ME FIERI FECERUNT

(Im Jahre des Herrn 1653 ließen E(rich) B(eh1ing) (und) M(agdalena) V(olger) mich erbauen.)

Auch die Aufstockung des Turmes und sein Helm dürften aus dieser Zeit stammen, ebenso die großen Fensteröffnungen in den westlichen Jochen. Stilistisch passte sich die Erweiterung durch die Verwendung von Kreuzrippengewölben im Innern und von Strebepfeilern im Äußeren dem vorhandenen Bau an, so dass man von einer gotisierenden Architektur sprechen kann. Anschließend wurde das Innere im Stil der Renaissance, vorwiegend in Blautönen, einheitlich ausgemalt – besonders auffällig das feingliedrig stilisierte Rankenwerk in den Gewölbezwickeln um die Schlusssteine.

Das gotische Kruzifix, gerahmt von Schattenmalerei

Das dritte Joch erhielt 1653 an der Nordseite die Herrschaftsprieche der Familie Behling mit separatem Zugang von außen. Das Erbbegräbnis der Familie befindet sich unter dem Chorraum. Darüber hinaus hat die Familie der Kirche ein reiches Inventar gestiftet, u.a. zwei Abendmahlskelche, die Altarleuchter und den Klingelbeutel.

Im Chorraum befinden sich zwei Epitaphe für Erich Behling (links) und seinen Sohn J. G. Behling (rechts). Das repräsentative Epitaph für Erich Behling (1596-1667), das ihn in zeitgenössischer Tracht zeigt, wurde bereits zu seinen Lebzeiten (POSITVM ANNO 1655) angefertigt. Beide Epitaphe weisen einen gemalten Rahmen auf. Weitere Umrahmungen an der Südwand verweisen auf verlorengegangene Epitaphien.

Gewölbeausmalung

Um eine Sakristei und eine Empore zu schaffen, wurde 1710 hinter dem Altar eine hölzerne Schauwand errichtet. Zwei Türen führen hindurch; die obere Fensterzone ist mit einem Holzgitterwerk versehen.

Das jetzige Aussehen der Kirche geht auf eine umfangreiche Restaurierung in den Jahren 1975-87 zurück. Dabei wurden an Gurtbögen, Rippen, in den Gewölbezwickeln und an den Fenstergewänden umfangreiche Wandmalereien freigelegt und rekonstruiert, im westlichen Teil in rotbraunem spätgotischem Stil, im östlichen in blauer Renaissancemanier.

An der südlichen Außenwand der Kirche sowie auf der nördlichen Freifläche sind einige Grabdenkmäler aufgestellt worden. Bemerkenswert sind zwei in der Feldmark gefundene mittelalterliche Kreuzsteine, die neben dem lateinischen Kreuz ein Ruder sowie ein Boot zeigen und an einen Todesfall in der Weser erinnern könnten bzw. auf das Grab eines Schiffers oder Fischers weisen.

Blick durchs Schiff nach Osten und nach Westen. Die Herrschaftsprieche liegt der Kanzel schräg gegenüber.

HASTENBECK

1228 wird in Hamelner Urkunden ein Ritter von Hastenbeck erwähnt, der von den Grafen von Everstein mit der Burg Hastenbeck belehnt wurde. Nach dem Aussterben dieses Geschlechtes in der zweiten Hälfte des 16. Jahrhunderts kam die Burg 1618 in den Besitz von Arend von Wopersnow (1573-1621) aus Braunschweig.

Von Nordosten

Herzog Friedrich Ulrich von Braunschweig-Wolfenbüttel stattete Wopersnow 1617 mit mehreren Ministerposten aus und ernannte ihn zum Münzkommissar, Geheimen Kammerrat und zum Kriegskommissar. Wopersnow galt als der habgierigste und skrupelloseste der herzoglichen Räte, der in der Zeit der „Kipper und Wipper“ einer der größten Münzfälscher und Betrüger war. Er ließ dem Silber der Münzen Kupfer zulegieren, was zu einer Verschlechterung des Münzfußes und zu Gewinnen für den Prägeherrn führte und eine Inflation auslöste. Seiner drohenden Inhaftierung und Hinrichtung entzog er sich 1620 durch Flucht ins katholische Hildesheim. Dort konvertierte er zum Katholizismus und verstarb bereits 1621.

Für seinen Besitz in Hastenbeck hatte Wopersnow große Pläne. So wollte er das Gut zu einem mächtigen befestigten Schloss ausbauen. Als eine seiner ersten Maßnahmen ließ er anstelle einer baufälligen älteren Anlage 1620 – wie er selbst es sagt – „aus christlicher Andacht und Eifer ... ein ansehnlich und zierlich neues Kirchengebäude“ errichten. Im Bereich Hameln-Pyrmont ist Hastenbeck neben Lüntorf die einzige Kirche, die im Dreißigjährigen Krieg erbaut wurde, allerdings ganz zu seinem Beginn, als seine Schrecken das Weserbergland noch nicht erreicht hatten.

Den Innenausbau des Gotteshauses und die Realisierung der weiteren Pläne von Wopersnow durchkreuzte dessen drohende Festnahme und Flucht.

1639 kaufte Henning von Reden das von Tillyschen Truppen verwüstete Gut Hastenbeck.

BLICK DURCH DIE DREISCHIFFIGE HALLE NACH OSTEN, RECHTS DIE ADELSPRIECHE

Ursprünglich gehörte Hastenbeck zur Pfarrei Afferde. Nachdem Sibille von Reden, geb. von Bennigsen, 1681 die Kirche für 1200 Taler von Afferde abgelöst hatte, wurde Hastenbeck selbstständige Pfarrei. Das Patronat darüber haben die Besitzer des Gutes bis heute inne.

Das Äußere der Kirche ist schlicht. Der gedrungene zweigeschossige Westturm ragt mit seiner geschweiften Haube knapp über das Kirchendach hinaus. Daran schließt sich ein ebenmäßiger Bau mit vier Fensterachsen und einfachem Satteldach an. Im Osten bildet eine flachbogige Apsis mit einem Fenster den Abschluss. Die langen gotischen Fensterbahnen sind aus zwei Rundbögen mit darüberliegendem Kreisbogen zusammengesetzt. Das mit Renaissance-Elementen geschmückte Hauptportal an der Westseite des Turmes ist in Zweitverwendung davor gesetzt worden. Über einer Rundbogentür, flankiert von Gebälk tragenden Säulen, befinden sich in einem Architrav die Wappen der von Reden und von Münchhausen, datiert 1730.

Die Turmhalle weist in ihren Ecken Vorlagen für ein nicht ausgeführtes Kreuzrippengewölbe auf. Die zweiflügelige Eingangstür ist mit dem Gleichnis vom Pharisäer und Zöllner (Luk. 18,9-14) bemalt, datiert 1688. Rechts kniet der mit erhobenen Händen betende Pharisäer, links schleicht sich der Zöllner vor einer Säulenarchitektur davon. Vorbild ist ein Stich aus der Merianbibel.

Die Hastenbecker Kirche entspricht in keiner Weise dem Dorfkirchentypus. Vielmehr zitiert sie als dreischiffige Hallenkirche den nachgotischen Typus der Residenzkirche, wie sie einige Jahre vorher in der Wopersnow sicher bekannten Wolfenbütteler Hauptkirche und der Stadtkirche in Bückeburg verwirklicht wurde.

In dem hellen, von der Rankenmalerei früherer Jahrhunderte befreiten Langhaus kommt die klar strukturierte Architektur mit breitem Mittelschiff und schmalen Seitenschiffen gut zur Geltung. Die vier Kreuzrippengewölbe ruhen auf Pfeilern mit abgefasten Kanten.

Das Altarretabel (Ausschnitt)

Das vor einem Landschaftshintergrund hängende Kruzifix

Nur die Kämpferplatten mit Eierstabbesatz und die Schlusssteine sind farbig gefasst. Die Innenausstattung stammt fast geschlossen aus der zweiten Hälfte des 17. Jahrhunderts.

Dominiert wird der Raumeindruck von dem prächtigen barocken Altarretabel. Mit seinen drei Achsen und zwei Geschossen füllt es die gesamte Fläche vor der Apsis aus. Die vorspringenden, von gedrehten Säulen flankierten Seitenfelder werden von einer Pilasterarchitektur getragen. Rechts und links des Altars befinden sich von Engeln gerahmte Durchgänge zur Sakristei. Das Mittelteil zeigt in der Predella das Abendmahlsbild, darüber das Kruzifix vor dem Hintergrund einer Dorfkulisse hängend. Rechts und links stehen vor Pilastern Maria und Johannes. Im linken Seitenfeld ist ein Holzrelief mit der Ölbergszene eingelassen, im rechten ein spätmittelalterliches Relief mit der Gefangennahme Christi, darüber von Putten getragene Wappen mit Helmzier.

Im zweiten Geschoss ist in einem Medaillon in einer dramatischen Szene die Grablegung dargestellt, vor den Pilastern und Ecksäulen von den vier Evangelisten flankiert. An der Spitze des Medaillons steht der auferstandene Christus auf der Weltkugel, von knienden Engeln begleitet. Alle Architekturteile sind mit zahlreichen Putten, Fruchtgirlanden und Rankenwerk reich verziert. Laut einer Inschrift auf der Rückseite des Altars hat Hans Claus von Reden 1688 diesen Altar der Kirche verehrt.

Der mächtige runde Taufstein sitzt auf einer mit Beschlagwerk verzierten Säule. Die hohe Wandung des Beckens ist durch Gurte in drei Felder geteilt, darauf unübersehbar das Wappen der von Reden, datiert 1640, und der von Heimborch.

Die Kanzel ist nicht der künstlerisch wertvollste Gegenstand der Kirche, jedoch hat ihre Ausmalung einen ungemeinen Seltenheitswert. Dargestellt sind auf sechs Brüstungsfeldern wie Bilderrätsel wirkende, jeweils mit Unterschriften versehene Motive, sogenannte Embleme bzw. Sinnbilder.

Diese Kunstform entwickelte sich in der italienischen Hochrenaissance. Sie besteht meistens aus einer Überschrift, einem Bild und einer Erläuterung. Emblembücher entstanden zu den unterschiedlichsten Themen wie Religion, Erziehung, Tugenden, Liebe usw. Embleme fanden weite Verbreitung an Öfen, Möbelstücken oder auf Medaillen. In Kirchenräumen sollten sie die geistliche Unterweisung unterstützen und als einprägsames Bild die Predigt zusammenfassen.

Die Vorlagen für die Hastenbecker Kanzel stammen aus dem ersten Band der damals weit verbreiteten „Vier Bücher vom wahren Christentum" von Johann Arndt, die im Zeitraum 1605-1610 erschienen. Arndt gilt als Wegbereiter des Pietismus. Seine Bücher verstehen sich als Anleitung zu einer geistlichen Erneuerung. Das wahre Christentum bestehe darin, Christus nachzufolgen und Taten der Liebe zu vollbringen. Der Glaube sei nicht ein Für-Wahr-Halten von Sätzen – Arndt sieht die Theologie sehr kritisch – , sondern eine innere Kraft, die den Menschen verändere und nach außen in guten Werken sichtbar werde.

Die Kanzel mit ihren emblematischen Bildern

Auf der Kanzel befinden sich sechs Bilder, denen jeweils eine Unterschrift zugeordnet ist. Beide dienen der Meditation. Im Buch gibt es dann zusätzlich eine Erläuterung sowie eine Bibelstelle.

Beispielhaft sei das am äußersten rechten Bild erläutert.

Bild:	In der Luft schwebendes Getreidesieb
Unterschrift:	„Daß Rüttelen säubert."
Erläuterung:	„Hier ist ein Sieb, wodurch das Getreide, wenn es gerüttelt und geschüttelt wird, von dem Staub und anderm Unflat gesäubert wird: Also, obwohl ein Christ auf Gottes Zulassung von dem Satan, als wie der Weizen durch allerhand Anfechtungen gesichtet wird, so muss es ihm doch gut sein, weil er dadurch nur desto mehr von den noch anklebenden Lastern gesäubert wird."
Bildtext:	„Gott züchtiget uns zu Nutz, dass wir seine Heiligung erlangen." (Hebr. 12,10)

Die übrigen Bilder von links nach rechts:

– Durch einen Spiegel einfallende Sonnenstrahlen, ein Feuer entfachend – „Durch Krafft von oben." (Ephes. 1,19)

„Das Rütteln säubert" (Quelle: https://www.evangelischer-glaube.de/sinn-bilder-des-glaubens)

- Blumenvase auf einem Tisch – „Die Blumen den Augen Gottes, Gottes Wort dem hertzen." (Matth. 7,20)
- Vom Horst auffliegender Adler, seine Jungen der Sonne entgegen tragend – „Der mir folget, siehet das Licht." (Joh. 8,12)
- Eine Taschenuhr mit anhängendem Schlüssel auf einem Tisch – „Daß Edelste ist verborgen." (Koloss. 3,5)
- Ein Fernglas mit einer Messvorrichtung (?) – „Entfernet und doch zugegen." (Ephes. 2,18)

Derartige Malereien gab es in zahlreichen Kirchen. Weil sie nicht mehr verstanden wurden, sind sie im Laufe der Zeit aus den Kirchen verschwunden. Umso erfreulicher ist es, dass sie an der Hastenbecker Kanzel erhalten geblieben sind.

Das Epitaph für Christian von Reden

An der Südwand ist im ersten östlichen Joch die Herrschaftsprieche eingebaut. Sie steht auf vier Holzstützen mit Kopfbändern. Die äußere Brüstung ist durch Pilaster in schmucklose Blendbögen gegliedert. Dagegen ist die Innenseite mit Wellenranken und Blattwerk reich bemalt.

Die Westempore ruht auf vier Holzpfeilern. Die im Mittelteil vorkragende Brüstung ist durch gedrehte Säulen in siebzehn Felder eingeteilt. Auf ihnen sind links die Gestalten von Moses, David und Johannes dem Täufer dargestellt. Es folgen die zwölf Apostel mit Christus als Erlöser der Welt in der Mitte stehend und ganz rechts Paulus.

Der barocke Orgelprospekt stammt von der vermutlich ersten Orgel von 1703. Das heutige Instrument wurde 1965 gebaut.

Eigens für die nördliche Wand im Seitenschiff ist das opulente Epitaph des Christian Friedrich von Reden konzipiert. Es ist ähnlich angelegt wie das Altarretabel, gegliedert in zwei Geschosse mit einer hohen Sockelzone und durch eine Pilaster- und Säulenarchitektur in drei Achsen geteilt. Für die vertikalen Gliederungselemente wurde rötlicher Marmor verwendet, für die Gesimse und die figürlichen und dekorativen Teile weißer Marmor; der Hintergrund ist in grau-braunem Marmor gehalten.

Im großen segmentbogigen Mittelteil ist Christian Friedrich von Reden als Reiter dargestellt. Von ihm ist nicht viel mehr bekannt, als dass er der Sohn von Wilhelm und Adelheid von Reden, geb. von Bennigsen, ist.

Sehenswert ist der als Flachrelief gearbeitete Hintergrund. Vor einer bergigen Landschaft mit einer Stadt ist ein Feldlager mit Zelten, Reitern, Schanzen und Geschützen aufgebaut. Im abschließenden Bogen befindet sich das Medaillon eines Herrschers, der von Putten mit gesenkter Lebensfackel umgeben ist. In den schmalen Seitenfeldern sind von Putten bekränzte Krieger mit Löwenschilden zu sehen, darüber Muscheldekor und Fruchtbündel.

Detail: Der Tod

In der Sockelzone ist, umgeben von zahlreichen Ahnenwappen, der Lebenslauf des Verstorbenen wiedergegeben. Christian von Reden starb 1693 im Alter von 34 Jahren, nachdem er den größten Teil seines Lebens auf Schlachtfeldern verbracht hatte. In den Seitenfeldern steht links ein Jüngling mit Stundenglas, rechts der Tod mit Sanduhr, beides Symbole der Vergänglichkeit. An den Sockeln der äußeren Säulen ist jeweils ein Medaillon eines römischen Triumphators angebracht. Die vom Sockel bis zum Gebälk des zweiten Geschosses reichenden Anschwünge bestehen aus Trophäen und Waffen; im Sockelbereich sitzen zwei Gefangene.

In den Epitaphien des späten 17. Jahrhunderts ist der Aufsatz oder das zweite Geschoss der religiösen Aussage vorbehalten. Häufig wird eine Darstellung des Weltgerichtes, die Auferstehung oder die Figur des Salvators gewählt. In Hastenbeck dagegen hat man ein weiteres Porträt des Christian von Reden in Ritterrüstung eingefügt; neben ihm liegt auf einem von einem Delphin getragenen Tisch sein Helm, gerahmt von zwei Kriegern mit Schilden. Über dem Bogenfeld halten zwei Putten sein Monogramm CR unter einer Krone. Den Abschluss bildet ein Aufsatz mit dem Wappen der von Reden.

Der Taufstein mit Stifterwappen

Im Epitaph für Christian von Reden gibt es keine christlichen Inhalte, kein bildhaftes Glaubensbekenntnis. Vielmehr handelt es sich um ein Denkmal, das ausschließlich die militärischen Leistungen des Obrist-Wachtmeisters illustriert. Dem Verstorbenen wird ein persönliches Denkmal gesetzt, so wie sich die Familie von Reden unübersehbar mit ihren Wappen auf dem Altar, dem Taufbecken und dem Portal repräsentiert.

VON NORDWESTEN

VON SÜDEN

KIRCHOHSEN

Der Sage nach hat Karl der Große im Zuge der Sachsenmission um 780 in Kirchohsen eine hölzerne Kirche bauen lassen, die Ausgangspunkt der Christianisierung im mittleren Weserraum gewesen sein soll. Dafür spricht, dass die Petri-Kirche im Mittelalter Sitz des zum Bistum Minden gehörenden Archidiakonats (= Sitz eines Bischofsstellvertreters) Ohsen war. Dessen außerordentlich umfangreiches Gebiet reichte von Polle im Süden bis Kathrinhagen im Norden und umfasste 54 Kirchen und Kapellen. Mit der Aufhebung des Bistums Minden 1648 verlor auch das Archidiakonat Kirchohsen an Bedeutung.

Die Petri-Kirche liegt auf einer Anhöhe, die sie vor Hochwasser schützt. Über ihre Entstehung liegen keine Urkunden vor. Hinweise auf die Datierung in die Zeit um 1300 geben das gotische Südportal und die Kreuzgratgewölbe des Innenraumes.

Das heutige Kirchengebäude setzt sich aus einem Langhaus, einem rechteckigen Chor und dem im Westen hoch aufragenden Glockenturm mit seiner schlanken, in ein Achteck übergehenden Spitze zusammen. Turm, Langhaus und Chor sind aus Bruchsteinen mit Eckquaderung gebaut.

Die herausgehobene Stellung als Archidiakonatskirche schlägt sich in der Größe nieder. Das Langhaus weist drei statt nur zwei Joche auf. Auch mit der Wölbung des Innern, die vermutlich ursprünglich ist, weist die Petri-Kirche eine Besonderheit auf. Sie wäre damit neben Fuhlen eine der ersten gewölbten Kirchen in unserem Raum.

Laut einer Inschrift erhielt der Turm 1581 nach vier Seiten gekuppelte Schallöffnungen. Der ursprünglich vorhandene Chor wurde 1765 durch einen größeren Anbau ersetzt. Wahrscheinlich in diesem Zusammenhang hat man die gotischen Fenster des Langhauses durch rechteckige Fenster ersetzt und zusätzliche Fenster in der Sockelzone des östlichen Kirchenschiffs eingefügt. Die wuchtigen äußeren Strebepfeiler an Schiff und Chor stammen von der Renovierung der Kirche 1828. Damals hat man auch eine Seitenkapelle entfernt, die auf der Südseite in Höhe des mittleren Eingangs im rechten Winkel angebaut war.

Blick durchs Schiff auf den Kanzelaltar

Am ansonsten schlichten Äußeren der Kirche ist das rundbogige Südportal bemerkenswert. Sein Sandsteingewände, dessen linke Seite durch einen der nachträglich angesetzten Strebepfeiler verdeckt ist, ist mit einer tief eingeschnittenen Hohlkehle verziert. In ihrem Scheitelpunkt befinden sich zwei erhaben herausgearbeitete Weintrauben, die von einem eingeritzten Weinblatt gekrönt werden. In der rechten Bogenrundung wiederholt sich dieser Schmuck. Rechts davon zeigt sich als Flachrelief eine Hand mit Schlüssel, links ein Schwert und – durch den Pfeiler verdeckt – wohl ebenfalls eine Hand, die es hält. Die Darstellung von Schlüssel und Schwert lässt auf das Patrozinium der Apostel Petrus und Paulus schließen.

Der neogotische Orgelprospekt

Im Inneren folgt auf drei Kreuzgratgewölbe auf rechteckigen Wandvorlagen im Chorraum ein ovales Spiegelgewölbe.

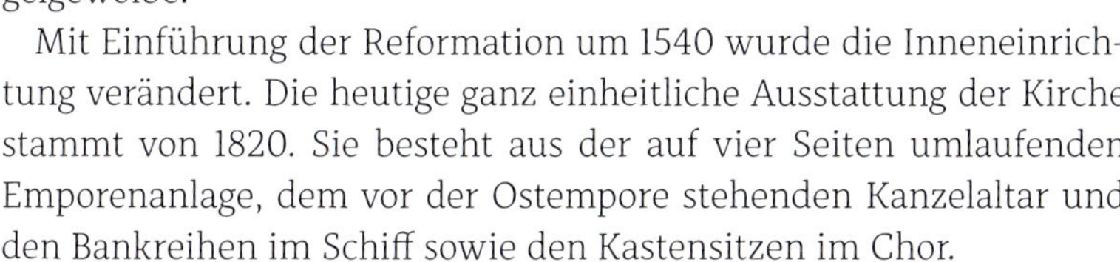

Mit Einführung der Reformation um 1540 wurde die Inneneinrichtung verändert. Die heutige ganz einheitliche Ausstattung der Kirche stammt von 1820. Sie besteht aus der auf vier Seiten umlaufenden Emporenanlage, dem vor der Ostempore stehenden Kanzelaltar und den Bankreihen im Schiff sowie den Kastensitzen im Chor.

Den Kanzelaltar rahmen zwei mit einem Gebälk und zwei Kugeln besetzte Säulen. Den zylinderförmigen Kanzelkorb überwölbt ein Schalldeckel. Seitlich des Altars führen zwei rundbogige Durchgänge zur Sakristei.

Die auf der Westempore stehende Orgel datiert aus der Zeit um 1870. Ihr im Stil der Gotik gestalteter Prospekt wurde 1990 erneuert.

Epitaph für Friedrich von Amelunxen

Die auf 1666 datierte, aus Messing getriebene Taufschale zeigt am Boden eine Darstellung des Paradieses: Adam und Eva unter dem von der Schlange umwundenen Apfelbaum.

Das schlichte Holzkreuz auf dem Altar soll nach dem Zweiten Weltkriege ein Flüchtling geschnitzt haben. Die übrigen über den Kirchenraum verteilten Schnitzbilder (Christi Geburt, das Heilige Abendmahl, Christi Auferstehung, der Apostel Petrus und der Reformator Martin Luther) hat ein heimischer Holzbildhauer geschaffen.

Rechts und links vom Eingang zum Erdgeschoss des Turmes stehen die Grabsteine der Herren von Amelunxen, Vater und Sohn, Verwalter auf der Burg zu Ohsen. Sie haben 1581, als der Turm erneuert wurde, der Kirchengemeinde finanziell geholfen. Der 1598 verstorbene Friedrich von Amelunxen schreitet in voller Rüstung aus einer von Pilastern gerahmten Nische, in den Ecken die Wappen derer von Amelunxen, von Münchhausen, von Gladebeck und von Alten.

Im Erdgeschoß des Turmes ist ein kleiner Gebetsraum eingerichtet. Altar, Lesepult und Kanzel stammen aus der Kirche der früheren Jugendstrafanstalt Hameln, die 1986 abgerissen wurde. Sie wurden von jugendlichen Straftätern hergestellt.

LÜNTORF

Von Nordosten

Die Westempore mit dem Orgelprospekt

Der kleine Ort Lüntorf wird zum ersten Mal 1349 urkundlich erwähnt. Er gehörte damals zum Kirchspiel Ohsen. Der Weg aus dem recht abgelegenen Ort zum Gottesdienst war weit.

Das heute bestehende Gotteshaus wurde 1618, als die Schrecken des verheerenden Dreißigjährigen Krieges das Weserbergland noch nicht erreicht hatten, als Kapelle durch den Drost von Grohnde Statius von Münchenhausen von Grohnde gegründet. Statius von Münchhausen soll den Bau von insgesamt acht Kirchen veranlasst haben, darunter auch Voremberg. Zur Unterhaltung der Kirche schenkte er den Lüntorfern ein großes Stück Wald, damit diese ihn roden und aus der Verpachtung der Ländereien den Erhalt der Kirche und die Besoldung des Pfarrers finanzieren konnten.

Kirchlich wurde die Kapelle zunächst von Kirchohsen aus betreut, bis Lüntorf 1814 zusammen mit Grohnde und Deitlevsen eine selbstständige Kirchengemeinde wurde. Den Namen Christus-Kirche erhielt die Lüntorfer Kirche zum 400. Jubiläum Pfingsten 2018.

Die damals erbaute Kirche besteht noch heute. Es handelt sich um einen schlichten langgestreckten rechteckigen Saalbau aus verputztem Bruchsteinmauerwerk. Das Satteldach – mit Halbwalm über dem östlichen Fachwerkgiebel – ist mit Sollingplatten gedeckt. Einen Kirchturm hat das Gotteshaus nicht. Im Westen erhebt sich auf dem Firstende ein achtseitiger Dachreiter mit schlankem, verschiefertem Helm, darauf Kugel, Kreuz und Wetterhahn.

Im Fundamentmauerwerk zeichnet sich der ursprünglich nur drei Fensterachsen umfassende Baukörper deutlich ab. Weil die Kirche im Laufe der Jahrhunderte zu klein wurde, hat man sie im Jahre 1812 laut Datum auf einer Steintafel an der Nordwand des Altarraumes um eine Achse nach Osten erweitert. Damals wurde auch der Eingang auf die Nordseite verlegt. Die Konturen einer Südtür sind nach dem neuen Verputz nur noch schwach erkennbar. Die drei westlichen Fensteröffnungen der Südseite weisen Sandsteingewände, die übrigen verputzte Leibungen mit segmentbogigen Stürzen auf.

Den schlichten Saalraum überspannt eine Decke mit sichtbarer Balkenlage. Das Innere ist im letzten Jahrhundert zwei Mal tiefgreifend umgestaltet worden. Ursprünglich befand sich in der rechten vorderen Ecke die Sakristei. Auf der linken Seite zog sich eine Empore über die

Der Flügelaltar

ganze Länge der Kirche hin. Im Osten erhob sich ein Kanzelaltar. So entsprach es dem lutherischen Ideal, wonach Abendmahl und Predigt gleichwertig als wichtigste Elemente den Gottesdienst bestimmen.

Nach dem Zweiten Weltkrieg löste man die Kanzel aus dem Altar und stellte ihn in die rechte vordere Ecke vor die Sakristei. 1964 baute man die Empore auf der linken Seite ab, die Kanzel wanderte auf die südliche Seite. Unter der westlichen Empore entstanden zwei kleine Räume als Sakristei und als Küsterraum. Das Gestühl wurde in zwei Blöcken mit Mittelgang und als Kastensitz längs der Nordwand des Altarraumes aufgestellt.

Der aus Eichenholz geschnitzte Taufstein und die Kanzel mit ihrem achtseitigen Korb stammen aus dem 17. Jahrhundert, also aus der Entstehungszeit der Kirche. Die Westempore steht auf Ständern, die zugleich den Dachreiter tragen. Sie stammt vermutlich aus dem 18. Jahrhundert. Der elegante dreiachsige Orgelprospekt mit rundbogigen Feldern und vorgezogener Mittelachse wurde um 1830 geschaffen.

Der rechte Seitenflügel

Das bedeutendste Ausstattungsstück der Lüntorfer Kirche ist sein Flügelaltar. Die auf Eichenholz in Öl gemalten Altarbilder stammen aus der Zeit um 1520. Aufgrund der Ähnlichkeit mit einem Göttinger Passionsaltar werden sie der Göttinger Schule zugeschrieben.

Die Legende, die in Lüntorf erzählt wird, berichtet, dass ein reisender Maler ohne Geld in den Ort kam, vom Dorf versorgt wurde und als Dank diesen Altar malte. Leider wissen wir bei kaum einem Kunstgegenstand, ob er ursprünglich überhaupt für die jeweilige Kirche gedacht war. Die Überlieferung fängt meistens erst im 17. Jahrhundert an und Schenkungen wurden gar nicht erfasst.

Wie der qualitativ außerordentlich hochwertige Altar tatsächlich in die kleine Dorfkirche von Lüntorf gelangte, wird sich nicht mehr klären lassen. Denkbar ist, dass man den Altar wegen der Heiligenbilder und Wundergeschichten nach der Reformation aus einer anderen evangelischen Kirche entfernt hat. Die Lüntorfer mögen geplant haben, den Altar nur im geöffneten Zustand zu zeigen. Dann waren im großen Mittelfeld die Kreuzigung und auf den Außenflügeln die Gefangennahme und Geißelung Jesu sowie die Kreuzabnahme und die Grablegung zu sehen. Die anstößigen Hl. Jungfrauen befanden sich auf den Außenseiten der Flügel und waren nur in zugeklapptem Zustand sichtbar.

Die Altarbilder sollen hier im Einzelnen erläutert werden. Interessant ist, dass zu jeder Hauptszene über kleine Bilder im Hintergrund die Nebenstränge des Geschehens erzählt werden.

Das Mittelfeld zeigt die Kreuzigung. Jesus wird gerade ein Speer in die Seite gestoßen, um sicherzustellen, dass er tatsächlich gestorben ist. Den beiden anderen Gekreuzigten werden die Beine gebrochen. Während beim links abgebildeten Gekreuzigten ein Engel die Seele in Empfang nimmt, ist es bei dem rechten der Teufel.

Ausschnitt aus dem rechten Seitenflügel

Rechts vorne ist auf dem Pferd der römische Hauptmann dargestellt, der als erster bekennt, dass Jesus Gottes Sohn ist. Die Personengruppe vorn links stellt die trauernden Anhänger Jesu dar, darunter ganz außen Maria, die Mutter Jesu, und Johannes. Unter dem Kreuz liegt ein Schädel, der zum einen auf den Namen des Ortes Golgatha (= Schädelstätte) verweist, zum anderen aber auch als der Schädel Adams gedeutet wird, da durch den Tod Jesu die Schuld des ersten Sündenfalls gesühnt wird. Im Hintergrund erheben sich die Türme Jerusalems.

Auf dem linken Seitenflügel ist oben das Ecce homo des Pilatus abgebildet, der angesichts von Jesus keinen Grund für dessen Verurteilung sieht, und gleichzeitig das erregte Volk, das seinen Tod fordert. Zwei kleine Szenen im Hintergrund zeigen Jesu Gefangennahme und seine Verspottung. Soldaten kleiden ihn mit einem purpurnen Mantel und einer Dornenkrone. Darunter ist die Geißelung zu sehen. Im Vordergrund zerteilt ein Knappe dessen Gewand. Im kleinen Bogenfeld links ist die dramatische Szene der Verleugnung des Petrus dargestellt. Die Frau mit der Krone ist nicht zu deuten.

Der linke Seitenflügel

Auf dem rechten Altarflügel nehmen Josef von Arimathia und ein Gehilfe den Leichnam Jesu vom Kreuz ab. Im Hintergrund weckt der Auferstandene Christus einen Toten aus dem Schlaf in der Erde auf. Unten ist die Grablegung Jesu dargestellt. Im Hintergrund sieht man in der Mitte, wie Jesus Maria von Magdala nach seiner Auferstehung erscheint und links, wie der Auferstandene mit zwei Jüngern unterwegs nach Emmaus ist. Auf beiden Bildern sind jeweils Josef von Arimathia mit einem Gehilfen, Johannes und Maria, die Mutter Jesu, und Maria von Magdala und Maria, die Mutter des Josef, zu sehen.

Auf den Rückseiten der beiden Altarflügel sind heilige Frauen dargestellt, die in vorreformatorischen Zeiten als Nothelfer verehrt wurden, im geschlossenen Zustand links oben die heilige Barbara (mit dem Schwert) und unten die heilige Dorothea (mit einer Blume), rechts oben die heilige Katharina (mit einem Turm) und unten die heilige Ursula (mit einem Pfeil).

LATFERDE

Die Kapelle von Latferde liegt im Mittelpunkt des Ortes auf einer kleinen Anhöhe. Nach Süden und Osten drängen sich Häuser nah heran.

Der Bau aus verputztem Bruchsteinmauerwerk wirkt durch seine Höhe etwas unproportioniert. Das steile Satteldach ist mit Sollingplatten gedeckt und trägt über dem Westgiebel einen quadratischen, mit Sollingschiefer behängten Glockenturm mit Pyramidenhelm. Das Zifferblatt der Uhr schaut nach Norden, der Ausleger für die Schlagglocke nach Westen.

Von Nordwesten

Die gestelzte Baugestalt erklärt sich aus der Geschichte der Kapelle. Der Ursprungsbau stammt aus der Zeit vor oder um 1300 und war sehr viel niedriger. Nach Osten wie nach Westen schauten zwei gestaffelte Giebel, deren jeweils fünf Stufen sich vor der Neuverputzung deutlich in der Fassade abzeichneten. Auf die Zeit der Erbauung blickt auch die auf das Jahr 1352 datierte Läuteglocke zurück.

Später wurde der Ursprungsbau um ein Geschoss aufgestockt und die Staffelgiebel dabei in höhere Steilgiebel „eingemauert".

In einem dritten Bauabschnitt vereinigte man das Erd- und Obergeschoss durch Herausnehmen der Zwischendecke, so dass ein einheitlicher Innenraum entstand. Der Umbau erfolgte vermutlich nach den Zerstörungen des Dreißigjährigen Krieges.

Aus dieser Zeit stammt auch die heutige Ausstattung der Kirche: der Altar von 1696 und die Kanzel aus der Mitte des 17. Jahrhunderts.

Wie das Äußere wirkt auch der Innenraum recht hoch. Der Blick des Besuchers fällt sogleich auf den barocken, in kräftigen Farben gehaltenen Altar mit seinem hohen Retabel. Er besteht aus einem eineinhalbgeschossigen Aufbau, dessen Gebälk von kräftigen marmorierten Säulen getragen wird. Die Anschwünge sind mit einem bewegten Knorpelwerk auch im Ohrmuschelstil verziert, der sich vor allem durch teigige und knorpelige,ausufernde Formen auszeichnet. Im oberen Feld des Retabels war vermutlich eine Kreuzigungsszene vorgesehen, als Abschluss befindet sich ganz oben die Flamme des Heiligen Geistes.

In seine untere Hälfte ist ein älteres, aus Lindenholz geschnitztes Relief eingesetzt, eine Darstellung des Heiligen Abendmahles. Besonders ist daran, dass die Situation am Tisch hier nicht als breites Rechteck dargestellt ist, sondern dass Jesus und seine Jünger zu einem Quadrat gedrängt abgebildet sind. Eine weitere Besonderheit ist der kronenartige Nimbus, der den Kopf von Jesus ziert. Das Relief, das bei einer Renovierung der Kirche unter dem Altar aufgefunden worden ist, besticht durch seine naive Lebendigkeit.

Das Altarretabel

Das Abendmahl im Quadrat

Von Nordosten

Blick auf Kanzel und Altar

TÜNDERN

Der 1004 erstmals als Tundirum erwähnte Ort liegt im fruchtbaren Weserbogen. Die von altem Baumbestand umgebene Kirche wurde im südöstlichen Bereich des stets hochwassergefährdeten Dorfes auf einer leichten Erhebung errichtet.

Um 1150 wird erstmals eine Kirche für Tündern genannt. Dabei handelte es sich vermutlich um einen hölzernen Bau. Der gedrungene, annähernd quadratische Westturm stammt von einem späteren Nachfolgebau aus der Zeit um 1250.

An den Turm schließt sich ein um eine Mauerstärke breiteres Langhaus aus verputztem Bruchsteinmauerwerk in den Formen der Spätgotik an. Der stattliche Bau mit dem steilen sandsteingedeckten Satteldach wurde um 1400 zusammen mit einer Sakristei errichtet. Strebepfeiler gliedern die südliche Fassade in vier Fensterachsen. Das ursprüngliche Maßwerk hat sich nur im Chorfenster erhalten. Ganz oben in der Fassade des Chores und im Sakristeianbau befinden sich Vierpassöffnungen, an der östlichen Wand der Sakristei ein Ausguss.

1802 hat man die Sakristei auf Schiffslänge erweitert, um unter dem gemeinsamen Dach Platz für eine Eingangshalle und einen weiteren Raum zu schaffen. Dabei wurden die vorher sichtbaren Strebepfeiler in die Zwischenwände integriert. Im Sturz der klassizistischen Tür findet sich die Datierung 1802.

Auf der Westseite des Anbaus befinden sich, eingelassen ins Mauerwerk, fünf anrührende Grabsteine von Kindern des damaligen Pastors Brummer und seiner Frau aus dem letzten Viertel des 17. Jahrhunderts, die entweder früh verstarben oder tot geboren wurden. Alle zeigen sie als Wappen das Brett eines Mühlespiels.

Kreuzgratgewölbe überspannen die vier Joche der langgestreckten Saalkirche. Der Chor ist um zwei Stufen gegenüber dem Kirchenschiff erhöht. Bei einer Renovierung in den 1970er Jahren entfernte man die U-förmige Emporenanlage und erneuerte das Gestühl.

Blickpunkt der ansonsten schlichten Kirche ist das Säulenretabel des Altars von 1670 mit seinem hochragenden eineinhalbgeschossigen Aufbau. Das Abendmahlsbild des Unterbaus rahmen zwei Säulen mit ionisierenden Kapitellen, die von zwei Puttenköpfen bekrönt werden. Die Säulen oberhalb der Gebälkzone sind gedreht und mit kompositähnlichen Kapitellen ausgestattet. Dazwischen befindet sich die Kreuzigungsdarstellung mit Maria, Maria Magdalena und Johannes. Ganz oben bildet ein segmentbogenförmiger, in der Mitte offener Giebel den Abschluss. Die Seiten des Retabels sind mit reich geschnitzten Anschwüngen im Knorpelstil ausgestattet.

Die beiden Altarbilder werden dem Maler Woltemate zugeschrieben, da sich eine auf das Jahr 1674 datierte Rechnung von ihm in den Akten befindet. Auch die Abendmahlsbilder in Ober- und Niederbörry sollen aus seiner Werkstatt stammen. Über den Maler ist sonst nichts bekannt.

DIE PIETA AUS LINDENHOLZ

Der schlichte fünfseitige Kanzelkorb vom Anfang des 17. Jahrhunderts weist eine kassettierte Sockelzone und an den Wandungen Blendarkaden auf. Die farbig gefasste achteckige Sandsteintaufe von 1751 hat einen mit Rosetten verzierten Schaft, an der Wandung mächtige Akanthusvoluten und darüber unübersehbar die Namen der Stifter. In der Turmhalle steht ein schlichter romanischer Taufstein, der aus dem Vorgängerbau stammen dürfte.

DER TAUFSTEIN

Unter der im Westen befindlichen Orgelempore steht in einer vermauerten Fensternische eine aus Lindenholz geschnitzte Pietà aus vorreformatorischer Zeit. In der Spätgotik wurden das Leiden Christi und die Trauer Marias als Vorbild für die Gläubigen thematisiert. Wo und in welchem Zusammenhang sich die Skulptur ursprünglich in der Kirche befand, ist unbekannt.

Bei der Renovierung 1958 fand man ein 1,75 Meter hohes Bild, das vermutlich zur Sakristeitür gehörte. Es zeigt in seinem oberen Teil die Kreuzigung, darunter die Auferstehung. Die manieristischen Stilmittel erlauben eine Datierung ins 16. Jahrhundert.

FÜNF KINDERGRABSTEINE

Ein hölzernes, schwarz gerahmtes Epitaph für den 1659 gestorbenen Johannes Friedebold stellt das Jüngste Gericht dar, die Erlösten links und die Verdammten rechts, darüber der triumphierende Christus. Unten sind, kniend und betend, das Ehepaar mit vier Söhnen und drei Töchtern abgebildet. Auf dem Rahmen befinden sich die Bibelverse Matth. 25,21 und Joh. 10,27f, auf dem Querbalken ein lateinischer Spruch, der ins Deutsche übersetzt lautet:

„IN DEN ARMEN DES HEILANDES ZU LEBEN BEGEHRE ICH; ZU STERBEN WÜNSCHE ICH MIR. „

Die Hoffnung auf Auferstehung anstelle der Fürbitte macht dieses Epitaph zu einem typisch protestantischen.

VOREMBERG

Von Norden

Voremberg wird im 14. Jahrhundert mehrfach urkundlich erwähnt. In einem Lehns-Register des Bischofs Gottfried von Minden werden die Grafen von Homburg mit dem Zehnten von Voremberg belehnt. Etwa seit 1529 gehörte der Ort als Enklave zum Amt Grohnde. 1595 ließ Statius von Münchhausen als Pfandinhaber von Grohnde eine neue Kirche errichten, da die alte „drohte den Leuten über den Kopf zu fallen".

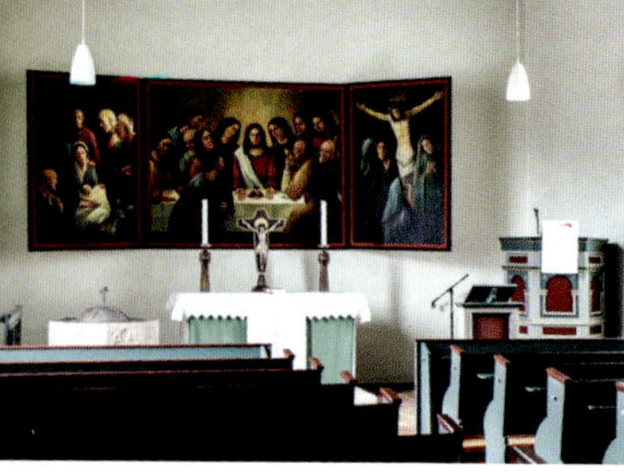

Blick auf den modernen Flügelaltar

Die Marienkapelle liegt inmitten des Dorfes, das sich parallel zum Hastebach entwickelte. Etwas schroff zeigt sich zur Straße hin der kleine verputzte Bruchsteinbau mit einem einzigen rundbogigen Fenster mit Sprossenwerk. Das Eingangsportal an der Nordseite wurde 1952 verschlossen und durch einen Vorbau im Westen ersetzt. Ein Wappenschild der Münchhausens über dem Portal mit der Gründungs- und Stiftungsinschrift von 1595 wurde im Inneren der Kirche angebracht. Zwei Fenster im Osten wurden wohl in den 1970er Jahren zugemauert. Licht fällt durch die beiden großen Sprossenfenster auf der Südseite ins Innere ein.

Auf dem Westende des Satteldachs sitzt ein Dachreiter mit achteckigem Helm, Knauf, Kreuz und Wetterfahne.

Im Inneren ist die Kapelle mehrfach umgestaltet worden. Kaum zu glauben, dass bis zur Renovierung 1952 auch die Orgel im Chorbereich neben der Kanzel Platz fand. Eine Empore auf der Nordseite mit steiler Treppe im Osten und eine Westempore verengten den Raum zusätzlich.

Heute ist das Innere aufgeräumt und freundlich gestaltet. Die Orgel steht auf der Westempore. Im Altarbereich befinden sich die Kanzel aus dem frühen 17. Jahrhundert, der Taufstein aus Sandstein mit Dreipassblenden aus dem 16. Jahrhundert und der schlichte Blockaltar. Blickpunkt ist das zweiflügelige moderne Altarretabel. Von der Geburt Christi über das Abendmahl wandert der Blick zur Kreuzigungsszene. Das Geschehen ist in der Vergangenheit angesiedelt, die Figuren sind in antike Gewänder gehüllt, die Frauen am Kreuz tragen eine Kopfbedeckung. Einzig die Teilnahme von Jüngerinnen am Abendmahl ist eine moderne Neuinterpretation.

Der Taufstein

WELSEDE

Am westlichen Rand der weitläufigen Anlage des Ritterguts Welsede liegt mit der Gutskapelle eine besondere Kostbarkeit. Die ersten Nachrichten über eine Kapelle stammen aus dem 11. Jahrhundert. Sie gehörte zu einer Missionsstation, die dem Kloster Corvey unterstand. Wegen der großen Entfernung zum Pfarrort Kirchohsen, zu dessen Kirchspiel Welsede gehörte, soll die Kapelle zwischen 1100 und 1400 den kirchlichen Mittelpunkt auch für die umliegenden Dörfer gebildet haben. Trotz dieser regionalen Bedeutung war Welsede niemals Pfarrort mit eigenem Pfarrer und kirchlichen Ländereien. Die Situation entspannte sich, als Welsede 1652 in das näher gelegene Hämelschenburg eingepfarrt wurde.

1661 kaufte Johann Melchior von Oeynhausen (1618-1675), Erbherr zu Grevenburg bei Nieheim (Kreis Höxter), das Gut Welsede. Als Protestant hatte er mit dem katholischen Bischof von Paderborn Schwierigkeiten bekommen, deswegen den Landesherrn gewechselt und in Hannover gleichsam Asyl gefunden.

Von Norden und (unten) von Nordwesten mit der Glockenstube

Johann Melchior von Oeynhausen fand die Kapelle als Ruine vor und baute sie wieder auf, ohne zuvor die Genehmigung seines neuen Landesherrn eingeholt zu haben. 1670 erhielt er schließlich die Erlaubnis, die Kapelle für sich, seine Familie und seine Hausgenossen zu Betstunden benutzen zu dürfen. Amtshandlungen, Predigten und die Sakramentsverwaltung waren allerdings allein dem Pastor von Hämelschenburg gestattet. Heute findet hier einmal im Monat Gottesdienst statt.

Nach dem frühen Tod von Johann Melchior von Oeynhausen 1675 setzte sein Sohn Carl Eberhard Gustav von Oeynhausen (1668-1744) den Ausbau der Kapelle fort. Auf ihn gehen wesentliche Teile des Inneren zurück, vor allem die Orgel, das Altarretabel und möglicherweise die Westempore mit den Malereien.

Das von einem schlichten Satteldach bedeckte Kirchenschiff hat einen rechteckigen Grundriss und ist in Bruchsteinmauerwerk gebaut. Zwei Fensterachsen mit rundbogigem Sandsteingewände wurden in der ersten Hälfte des 19. Jahrhunderts in die Seitenwände gebrochen. Weil man beim Neubau auf den früher vorhandenen Kirchturm verzichtet hatte, erhielt die Kapelle im Westen einen Anbau, dem um 1696 eine Glockenstube in Fachwerk aufgesetzt wurde.

Im Inneren ist das älteste Ausstattungsstück das steinerne Taufbecken, das noch aus der Zeit stammt, als die Kapelle Missionsstation von Kloster Corvey war. Die Taufe hat wahrscheinlich einen neuen Schaft erhalten.

Blick auf Orgel, Altar und Kanzel

Vor der östlichen Wand erhebt sich auf einer hölzernen Mensa das Retabel mit gedrehten und blattwerkbelegten Säulen, seitlichen Ohren in Durchbruchsarbeit mit Akanthuswerk und Rocaille-Elementen, darüber Volutenanschwünge in Form eines gesprengten Giebels. Die Bekrönung bildet das Wappen der von Oeynhausen. Das große Mittelfeld nimmt ein rundbogiges Ölgemälde des Abendmahls nach Peter Paul Rubens ein, das älter ist als das Altarretabel von 1735 und vermutlich in der ersten Ausbauphase der Kapelle in der zweiten Hälfte 17. Jahrhunderts entstanden ist.

Das Abendmahlsbild

Auf engem Raum sind rechts des Altars ein Einbau für die Sakristei und links ein nachträglich als Standort für die Orgel genutzter Einbau untergebracht. Bei einem Hochwasser 1946 wurde der Sakristeieinbau so stark beschädigt, dass er um zwei Felder verkürzt und auch die Kanzel versetzt werden musste. Unter den durchbrochenen Füllungen sind von ursprünglich vier Bildern nur noch zwei erhalten. Sie zeigen König Manasse, der im Gefängnis für seine Gottlosigkeit Buße tut (2. Chron. 35,11-13) und das Gleichnis vom Pharisäer und Zöllner (Luk. 18). Die beiden verloren gegangenen Bilder hatten das Gleichnis vom verlorenen Sohn und eine Heilungsgeschichte zum Thema.

Der Orgelprospekt mit dem bebilderten Orgelgehäuse

Die Kanzel ist von der Sakristei aus begehbar. Die Wandungen des sechsseitigen Kanzelkorbes sind mit gedrehten Ecksäulchen gegliedert, die Füllungen mit den vier Evangelisten als Verkündern des Evangeliums geschmückt. Der Schalldeckel der Kanzel stammt ebenfalls aus der Zeit des Orgeleinbaus 1735.

Auf dem gegenüberliegenden Einbau sind als Pendant zu den männlichen Bibelgestalten am Sakristeianbau vier Begegnungen von Frauen mit Christus dargestellt: das kanaanäische Weib (Matth. 15,21-28), Maria und Martha (Luk. 10,38-42), die Ehebrecherin (Joh. 8,1-11) und Maria Magdalena, Christus die Füße salbend (Joh. 12,1-8).

An den Schmalseiten der Verschläge, also zur Gemeinde hin ausgerichtet, befinden sich auf der linken Seite Bilder von Moses und Aron, auf der rechten der Apostel Paulus und darüber Petrus.

Der nördliche Einbau beherbergt im unteren, älteren Teil den Orgelbalg und den Aufgang zum darüber liegenden, in einem schrankartigen Gehäuse verdeckt untergebrachten Spieltisch. Als nach dem Hochwasser von 1946 der gesamte Fußboden aufgenommen werden musste, fand man unter dem Orgelbalg den Grabstein der Mutter von Carl Eberhard von Oeynhausen, die hier begraben liegt.

Über allem thront die barocke Orgel mit dreieckig vorspringenden Seiten und einem hochragenden Mittelturm. Sie wurde 1735 vom Hildesheimer Orgelbauer Conrad Müller geschaffen. Das weithin einzigartige Instrument ist in allen Teilen original erhalten und wird noch heute gespielt. Nachdem das fast 300 Jahre alte Schweinsleder der Bälge undicht geworden war, sind sie heute mit Ziegenleder bespannt und wieder tretbar. Alternativ gibt es ein elektrisches Gebläse.

Die Westempore mit dem biblischen Bilderzyklus

Unterhalb des Orgelprospekts befinden sich zwei Bilder, rechts der singende und tanzende König David bei der Überführung der

Das apokalyptische Weib auf der Brüstung der Westempore

Der Taufstein

Wappen über dem Eingang

Bundeslade nach Jerusalem und links Jungfrauen mit Blasinstrumenten, die einem siegreichen Feldherrn entgegenkommen (möglicherweise König Jephthah Richter 11). Beide Bilder stellen durch die Darstellung von Musizierenden einen Bezug zur Orgel her.

Die Brüstung der Westempore ist reich gegliedert. Gedrehte Säulen trennen neun achteckige Felder mit Tafelmalereien voneinander, die jeweils mit Bibelstellen versehen sind. Die Darstellungen sind nicht von links nach rechts, sondern vom mittleren Bild ausgehend zu lesen. Dort ist zentral das „apokalyptische Weib" aus Offenbarung 12,1ff dargestellt:

„Und es erschien ein großes Zeichen am Himmel: ein Weib, mit der Sonne bekleidet, und der Mond unter ihren Füßen und auf ihrem Haupt eine Krone von zwölf Sternen."

Das „apokalyptische Weib" wurde in frühchristlicher Zeit als Symbol für die Kirche angesehen, deren Kind das Evangelium ist. Ihr Widersacher, symbolisiert als Drache, wird von ihr zertreten. Erst die Gotik deutete die Gestalt als Maria, die Mutter Jesu. Als „Mondsichelmadonna" begegnet uns das Motiv häufig, z.B. in Segelhorst, Bremke, Wangelist und im Hamelner Münster. Es mutet seltsam an, dass dieses katholische Thema in einer protestantischen Kapelle auftaucht.

Die übrigen Bilder knüpfen an die frühchristliche Interpretation von Offenbarung 12,1ff an. In allen geht es um den Kampf des Guten gegen das Böse, des Glaubens gegen den Unglauben. Links schließt die Auferstehung Christi (Matth. 28) an, rechts die Verklärung auf dem Berg Tabor (Luk. 9,28-36). Es folgen links der Gang nach Emmaus (Luk. 24,13-35) und rechts der sinkende Petrus (Matth. 14, 28-33), beides Geschichten von Zweifeln und späterer Erkenntnis. In der dritten Folge wird links Petrus aus dem Gefängnis befreit (Apg. 12), rechts der Kämmerer aus dem Morgenland getauft (Apg. 8,26-40). Außen sind links der Sturz des Teufels (Offenbarung 20,7-10) und rechts das Neue Jerusalem (Offenbarung 21) zu sehen. Hier schließt sich der Kreis: ausgehend vom „apokalyptischen Weib", über die zweifelnden Jünger, die Befreiung durch den Glauben, den Sturz des Bösen hin zum Sieg des Evangeliums, das im Anblick des himmlischen Jerusalems offenbar wird.

Die Bilder auf der Westempore und dem Orgeleinbau sind sehr detailfreudig mit reichen Landschaftshintergründen und vielen Farbschattierungen gemalt. Besonders die Figuren an den Schmalseiten der Einbauten sind als kraftvolle Individuen dargestellt. Licht und Schatten verleihen den Gewändern mit ihrem reichen Faltenfall Plastizität und Fülle. Im Hintergrund der Mosesdarstellung wird als Nebenerzählung der Tanz um das Goldene Kalb veranschaulicht.

Die Figuren im unteren Bereich der Einbauten wirken dagegen wesentlich ungelenker, die Proportionen und die Körperdrehungen stimmen nicht, auch der Hintergrund ist weniger sorgfältig gemalt. Möglicherweise stammen diese Bilder aus der ersten Bauphase ab 1661 oder sie sind von einer anderen Hand gemalt.

Nun zu den Deckenmalereien.

Über der Mitte der Westempore thematisiert ein Anfang des 18. Jahrhunderts geschaffenes ovales Gemälde die Begegnung von Jesus und mit der Samariterin (Joh. 4,1-42). In den vier Ecken stellt je ein Medaillon eine Szene aus dem Leben Jesu dar: die Verkündigung an Maria, Jesu Taufe, das noli me tangere („Rühre mich nicht an!" Jesus nach seiner Auferstehung zu Maria Magdalena, Joh. 20,17) und die Szene auf dem Ölberg. Vor allem die letzte Szene ist nicht eindeutig zu identifizieren. Dieser Teil der Deckenmalerei stammt vermutlich aus dem späten 17. bzw. frühen 18. Jahrhundert.

Die gesamte übrige Decke ist – ausgehend von einem großen Kreuz in Strahlenglorie – in barockisierender Manier ausgemalt. Fenster- und Türleibungen erinnern an Beschlagwerk. Über der Eingangstür finden sich die Wappen der Familien von Stietencron (links) und von Oeynhausen. Diese Malerei hat R. Droste aus Rinteln 1924 geschaffen. Vermutlich hat er alte Ornamente vorgefunden, die er frei nachempfunden hat.

Die in Privatbesitz befindliche Kapelle mit ihrer kostbaren Orgel konnte über 350 Jahre aus privaten Mitteln der Besitzer sowie dank der Verbundenheit der Welseder mit dem Gotteshaus und dank reicher Spenden erhalten werden. Von der hannoverschen Landeskirche erhält sie nur ausnahmsweise Zuschüsse.

Als national bedeutsames Kulturdenkmal soll die Innenausstattung der Kapelle, vor allem die gefährdeten Bilder, im Jahr 2023 u.a. mit Bundesmitteln restauriert werden. Es ist zu hoffen, dass im Rahmen dieser Arbeiten auch manche der Fragen, die zur Ausmalung der Kirche offen bleiben mussten, geklärt werden können.

Medaillon in der Decke mit der Verkündigung an Maria

Zentrum der Deckenausmalung

REGION SAALETAL (KIRCHENKREIS HILDESHEIMER LAND-ALFELD)

Das Gebiet um die Burg Lauenstein wird 1247 als Besitz der Edelherren von Homburg erstmals erwähnt. Mit dem Erlöschen der Homburger 1409 fiel der umfangreiche, 40 Orte umfassende Besitz an die Welfen und bildete seither einen Amtsbezirk.
Bis 1587 war das Amt Lauenstein meist an Adelsgeschlechter verpfändet, seit 1493 an die von Saldern. Zur Zeit der Reformation war das Amt im Besitz Burchards von Saldern, der früh – um 1540 – zum Luthertum übertrat und die Reformation einführte.
1523 kam das Amt wieder in welfischen Besitz. Seither übernahmen herzogliche Beamte die Verwaltung. 1885 wurde das Amt Lauenstein aufgehoben und auf die Kreise Hameln, Gronau und Alfeld aufgeteilt.
2004 schlossen sich die Kirchengemeinden des westlichen Teils des ehemaligen Amtes Lauenstein zum „Gemeindeverband Saaletal" innerhalb des Kirchenkreises Hildesheimer Land-Alfeld zusammen.
Der Gemeindeverband umfasst sieben Kirchen und vier Kapellen.

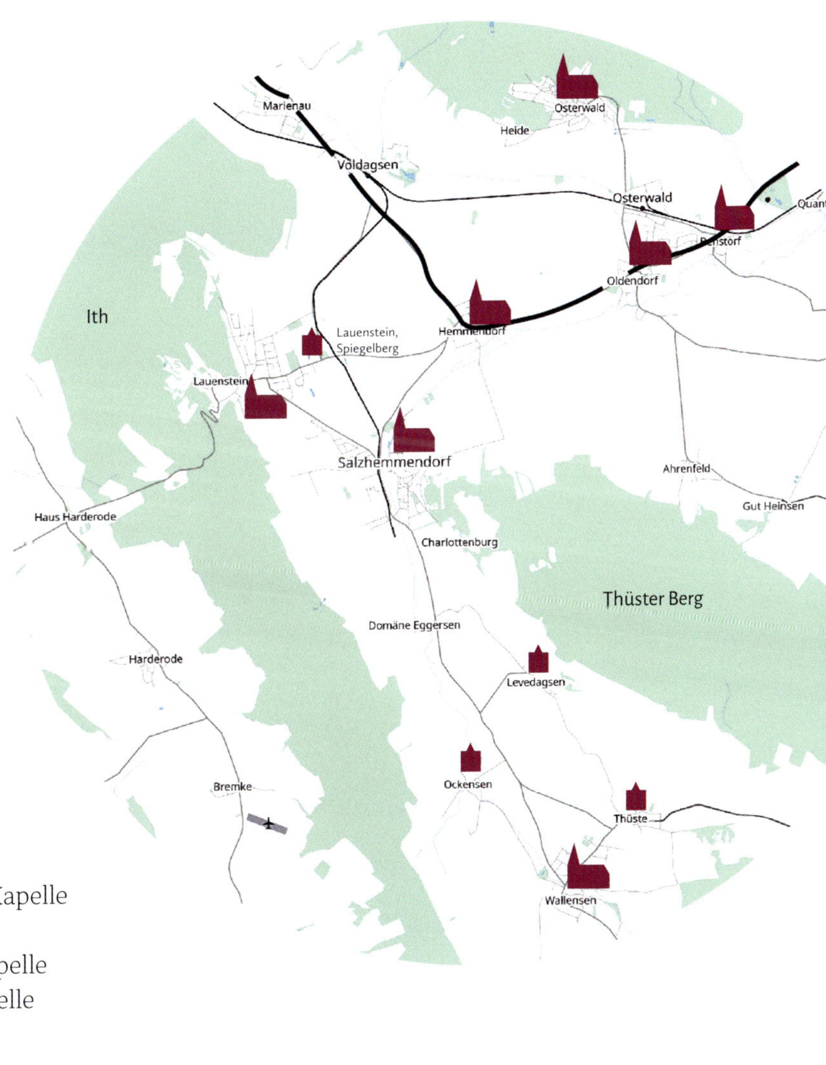

Benstorf, St. Johannis
Hemmendorf, St. Vitus
Lauenstein, Spiegelberger Kapelle
Lauenstein, St. Nikolai
Levedagsen, St. Jacobus-Kapelle
Ockensen, St. Andreas-Kapelle
Oldendorf, St. Nikolai
Osterwald, Christuskirche
Salzhemmendorf, St. Margarethen
Thüste, St. Jürgen-Kapelle
Wallensen, St. Martin

BENSTORF

Zentral im alten Dorfkern steht auf leicht erhöhtem Terrain inmitten des teilweise erhaltenen alten Friedhofs die nach Johannes dem Täufer benannte Kirche von Benstorf. Erstmals erwähnt wird sie am 6. Dezember 1241. Ihr wuchtiger querrechteckiger Turm mit seinen starken Mauern, schlitzartigen Fenstern und rundbogigen Schallöffnungen hat Wehrcharakter und ist noch etwas älter. Ursprünglich war er nur vom Kirchenschiff her zugänglich. Der Turmhelm läuft in eine in ein Achteck überführte schiefergedeckte Spitze aus. Das Datum 1910 auf der Wetterfahne verweist auf eine Reparatur.

Der Kirchturm von Süden

1724 konnte ein umfassender Um- und Neubau der Kirche abgeschlossen werden. Das gesamte Kirchenschiff samt Chor aus verputztem Bruchsteinmauerwerk entstand damals neu. 1817 brach man den Chor ab und verlängerte das Kirchenschiff nach Osten, sodass es seine heutige rechteckige Form bekam. Dabei wurde auch das Dach neu mit Sollingplatten eingedeckt. Die Fenster erhielten ihre schmale, hochrechteckige Form. Die Südseite weist fünf Fensterachsen auf, die Nordseite vier. Zwei Eingänge von Norden und Süden liegen zwischen erster und zweiter Achse.

Der Innenraum mit seiner zu den Seitenwänden hin gerundeten, leicht türkisfarbenen Decke und den in hellem Holz gehaltenen Einbauten ist schlicht gehalten und bietet ein einheitliches Bild.

Der blockförmige Altar weist eine Reliquiengrube auf und stammt noch aus vorreformatorischer Zeit. Über dem Altar erhebt sich eine hohe, um 1850 geschaffene klassizistische Kanzelaltarwand mit seitlichen Durchgängen und einer Empore. Die vorkragende Kanzel ist von zwei hohen marmorierten Säulen gerahmt. Das abschließende Gesims krönt ein Strahlenkranz.

Links neben dem Altar steht die vierseitige hölzerne Taufe mit farbig gefassten Kannelierungen. Die Pfosten der ehemaligen Altarschranken, in die ursprünglich

Der Kanzelaltar

Die Westempore mit der Orgel und der zweiläufigen Treppe

wie in Klein Berkel Opferstock und Taufschale eingebaut waren, sind abgebaut. Zwei seitlich des Altars angeordnete Kastensitze und das in drei Blöcke aufgestellte Gestühl haben Einzelsitzen Platz gemacht.

Über der U-förmigen Emporenanlage erhebt sich nach Westen die von Furtwängler aus Elze um 1860 geschaffene Orgel. Ihr Gehäuse ziert ein Kreuzblumenfries.

Im südlichen Emporenbereich finden sich auf der Wand diese mahnenden Worte:

„Denn alle Schrift, von Gott eingegeben, ist nütze zur Lehre, zur Strafe, zur Besserung, zur Züchtigung in der Gerechtigkeit" (2. Timotheus 3,16).

Fenstergestaltung von 1817

HEMMENDORF

Etwas abseits der Durchgangsstraße liegt in freier Lage und leicht erhöht, umgeben vom alten Friedhof und mitten im alten Dorf, die St. Vitus-Kirche von Hemmendorf.

Von Südwesten

In vorreformatorischer Zeit war Hemmendorf keine eigenständige Pfarrgemeinde. Das Dorf gehörte vielmehr zum Archidiakonatssitz Oldendorf. In der Hemmendorfer Kapelle durfte die Messe gefeiert werden; für Taufen, Beerdigungen und andere Amtshandlungen mussten die Hemmendorfer jedoch in die Mutterkirche nach Oldendorf gehen. Die Geschichte der eigenständigen Kirchengemeinde Hemmendorf beginnt erst mit der Reformation um 1540.

Das Gotteshaus hat eine sehr wechselvolle Baugeschichte. Am 25. August 1166 erteilte Bischof Hermann von Hildesheim Hemmendorf die Genehmigung zum Bau einer Kapelle. Die Kapelle wurde um 1270 durch einen massiven Neubau ersetzt. Davon haben sich der untere Teil des klotzigen Turms und die Sockel der Außenwände erhalten.

Der obere Teil des Turms wurde 1588 erneuert, wegen Einsturzgefahr 1786 ein weiteres Mal. Der Zugang liegt im Westen. Kleine Rechteckfenster durchbrechen die starken Mauern. Im Glockengeschoss befinden sich gekuppelte rechteckige Schallöffnungen. Das Dach des Turms hat die Form einer vierseitigen Pyramide und ist mit Sollingplatten gedeckt. Darauf befindet sich ein verschieferter Dachreiter, bestehend aus einer achtseitigen Laterne und einem hochragenden, haubenartigen Helm, dessen Bekrönung aus Kugel und Wetterfahne – mit Löwenmotiv und Kreuz – besteht. Der Spitzhelm stammt von 1705.

Der mächtige Aufgang zur Herrschaftsprieche

Als im Dezember 1703 bei einem Sturm der Turmhelm aufs Kirchenschiff herabstürzte, wurde das Schiff so stark beschädigt, dass es abgebrochen werden musste. Man ersetzte es durch einen vergrößerten barocken Neubau, der im Westteil auf den Fundamenten des abgebrochenen Schiffs steht (sichtbar an der zweifachen Abstufung mit Wulstrille). Nach Osten wurde das Schiff verlängert und mit einem vierseitigen polygonalen Chor versehen. Turm, Langhaus und Chor bestehen aus verputztem kleinteiligem Bruchstein mit Eckverquaderung in Sandstein. Das über dem Chor abgewalmte Satteldach ist mit Sollingsandstein gedeckt.

Das Langhaus hat vier Fensterachsen, wobei je zwei Fenster übereinander geordnet sind. Die Eingänge an Nord- und Südseite (mit Inschrift im Türsturz) liegen in der dritten Achse von Westen. Jede der vier Chorseiten weist ein hochrechteckiges Fenster auf.

Die mächtige Treppe an der Nordseite des Chores geht auf den Drost von Voldagsen, Borries Wilhelm von Münchhausen, zurück, der einen eigenen Zugang zur Herrenprieche haben wollte. Die barocke Treppe mit Balustrade und kugelbesetzten Postamenten ruht auf einer rundbogigen Unterstruktur. Über dem Eingang ist die Wappentafel derer von Münchhausen mit zwei Schilden eingebaut: links ein Mönch mit Stab und Buchbeutel, rechts ein Schild mit Kreuz. Seit dem Umbau 1957 gibt es die Herrenprieche nicht mehr.

Das Innere präsentiert sich als schlichter Saal mit flacher Decke und U-förmiger Emporenanlage, deren Stützen zwei Deckenunterzüge tragen.

Den Raumeindruck beherrscht heute ein großes farbiges Mosaik an der Altarwand, das Christus als Weltenherrscher darstellt, umgeben von den Symbolen der vier Evangelisten Markus (Löwe), Matthäus (Engel), Lukas (Stier) und Johannes (Adler). Entworfen hat es Hans-Gottfried von Stockhausen (Eßlingen).

Altarwand und Mosaik entstanden 1957 nach einem erheblichen Eingriff in den Innenraum, der wenig von der ursprünglichen Einrichtung übrig ließ. Dabei wurde der Chorraum durch eine Trennwand vom Schiff abgemauert. Dort wurden nach dem Einbau einer Zwischendecke im Erdgeschoss Sakristei und Heizungsanlage, im Obergeschoss der Gemeinderaum eingerichtet. Vorher beherrschte ein Kanzelaltar mit gedrehten Säulen und dreieckigem Aufbau den Chorraum.

Die Mensa des Altars – mit Reliquiengrube und vier großen Weihekreuzen an den Ecken – stammt wohl noch aus dem 13. Jahrhundert. Der Taufstein – ein rundes Becken auf dünnem Schaft, an der Beckenwandung ein ornamentales Flachrelief – geht auf die zweite Hälfte des 16. Jahrhunderts zurück. Der Orgelprospekt stammt in großen Teilen aus dem Barock. Das Orgelwerk wurde mehrfach erneuert.

An der Nordostecke des Turms ist an einem vorstehenden Wandstück eine Eisenkette mit Halsring befestigt, Hinweis auf einen alten Gerichtsplatz.

Im Kirchenschiff, in der Turmhalle, aber auch in Außenbereich stehen zahlreiche alte Grabsteine. Sie wurden beim Umbau der Kirche 1955/56 geborgen. Die älteste Grabplatte stammt von dem 1583 gestorbenen Clamer Bock von Nordholz auf Gut Voldagsen und seiner Ehefrau Anna Kunigunde von Oppershausen und steht in der Turmhalle.

Blick auf die 1957 eingezogene Altarwand mit ihrem Mosaik

Blick nach Westen

Taufstein aus der zweiten Hälfte des 16. Jahrhunderts

LAUENSTEIN St. Annen-Kapelle

Die Spiegelberger St. Annen-Kapelle war ursprünglich die Pfarrkirche des in der Zeit der Hildesheimer Stiftsfehde (1519-1523) untergegangenen Ortes Spiegelberg. Der herbe, schlichte Bruchsteinbau mit rechteckigem Chor und sollingplattengedecktem Satteldach wird heute als Friedhofskapelle genutzt.

Von Nordosten

Der wuchtige, leicht querrechteckige Westturm mit Eckquaderung, rundbogigen Schallöffnungen und quergelagertem Satteldach war ursprünglich mit dem Kirchenschiff baulich nicht verbunden. Er stammt aus dem 13. Jahrhundert und bildet den ältesten Teil des Gebäudes. Bei der 1954 vorgenommenen grundlegenden Renovierung wurde in den vorher eingangslosen Turm ein rundbogiges Westportal gebrochen und gleichzeitig das Portal in der Südwand vermauert.

Das Langhaus mit seinen kleinen Rechteck- und Spitzbogenfenstern hat man laut Inschrift über dem Südportal („Diese Kirche die 414 Jahr gestanden ist völlig ausgebessert Anno 1768“) wohl 1354 errichtet.

In der östlichen Wand des Chores befindet sich ein hochgotisches zweibahniges Spitzbogenfenster mit diagonal eingesetztem Vierpass. Darüber weist die Jahreszahl 1464 auf die Grundsteinlegung des Chorneubaus hin. Maßwerkteile des gotischen Vorgängerchors haben in den Wänden eine Wiederverwendung gefunden.

Das hochgotische zweibahnige Spitzbogenfenster in der Chorwand

Das Innere der Kapelle ist ein schlichter mit einer flachen Balkendecke überspannter Saalbau. Zwischen Schiff und Turmhalle befindet sich eine spitzbogige Öffnung. Der Chorraum ist durch einen Triumphbogen und weit in die Kirche hineinragende Zungenwände vom Schiff deutlich getrennt. Das alte Gestühl und die Empore wurden 1954 entfernt.

Der vorreformatorische Altartisch weist Weihezeichen und eine leere Reliquiengrube auf.

Um 1700 entstandene ausdrucksstarke Gemälde in Turm und Schiff zeigen Christus mit Maria und Joseph, die Kreuzigung, die Schmerzensmutter Maria, das Ecce Homo des Pilatus und die Marienkrönung.

Nach der Reformation wurde eine als wundertätig geltende Madonna aus der Marienauer Kapelle in die St. Annenkapelle „verbannt". Bei der „Madonna von Spiegelberg" handelt es sich um eine einfache bemalte Holzschnitzerei nach dem Vorbild mittelalterlicher Vesperbilder: Maria auf dem Thron sitzend, den geschundenen Leichnam Christi auf dem Schoß. Maria, eine Krone auf ihrem Haupt, blickt starr geradeaus in die Ferne.

Zu diesem Gnadenbild wallfahrtete man – auch noch in protestantischen Zeiten – von weit her, um „bei Erkrankungen von Mensch und Tier" Hilfe zu finden. Um dem „Aberglauben" Einhalt zu gebieten, ordnete der protestantische Landesherr 1773 an, die Pieta „in aller Stille und Geheimigkeit" nach Hannover zu schaffen. Seit 1863 war sie im Welfenmuseum ausgestellt. Seit Kriegsende 1945 galt die Figur als verschollen. Inzwischen wurde sie oder eine Kopie wieder aufgefunden. Die „Madonna von Spiegelberg" befindet sich heute im Burgmuseum in Coppenbrügge.

Marienkrönung - Gemälde um 1700

Blick in den durch Zungenwände abgesetzten Chor

Die Madonna von Spiegelberg im Burgmuseum in Coppenbrügge
(Foto: Burgmuseum Coppenbrügge)

LAUENSTEIN St. Nikolai

Die St. Nicolai-Kirche von Lauenstein grenzt an den alten Marktplatz des Ortes, in den von Westen die über den Ith führende Passstraße einmündet, während nach Osten das enge Straßendorf beginnt. Benachbart wohnte der Amtsrichter (heute der ehemalige Lauensteiner Hof), schräg gegenüber steht das frühere Amtsstubenhaus.

Von Südosten

Es ist unklar, wann die Lauensteiner eine erste Kapelle errichteten. Der Bau muss spätestens im 15. Jahrhundert existiert haben. Damals entstand der heutige Turm. Noch 1588 gehörte die Kirchengemeinde Lauenstein mit ihrer Kapelle als Tochtergemeinde zur älteren Muttergemeinde St. Anna in Spiegelberg mit ihrer Pfarrkirche („mater Spiegelberg, filia Lauenstein"). Die Kapelle hatte – für ein dörfliches Gotteshaus ungewöhnlich – mehrere Altäre, neben dem Trinitatis-Altar zwei weitere, die St. Nikolaus und St. Antonius geweiht waren.

Nach einem ruinösen Brand im Jahre 1730 bauten die Lauensteiner ihr Gotteshaus weitgehend neu. Baumeister war Otto Heinrich von Bonn, einer der führenden Baubeamten des Kurfürstentums Braunschweig-Lüneburg. Während das Kirchenschiff von Grund auf neu errichtet wurde, brauchte der bereits vorhandene Kirchturm, wie es in der Inschrift in der Turmhalle heißt, nur eine „völlige Reparation". Im August 1756 feierte die Gemeinde ihren ersten Gottesdienst. Während der Bauzeit hatte sie wieder die alte Spiegelberger Pfarrkirche St. Anna genutzt.

Von Westen

Der wuchtige quadratische Westturm aus Bruchsteinmauerwerk mit Eckquaderung trägt – ähnlich wie St. Vitus im nahen Hemmendorf – ein zeltförmiges Dach, bekrönt von einer vierseitigen klassizistischen Laterne, darüber Kugel, Kreuz und Wetterhahn. Rundbogige Schallöffnungen, an der Südseite gekuppelt, durchbrechen die Mauern. Das spitzbogige Westportal weist im Scheitelstein die Inschrift: „Anno d[omi]ni MVXIII" (Im Jahr des Herrn 1513) auf, Datum nicht der Erbauung, sondern der „Verschönerung" des Turms durch das vorgeblendete gotisierte Portal. Ein neuer Glockenstuhl wurde ausweislich einer Inschrift, die sich in einem Balken über dem Durchgang vom Turm zum Kirchenschiff befindet, 1578 errichtet.

Das Kirchenschiff ist ein schlichter Saalbau aus verputztem Bruchsteinmauerwerk mit dreiseitigem Chorschluss, hohen, flachbogigen Fenstern sowie Eingängen an Nord- und Südseite. Es trägt ein nach Osten abgewalmtes, mit Sollingsandstein gedecktes Satteldach. Die Gemeinde betrat die Kirche durch die Tür in der Südwand, die Pfarrfamilie durch die Tür in der Nordwand. Der äußere Treppenaufgang zur Nordempore diente dem Amtmann und seiner Familie. Er ist heute verschlossen.

DER KANZELALTAR

Das geräumige, durch die großen Fenster lichtdurchflutete Innere wird von dem in Azurblau gehaltenen hölzernen Tonnengewölbe und die U-förmige, im Westen zweistöckige, in Weiß gehaltene Emporenanlage geprägt.

Den Chorraum beherrscht der hohe, schmale, 1756 vom Hildesheimer Bildhauer Bartels in schlichten Rokoko-Formen gestaltete Kanzelaltar. Ihn flankieren zwei Pilaster mit korinthischen Kapitellen und seitliches Schnitzwerk, auf dem Gebälk die Taube des Heiligen Geistes und darüber das Auge Gottes, gerahmt von zwei Engelsfiguren. Links und rechts des Altars befinden sich Scherwände mit Durchgängen zur Sakristei. Bis zum Neubau des Kirchenschiffs hatte hier das Altarretabel aus der Klosterkirche Marienau gestanden.

DIE ORGEL AUF DER OBEREN WESTEMPORE

Die um 1600 geschaffene Sandsteintaufe trägt auf schlichtem Säulenschaft ein niedriges bauchiges Becken, darauf die Inschrift des 19. Jahrhunderts: „Lasset die Kindlein zu mir kommen", der Messingdeckel mit der Inschrift: „Gestiftet von der Katholischen Kirchengemeinde St. Benedikt zu Lauenstein 1966". Bevor sich die katholische Gemeinde in Lauenstein mit St. Benedict ein eigenes Gotteshaus bauen konnte, hatte sie hier ihre Messen feiern können.

Der in der Mitte des Kirchenschiffs hängende zwölfarmige Leuchter aus Messing stammt von 1729 und wurde von H. A. Nöllen gestiftet.

Das in drei Blöcken angeordnete Gestühl

Die Orgel befindet sich auf der oberen Westempore. Rückpositiv und Pedaltürme sind in die Emporenbrüstung eingebaut. Der 1761, also kurz nach dem Neubau geschaffene eindrucksvolle barocke Prospekt erhielt zuletzt 1972 eine neue Orgel.

An der Südwand des Chores steht die Grabplatte der 1580 verstorbenen Jungfrau Heileweg von dem Werder. Sie zeigt über der knienden jungen Frau eine Darstellung des auferstandenen Christus, der mit der Siegesfahne in der Hand auf der Weltkugel steht und – nach einem alten Luther-Lied – über „Tod und Türke" sowie „Teufel und Papst" triumphiert. Zu Füßen der „Jungfrau" ist neben einem Pflanzenbüschel eine kleine Maus abgebildet, Symbol wohl der anima, der „reinen Seele".

Die mit 36 cm Durchmesser recht kleine Ratsglocke in der Turmhalle

Im Falle von Lauenstein sei auf die kostbaren Glocken der Kirche eingegangen, die wegen ihres Alters und Wertes in den beiden Weltkriegen nicht eingeschmolzen wurden. Die mit 36 cm Durchmesser recht kleine Ratsglocke hing im Schallloch an der Ostseite des Turms und rief den Rat zusammen. Sie weist keine Inschrift oder Jahreszahl auf, ist aber ihrer frühgotischen Zuckerhutform nach in das 13. Jahrhundert zu datieren. Sie hängt heute ohne Funktion in der Turmhalle.

Eine zweite Glocke von 46 cm Durchmesser, verziert mit Marienbildern (daher „Marienglocke"), muss Mitte des 15. Jahrhunderts gegossen worden sein. Sie befindet sich in der Spitze des Turms und schlägt die Stunden.

Drei Glocken bilden heute das Geläut, eine große von 1492, die kleinere, 1648 anlässlich der Beendigung des Dreißigjährigen Krieges gegossene „Friedensglocke" und die vom Ehepaar Heinz und Marie Appel 1964 zum Andenken an ihre drei gefallenen Söhne gestiftete Appel-Glocke. Heinz Appel, Chef der Appel-Feinkostwerke in Hannover, wohnte nach dem Zweiten Weltkrieg mit seiner Familie in Lauenstein.

LEVEDAGSEN

Zwischen Salzhemmendorf und Wallensen liegt malerisch am Südhang des Thüster Berges der kleine Ort Levedagsen. Die vermutlich sehr alte Siedlung (zwischen 500 und 850 nach Christus) wird um 1300 zum ersten Mal urkundlich erwähnt.

Die Levedagser Kapelle, deren Schutzheiliger St. Jacobus ist, bildete seit alters eine Filiale der Wallenser Kirche und verfügte nur über einen Kaplan. Seitdem in Levedagsen ein Lehrer ansässig war, hielt dieser die sonntäglichen Andachten.

Die im Visitationsbericht von 1588 erwähnte Kapelle wurde im Laufe der Zeit baufällig und benötigte immer wieder aufwendige Reparaturen, so dass die Gemeinde 1845 mit dem Bau einer neuen Kapelle begann.

Es handelt sich um einen rechteckigen Werksteinbau mit Eckquaderung, gewalmtem Dach und zentralem Dachreiter, bekrönt mit Kugel und Wetterhahn. Je drei hohe, rundbogige Sprossenfenster gliedern die Nord- und Südfassade. Der Eingang trägt die Jahreszahl 1846 im Türsturz.

von Südosten

Der Entwurf geht auf den Amtszimmermeister Johann Heinrich Woltemath aus Coppenbrügge zurück, den Innenausbau hatte Konsistorialbaumeister Friedrich August Ludwig Hellner aus Hannover übernommen, der uns aus Bakede bekannt ist.

Das Innere überspannt eine flache Decke. Die Ostwand beherrscht eine klassizistisch gestaltete Kanzelaltarwand in Form einer Tempelfassade, gegliedert von vier kannelierten Pilastern oder Wandpfeilern, zentral der fünfseitige Kanzelkorb. Darüber erhebt sich ein hoher Architrav mit abschließendem Gesims. Seitlich des hölzernen Altars befinden sich zwei rundbogige Durchgänge.

Der Kanzelaltar

OLDENDORF

Die erste urkundliche Erwähnung des Ortes Oldendorf als Aldenthorp datiert von 1166. Aus der Urkunde geht die Existenz eines Archidiakonats, also eines kirchlichen Verwaltungssitzes, in Oldendorf hervor, das vermutlich bald nach der Gründung des Bistums Hildesheim eingerichtet wurde. Um das Jahr 1300 ging das Archidiakonat Oldendorf im Archidiakonat Elze auf.

Ende des 18. Jahrhunderts konnte Oldendorf an die mittelalterliche Archidiakonatstradition anknüpfen und war von 1794 an Sitz einer Superintendentur, bis diese 1913 nach Coppenbrügge verlegt wurde.

Die Nikolaikirche entstand vermutlich Mitte des 12. Jahrhunderts und ist damit eines der ältesten im heimischen Raum. Es liegt auf einer kleinen Anhöhe, die von einer alten Steinmauer mit hohem Portal begrenzt wird. Westturm und Chor mit Apsis, die ältesten Teile des heutigen Baus, sind im romanischen Stil errichtet. Nach einem Brand im Jahr 1430 brach man das romanische Langhaus ab und ersetzte es 1468 durch einen gotischen Neubau. Der Westturm erhielt einen Zugang durch ein Spitzbogenportal.

Ansicht von Süden

Die an Hildesheimer Vorbildern orientierte Apsis von Süden

Die Kanzel mit den freistehenden Gestalten der Evangelisten

Der Turm aus Bruchsteinmauerwerk mit Eckquaderung weist rundbogige Schallöffnungen mit Rundbogenarkaden und Teilungssäulchen auf. Den verschieferten Helm mit gedrungener achteckiger Spitze krönen Kugel und Wetterfahne. Die Gaube mit der Uhrschlagglocke schaut nach Süden, die Gaube mit der Uhr nach Westen.

Gegenüber dem in Bruchsteinmauerwerk erbauten Langhaus sind der leicht eingezogene Chor und die niedrige Apsis sorgfältig in Quadermauerwerk errichtet. Die halbrunde Apsis schmücken Halbsäulen mit Würfelkapitellen und ein Bogenfries. Das entspricht der Bauart der drei kleinen Radialkapellen an der Ostapsis der Hildesheimer St. Godehardkirche unter Bischof Bernhard (1130-1153). Wahrscheinlich handelt es sich sogar um eine bewusste Anlehnung an diese Bauform, weil die Kirche sich damit zum Bistum Hildesheim gehörend auswies.

Vor allem der Chor zeigt Spuren späterer Eingriffe: ein vermauertes romanisches Rundbogenfenster an seiner Nordseite, ein vermauertes Rundbogenportal sowie ein großes flachbogiges Fenster an der Südseite.

Das Kirchenschiff, das 1430 einem Brand zum Opfer gefallen war, wurde laut der Inschrift am Triumphbogen neu 1468 neu geweiht. 1744 und 1778 ersetzte man die gotischen durch große rechteckige Fenster. Der Einbau des rechteckigen Südportals erfolgte 1791.

Im Innern überspannt eine flache, zu den Seiten abgeschrägte Balkendecke das Schiff, während sich im Chor das alte Kreuzgratgewölbe erhalten hat. Zwischen Chor und Schiff vermittelt ein spitzer Triumphbogen; die erwähnte Inschrift befindet sich im Scheitelpunkt.

Die wichtigsten Teile der Ausstattung mit Kanzel, Altarretabel und Emporenanlage entstanden um 1590

Das Retabel des Altars mit dem wertvollen geschnitzten Kruzifix

einheitlich im Stil der Renaissance. Das prächtige zweigeschossige Altarretabel erhebt sich hinter der Mensa des Altars (mit Reliquiengrube und Weihekreuz). Das Gebälk des hohen Hauptgeschosses tragen zwei Säulen; darüber erhebt sich ein niedriges Attikageschoss.

Im Mittelfeld des Hauptgeschosses befindet sich heute ein wertvolles geschnitztes Kruzifix aus der zweiten Hälfte des 15. Jahrhunderts. Vermutlich in der zweiten Hälfte 18. Jahrhunderts hatte man hier die Kanzel eingebaut – ein frühes Beispiel eines Kanzelaltars, der damals Mode wurde. Bei der Renovierung der Kirche 1966 wurde die Kanzel ausgebaut und rechts am Triumphbogen aufgestellt. Der reich verzierte Kanzelkorb zeigt an den Ecken der Wandungen freistehend die Figuren der Evangelisten Matthäus, Markus, Lukas und Johannes, letzterer mit sechs Zehen am linken Fuß.

Die L-förmige Empore ist auf das Jahr 1591 datiert. Der zweistöckige Kronleuchter mit seinen 16 Lichtarmen ist eine Schenkung aus dem Jahr 1646. Der fünfachsige Orgelprospekt mit seinen reich geschnitzten seitlichen Anschwüngen entstand um 1730.

Die beiden Sandsteinepitaphien für Mitglieder der Familie Bock von Nordholz, Lehnsherren in Oldendorf, die an der Nordseite des Chores angebracht sind, kamen 1594 und 1603 in die Kirche. Im linken, kleineren Epitaph kniet der als Kind verstorbene Ernst Bock vor einem Kruzifix. Das Epitaph für Barthold, Jost und Anna Bock von Nordholz zeigt die Kreuzigung in freier Landschaft, links knien drei Ritter in Rüstung, die Helme vor sich abgelegt, rechts steht eine Frau. Beide Epitaphien sind seitlich gerahmt von zwei senkrechten Wappenreihen.

Die Sandsteintaufe auf glockenförmigem Fuß, Säulenschaft und becherarti-

Sandsteinepitaph für ein Mitglied der Familie Bock von Nordholz an der Nordseite des Chores

Inschrift an Emporenstütze

gem Becken soll aus dem 17. Jahrhundert stammen.

In der zur Kapelle ausgebauten Turmhalle befindet sich das Fragment eines wohl im 18. Jahrhundert geschnitzten Taufengels, der eine Konsole für die verlorene Taufschale hält.

Die Kirche birgt einen wertvollen Schatz an Glocken, der mit Glück die beiden Weltkriege überlebte. Die Älteste ist die romanische Bienenkorbglocke – eines von sieben erhaltenen Exemplaren in Niedersachsen, die ihren Namen ihrer Form verdankt, einem Bienenkorb. Sie wurde – vermutlich von Wanderglockengießern – vor 1150 aus Bronze gegossen und gehört damit zur Ausstattung der ältesten Oldendorfer Kirche. Nach Ende des Dreißigjährigen Krieges spendeten Gläubige 1649 die große Friedensglocke. Die jede Stunde schlagende Marienglocke existiert seit 1518.

Von den Grabplatten sei nur die beschrieben, die seit 1962 neben dem Südeingang aufgestellt ist. Sie zeigt in kräftigem Relief Bartold Bock von Nordholz und seine Ehefrau Anna von Suersen, den Mann in Ritterrüstung, die Frau in langem Mantel und mit Haube, um 1600.

Die L-förmige Empore mit dem aufwendig gestalteten Orgelprospekt

OCKENSEN

Das kleine Dorf Ockensen liegt am Osthang des Ith zwischen Salzhemmendorf und Wallensen in der fruchtbaren Saaleniederung. Inmitten des Ortes erhebt sich die kleine St. Andreas-Kapelle. Ihr Gründungsdatum ist nicht bekannt. Ein erster Bau muss jedoch schon in vorreformatorischer Zeit existiert haben. Die Kapelle bildete seit alters eine Filiale der Wallenser Kirche und verfügte nur über einen Kaplan.

Der heutige Bau stammt aus dem Jahr 1729. Es handelt sich um einen verputzten Bruchsteinbau mit Fachwerkgiebeln und Satteldach. Der leicht schiefwinklige (trapezförmige) Grundriss ist nach Südosten ausgerichtet. Über dem Südostgiebel erhebt sich ein offener Glockenstuhl mit niedriger barocker Haube, bekrönt mit Kugel und Wetterfahne.

Wenige rechteckige Fenster durchbrechen die Wände. Über dem flachbogigen Portal an der Nordostseite nennt ein Inschriftenstein die Jahre der Erbauung und der Renovierung (1729 und 1913).

Eine flache Balkendecke und eine Nordwestempore prägen den intimen Innenraum. Sehenswert ist das farbige Fenster über dem Altar von 1913, das die Kreuzigung Christi darstellt.

Das Gestühl, die Westempore, der Sakristeiverschlag und die Schauwand der Orgel, alles in barockisierenden Formen, stammt von 1913.

Vor dem Eingang zur Kirche und auf dem Gelände des angrenzenden ehemaligen Friedhofs stehen die eindrucksvollen „Kopfsteine“ des 2020 verstorbenen Ockenser Steinbildhauers Burkhard Bösterling.

Die Kapelle von Nordosten

Inneres

Die „Kopfsteine“ des Ockenser Steinbildhauers Burkhard Bösterling

OSTERWALD

Osterwald entstand im späten 16. Jahrhundert als Bergarbeitersiedlung. Arbeitsplätze bot später auch die Glashütte. Seit den 1930er Jahren war der Ort auch bei Sommerfrischlern beliebt. Heute ist die Bevölkerungszahl rückläufig.

Seit seiner Gründung gehörte Osterwald kirchlich zu Hemmendorf. Seit der zweiten Hälfte des 18. Jahrhunderts bemühten sich die Osterwalder um eine eigene Kapelle. 1894 gründete sich die Kapellengemeinde Osterwald. 1897 konnte die Gemeinde ihre Kirche einweihen. An ihrem hundertsten Geburtstag 1997 erhielt sie den Namen Christuskirche.

Die nach Nordosten ausgerichtete Kirche liegt am steilen Hang des Osterwalds oberhalb des historischen Ortskerns. Weit grüßt sie ins Saaletal hinunter. Erbaut hat sie 1896/97 Maurermeister Heinrich Griese aus Oldendorf nach den Plänen des Architekten Jacobs. Der Architekt, über den nichts Näheres in Erfahrung zu bringen ist, nutzt neoromanische und neogotische Formen, bedient sich also der Formensprache von Conrad Wilhelm Hase.

Tür auf der Nordseite mit schmiedeeisernen Beschlägen

Von Südosten

An das langgestreckte, durch Strebepfeiler in vier Joche gegliederte Schiff schließt sich ein eingezogener polygonaler Chor an. Beide Bauteile sind in Bruchstein-Quadermauerwerk ausgeführt. Das Satteldach des Langhauses trägt auf seinem Westende einen quadratischen Dachreiter, dessen schlanker schiefergedeckter Helm hoch in den Himmel ragt. Nach dem Brand von 1963 wurde er neu errichtet.

Blick in den neugotischen Chor

Ein umlaufendes Gesims gliedert die Fassaden in zwei Geschosse, in der Erdgeschosszone die im Stil Hases mit schmiedeeisernen Beschlägen versehenen Eingänge und wenige rechteckige Fenster, in der Obergeschosszone gekuppelte Rundbogenfenster. An den Chor wurde im Süden nachträglich eine Sakristei angebaut.

Nach einem schweren Brandschaden im Jahre 1938 wurden Turm und Dachstuhl 1963 erneut ein Opfer der Flammen. Infolge der beiden Brände hat sich im Inneren von der ursprünglichen Gestaltung fast nichts erhalten. Nur noch der geräumige polygonale Chor mit seinem siebenteiligen Rippengewölbe mit Schlussstein und gekehlten wulstförmigen Rippen erinnert an die vom Architekten intendierte Gestaltung. Ein spitzbogiger Triumphbogen vermittelt zwischen Chor und Schiff.

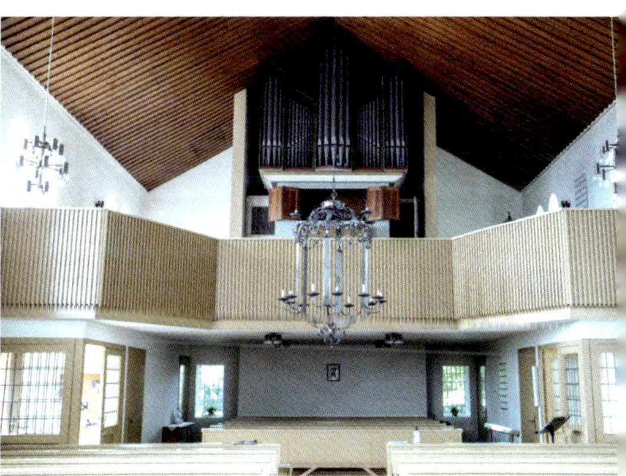

Die Orgelempore aus den 1960er Jahren

Die bretterverschalte Decke folgt den Schrägen des Satteldachs. Die Orgelempore im Westen zeigt eine aus Stabwerk gebildete seitlich vorspringende Brüstung.

Die hölzerne achtseitige Taufe erinnert an den 1944 gefallenen Heinrich Franz Johann Immer, seit 1939 Pfarrer in Osterwald. 1948 hat sie seine Witwe gestiftet.

Bisher nutzt die Gemeinde Räume im 1911 errichteten, inzwischen verkauften Pfarrhaus. Es gibt Pläne, den Raum unter der Orgelempore dafür künftig umzubauen.

SALZHEMMENDORF

Die erste Erwähnung des Dorfes Salzhemmendorf findet sich in einer Urkunde, die Kaiser Heinrich II. 1022 für das Hildesheimer Michaeliskloster ausstellte. Salzhemmendorf lebte von der Salzgewinnung. Mitte des 19. Jahrhunderts kam die Kalkherstellung hinzu. Die letzte Saline schloss 1872, die Kalkwerke 1958. Der Ort verfügt bis heute über Fleckenrechte.

Von Süden mit dem Turm im Osten

Kirchlich gehörte Salzhemmendorf in vorreformatorischer Zeit zum Kirchspiel Oldendorf. Die Geschichte Salzhemmendorfs als eigenständige Kirchengemeinde beginnt erst mit der Reformation.

Die Kirche steht exponiert auf einem spornartigen Ausläufer des Thüster Berges, umgeben von Fachwerkhäusern und dem eindrucksvollen Pfarrhaus.

Ältestes Teil der St. Margaretenkirche ist der gedrungene mittelalterliche Turm, der entgegen sonstigen Gepflogenheiten im Osten steht. Er dürfte aus dem 13. Jahrhundert stammen. Der in Bruchsteinmauerwerk mit Eckquaderung aufgeführte annähernd quadratische Bau trägt ein Zeltdach mit sechsseitigem Dachreiter aus einer offener Laterne und einem hoch ausgezogenen Helm und ist mit Kugel und Wetterfahne bekrönt. Im Glockengeschoss befinden sich schmale, spitzbogige Schallöffnungen, nach Süden gekuppelt, nach Osten eine, nach Norden zwei. Der Auslegestuhl für die Uhrschlagglocke schaut nach Westen, die Zifferblätter der Turmuhr nach Norden und Süden.

Ansicht von Westen

Das Erdgeschoss des Turms wurde im ersten Drittel des 15. Jahrhunderts, also noch in vorreformatorischer Zeit, zum Chorraum der damaligen Kirche ausgebaut. Der mit Kreuzrippen gewölbte Raum weist in den Wänden mehrere Nischen auf und birgt einen laut Inschrift 1427 erbauten Altar. Seine Sandsteinmensa ist mit fünf Weihekreuzen, Reliquiengrube und zwei Inschriften versehen.

Die Gewölbe wurden im frühen 17. Jahrhundert ausgemalt, sind also wohl im Zusammenhang mit dem Langhausbau entstanden. Die wertvollen Malereien wurde 1991/92 freigelegt und gesichert, jedoch nicht restauriert. Im unteren Bereich ist dekorative „Vorhangmalerei“ mit pflanzlichen Motiven zu sehen.

Im mittleren Bereich finden sich umlaufend an allen Wänden die zwölf Apostel (gut zu erkennen Thomas, Markus, Matthäus und Bar-

Gegenüberliegende Seite: Von Südwesten (Foto: Jörg Mitzkat)

Reste der Wandmalerei im Turm

tholomäus). Sie stehen nach reformatorischem Bekenntnis für das biblische Wort, das seine Mitte in Christus findet.

In der oberen Zone ist über dem westlichen Durchgang die Verkündigung an Maria sowie die Geburt Christi dargestellt, im Norden die Kreuzigung mit den trauernden Gestalten Maria und Johannes auf dem Hintergrund einer Stadtansicht, im Osten das Weltgericht mit Christus als Weltenrichter, die Deesis (Fürbitte an Christus), die Auferstehung der Toten, der Erzengel Michael, Engel, Selige und Verdammte, eine teufelähnliche Gestalt sowie der Höllenrachen und im Süden schließlich die Auferstehung.

Zwischen Chor und Kirchenschiff existiert ein spitzbogiger Durchgang, der jedoch durch die Kanzelwand verstellt ist.

Um 1610 ließ die Gemeinde ihre Kirche um- und ausbauen. Das bisherige Kirchenschiff musste einem Neubau weichen. Das neue Schiff dürfte auf der Nordseite die Fundamente des Vorgängerbaus nutzen; nach Süden hin wurde es deutlich verbreitert. Der alte Ostturm blieb an Ort und Stelle erhalten, steht nun aber nicht mehr in der Mittelachse des Schiffs.

Der breite Saalbau trägt ein mit Sollingplatten gedecktes Satteldach und ist in Bruchsteinmauerwerk mit Eckquaderung errichtet. Große hochrechteckige Sprossenfenster und unterhalb der Traufe befindliche kleine quadratische Fenster gliedern die Süd- und Nordwand. Über den Nordfenstern deuten sich noch die Konturen ehemaliger Spitzbogen an.

Über dem spitzbogigen Nordportal (der „Hochzeitstür") ist ein kleines Epitaph mit Kreuzigungsrelief sowie Inschriften „Harmen Gudereise 1610" und „Got allein die Ehr" eingelassen. Auf der Westwand befindet sich ein gleich gestaltetes Portal, das freilich im Innern der Eingangshalle liegt. Eines der Zifferblätter der Uhr schaut von der Giebelspitze der Westwand hinunter ins Dorf.

Die zweigeschossige Eingangshalle im Westen im Stil Weserrenaissance

Die zweigeschossige Eingangshalle im Westen (mit Bauinschrift „1610" über der Tür) zeigt die Schmuckformen der heimischen Weserrenaissance: ein rundbogiges Portal mit Diamantquaderverzierung, Postamente mit geflügelten Engelsköpfen sowie teilweise mit Löwenköpfen verzierte Pilaster.

An die Südseite des Turms wurde 1688 die Sakristei angebaut, das Obergeschoss in Fachwerk und mit Pultdach.

Im Innern beeindruckt die hölzerne Kassettendecke. Sie ruht auf

Die hölzerne Kassettendecke mit der prächtigen zentralen Holzsäule

einer prächtigen zentralen Holzsäule auf hohem Sockel, die marmoriert und mit Ranken, Blüten und Früchten sowie einem korinthischen Kapitell mit geflügelten Engeln verziert ist.

Die 1830 geschaffene Ausstattung aus U-förmiger Emporenanlage, in drei Reihen aufgestelltem Gestühl und Kanzelaltarwand dominiert den Raum mit unterschiedlichen Brauntönen. Die Kanzelaltarwand hat die Form einer klassischen griechischen Tempelfassade: vier Pilaster tragen das mit einem Dreiecksgiebel abgeschlossene Gebälk. Christliche Symbolik sucht der Betrachter vergebens. Wer aufmerksam ist, entdeckt vier kleine Inschriften: „Alle Welt fürchte den Herrn", „Glaubet an das Evangelium", „Lasset die Kindlein zu mir kommen" und „Kommet, denn es ist alles bereit". Zentral ist der Kanzelkorb. Seitliche, rundbogige Durchgänge führen zur Sakristei und zum Chorraum im Turm.

Der klassizistische Kanzelaltar

Aus einer früheren Ausstattung stammt das um 1620 entstandene bemerkenswerte Abendmahlsgemälde, das dringend einer Restaurierung bedarf. Es zeigt die Austeilung des Abendmahles in beiderlei Gestalt, links an eine Gruppe von fünf Frauen, rechts an sechs Männer, beide Gruppen in zeitgenössischer Tracht mit Rüschenkragen. Links teilt ein Pfarrer in schwarzem lutherischem Talar das Brot aus, rechts ein Geistlicher den Wein. Letzterer trägt nach Art katholischer Priester einen Überwurf (Kasel) über wei-

Das wertvolle Abendmahlsbild

Der Taufstein aus dem frühen 17. Jahrhundert

ßem Gewand. Das Ganze spielt in einer Hallenkirche mit Blick auf je zwei Chorkapellen seitlich des Hochaltares. Es hängt heute unter der Südempore.

Den Taufstein, der bis heute in Gebrauch ist, stammt aus der Zeit des Neubaus des Kirchenschiffs. Der achtseitige Kessel aus Sandstein ist mit geflügelten Engelsköpfen und Fruchtbündeln, an den Ecken mit Männer- und Frauenhermen vor Pilastern verziert. Damals wurde auch eine erste Orgel eingebaut.

Das an der Nordwand hängende Kruzifix schuf ein Künstler im 18. Jahrhundert. Es hing zeitweise vor dem Giebel der Kanzelaltarwand.

Auf der Empore befand sich bis zu einer Überarbeitung im Jahre 2010 die 1870 von der Firma Faber und Greve aus Salzhemmendorf gebaute Orgel. Der Orgelprospekt ist älteren Datums.

Von mehreren Grabsteinen sollen drei erwähnt werden.

Einer ist dem 1660 „selig entschlafenen" Leutnant Andreas Leine gewidmet. Er zeigt ein Relief des Verstorbenen in Uniform und mit Bewaffnung.

Die zweite Grabstele wurde für Johann Conrad Bierdemann, gest. 1732, und seine Frau Anna Maria Mavors, gest. 1721, angefertigt. Bierdemann war „Subrector" in Hannover 1683, Stabsprediger des hannoverschen Erbprinzen Georg Ludwig in Ungarn 1685 und seitdem Prediger zu Salzhemmendorf.

Die Form eines klassischen Scheibenkreuzes hat der auf das Jahr 1397 datierte Grabstein eines unbekannten Schmieds, der im Rund eine Kreuzigungsszene und im Schaft Hammer und Zange zeigt. Nicht auszuschließen ist, dass es sich um einen Sühnestein handelt.

Grabstein des Leutnants Andreas Leine

THÜSTE

Angaben über die Gründung der St. Jürgen-Kapelle sind nicht überliefert. Vermutlich hat es im Ort schon im 12. oder 13. Jahrhundert ein kleines Gotteshaus gegeben. Thüste gehörte zu den Tochtergemeinden der Kirchengemeinde Wallensen, die einen eigenen Kaplan hatten. Das Patrozinium St. Jürgen wird erstmals 1744 in der Saalechronik genannt. Der Vorgängerbau soll dem Heiligen Georg geweiht gewesen sein, wobei Georg die hochdeutsche Form des Vornamens Jürgen ist.

Die Kapelle mit ihrem westlichen Anbau

Die alte Kapelle wurde 1752 wegen Baufälligkeit abgerissen und durch einen 1753 geweihten Neubau ersetzt. Reste der restaurierten Eingangstür kann man heute im Vorraum der Kapelle besichtigen.

Es handelt sich um einen rechteckigen, verputzten Bruchsteinbau mit Eckquaderung, Satteldach und Fachwerkgiebel im Osten. Der Eingang befand sich in der Nordwand, darüber die Inschrift „Anno 1753". 1951 fügte man an die Westwand einen Vorbau in verputztem Thüster Kalkstein an, der bis 1972 als Leichenhalle diente. 1963 erfolgte der Abbruch des alten Türmchens und der Neubau in Holzkonstruktion mit Kupferbekleidung. Als 1972 der Anbau seine Funktion als Leichenhalle verlor, wurde er zum Eingang umfunktioniert und die Tür zur Straße geschlossen.

Die Inneneinrichtung aus der Zeit des Neubaus hat sich komplett erhalten. Im Stil der Zeit brachte man die Kanzel über dem Altar an. Da in der Enge des Raums kein Platz für eine Treppe war, musste der Geistliche die Kanzel mit Hilfe einer Leiter erklimmen. Neben der Kanzel hing auch noch das Seil zum Läuten der Glocke durch die Decke. Die Orgel fand links vom Altar ihren Platz. Unter der flachen, niedrigen Decke des Innern war noch Raum für eine schmale Westempore.

Von Süden

1959/60 wurde der Kanzelaltar abgebaut und die Kanzel links vom Altar auf ein Podest zusammen mit der Orgel gestellt. Im selben Jahr wurde das Fenster hinter dem Altar mit einer Buntverglasung neu gestaltet, die das „Himmlische Jerusalem“ darstellen soll. Als Stiftung erhielt die Kapelle einen neuen Taufstein aus Thüster Kalkstein.

Im Zuge von Renovierungsarbeiten wurde 2007/08 der Putz am Anbau abgetragen. Der freigelegte Thüster Kalkstein gibt diesem Teil der Kapelle einen warmen Farbton.

1981 konnte die Kapellengemeinde Thüste, die in den Nachkriegsjahren eine Blütezeit erlebte, in der Nähe der Kapelle ein Pfarrhaus und ein Gemeindehaus errichten.

Altar, Kanzel, Orgel auf engstem Raum und das Fenster mit dem Motiv des „Himmlischen Jerusalem“

WALLENSEN

Wallensen ist einer der ältesten Orte im Saaletal. Im Jahr 1068 schenkte Kaiser Heinrich IV. dem Bischof von Hildesheim die Grafschaftsrechte an der damals bereits bestehenden Archidiakonatskirche zu „Walenhuson". Ort und Kirche entstanden schon früher. Siegfried von Homburg erhob Wallensen 1351 zur Stadt mit Marktrechten, eigener Gerichtsbarkeit sowie Brau- und Zollgerechtsamen. Daran erinnert ein Gedenkstein im Grünstreifen vor der Kirche. Um 1400 war die Stadt mit Mauern, Türmen und Gräben befestigt. Von der Stadtbefestigung kündet das älteste erhaltene Stadtsiegel von 1409.

Chor und Apsis von Osten

Durch fünf große Brände im Laufe der Jahrhunderte und die ungünstige Verkehrslage sank Wallensen 1525 wieder zum Flecken herab. Industrielle Bedeutung erlangten im 19. und 20. Jahrhundert der Abbau der Braunkohle und die Brikettproduktion der Gewerkschaft Humboldt. Das Aus der Kohleförderung kam im Jahre 1966.

Die St. Martins-Kirche liegt leicht erhöht inmitten des Ortes auf der baumbestandenen Fläche des ehemaligen Friedhofs. Wann dort die erste Kirche errichtet wurde, ist nicht bekannt.

Um 1200 baute man die Kirche neu. Von diesem Gebäude ist der Chor mit seiner Apsis erhalten, die ältesten Teile der Kirche. Der schmale quadratische Chor und die eingezogene, fünfseitige Apsis haben ihr Vorbild in der 1129 bis 1134 erbauten romanischen Sigwardskirche in Idensen und sind in Quadermauerwerk errichtet. Der Chor trägt ein Satteldach, die Apsis ein mit Sollingplatten gedecktes fünfseitiges Walmdach. Drei rundbogige Fenster durchbrechen ihre Wände.

Blick durchs Kirchenschiff nach Westen

Das gegenüber Turm und Chor deutlich vorspringende Schiff baute man im Jahr 1625 neu, wie Inschriften an der Südseite bezeugen. Hohe, zweibahnige Spitzbogenfenster gliedern das Bruchsteinmauerwerk.

Der kleine Sakristeianbau an der Südseite des Chors entstand 1714, der gegenüber an der Nordseite liegende Raum für die Heizung im späten 19. Jahrhundert.

Die zahlreichen Brände machten immer wieder Um- und Neubau-

Gegenüberliegende Seite: Wallensen von Südosten, Turm und Schiff (Foto: Jörg Mitzkat)

Kapitelle im Chor

ten erforderlich. Aus gotischer Zeit stammt der Westturm. Der hohe, leicht querrechteckige Turm wurde in Bruchsteinmauerwerk mit Eckquaderung gebaut. Spitz- und rundbogige Schallöffnungen befinden sich in Höhe des Glockengeschosses. Er trägt ein hohes verkupfertes Walmdach, darauf einen laternenartigen, sechsseitigen Dachreiter mit geschwungener Haube, bekrönt mit Kugel und Wetterhahn. Das spitzbogige Westportal, das man 1880 in den Turm brach, ersetzte die Eingänge an den Längsseiten, die geschlossen wurden. Die vier Gauben für die Zifferblätter der Turmuhr wurden 1908 zugleich mit einer neuen Turmuhr eingebaut.

Vom Westportal gelangt der Besucher in die kreuzgratgewölbte Turmhalle. Den Gesamteindruck des Kirchenschiffs prägen die flache, dunkel gehaltene Balkendecke, die U-förmige Emporenanlage und das in einem warmen Rot gehaltene Gestühl. Emporenanlage und Gestühl stammen ebenso wie der Prospekt der Orgel vom Ende des 19. Jahrhunderts.

Der nachträglich gewölbte Chor ist durch zwei hohe Rundbögen von Schiff und Apsis abgegrenzt. Der Chor weist ein Kreuzrippengewölbe mit bemerkenswerten Kapitellen auf. Einige sind ornamental, andere figürlich dekoriert, darunter in der Südostecke ein geflügelter hockender Engel, der ein geöffnetes Buch hält (wie im Hamelner Münster).

Blick in den erhöhten Chor und die Apsis

Die dramatische Kreuzigungsszene

Unter dem Chor befand sich früher eine Gruft (heute ein Abstellraum), zu der von der Nordseite aus eine kleine Tür führt. Wer dort bestattet wurde, wissen wir nicht. Im Inneren macht sich die Gruft heute insofern bemerkbar, als man vom Kirchenschiff einige Stufen zum Chor hinaufsteigen muss. Dass es sich tatsächlich um einen „hohen Chor“ (wie im Hamelner Münster) gehandelt hat, wird deutlich, wenn man sich klar macht, dass bei der Renovierung von 1972/73 der Kirchenraum gegenüber dem Chor um einen Meter erhöht wurde. Dann aber war die Martinskirche keine gewöhnliche Dorfkirche, sondern ein Bau, der mit einem besonderen Anspruch verbunden war, wie er einer städtischen Kirche entsprach.

Bei der Sanierung 1972/73 entfernte man außerdem die hölzernen Mittelstützen der Deckenkonstruktion, veränderte die Emporen und baute neue Fenster ein.

Die hohe sechseckige Sandsteintaufe

In der gerundeten, halbkuppelartigen Wölbung der Apsis erhebt sich hinter der Sandsteinmensa (mit Reliquiengrube) das hohe hölzerne Altarretabel. Es entstand vermutlich in der zweiten Hälfte des 17. Jahrhunderts. Über der Predella mit dem üblichen Abendmahlsgemälde erhebt sich ein zweigeschossiger, mit Schnitzwerk verzierter Aufbau. Das große Mittelfeld zeigt die Kreuzigung, das Bildfeld darüber die Auferstehung Christi, beide in dramatischen Farben gemalt und beide Felder flankiert von gedrehten und mit Weinlaub umrankten Säulen, das obere zusätzlich von Engeln. Den Abschluss nach oben bildet ein gesprengter Giebel und – in einer Kartusche – eine Darstellung der Himmelfahrt.

Die hohe sechseckige Sandsteintaufe hat die Form eines Kelches und ist mit Wappendekor, Frauenmasken und Blattwerk verziert. Sie wurde 1617 gestiftet.

Der fünfseitige Korb der hölzernen Kanzel dürfte aus dem 17. Jahrhundert stammen. Gegenüber schwebt ein fröhlicher Taufengel mit Schale von der Decke.

Die erste Orgel wurde 1725 in die Kirche eingebaut. Die heutige Orgel ist ein Neubau aus dem Jahr 1988 mit dem Prospekt von 1889.

Die älteste Glocke der Kirche wurde vermutlich Ende des 13. Jahrhunderts gegossen. Sie hängt im Dachreiter des Westturmes.

Der Taufengel

Unweit der Kirche steht unter großen Bäumen das alte Pfarrhaus, ein aus dem Jahre 1696 stammender großer Fachwerkbau.

REGION ITH (KIRCHENKREIS HILDESHEIMER LAND-ALFELD)

Das Amt Coppenbrügge wurde aus den Gemeinden der früheren Grafschaft Spiegelberg gebildet, die erst 1819 vom Haus Oranien-Nassau an das Königreich Hannover verkauft wurde.
Auf dem östlich von Nesselberg und Ith und westlich vom Schecken und der Hasselburg gerahmten Gebiet des ehemaligen Amtes Coppenbrügge liegen heute die drei Kirchengemeinden Ith-Nesselberg, Coppenbrügge und Am Ith. Sie gehören zum Kirchenkreis Hildesheimer Land-Alfeld.
Die Kirchengemeinde Ith-Nesselberg umfasst die Gemeinden Bäntorf, Behrensen, Bessingen, Brünnighausen und Hohnsen.
Zur Kirchengemeinde Coppenbrügge gehört neben Coppenbrügge auch Marienau.
Die Kirchengemeinde Am Ith ging aus einer Fusion der Gemeinden Bisperode, Harderode, Bremke und Diedersen hervor.

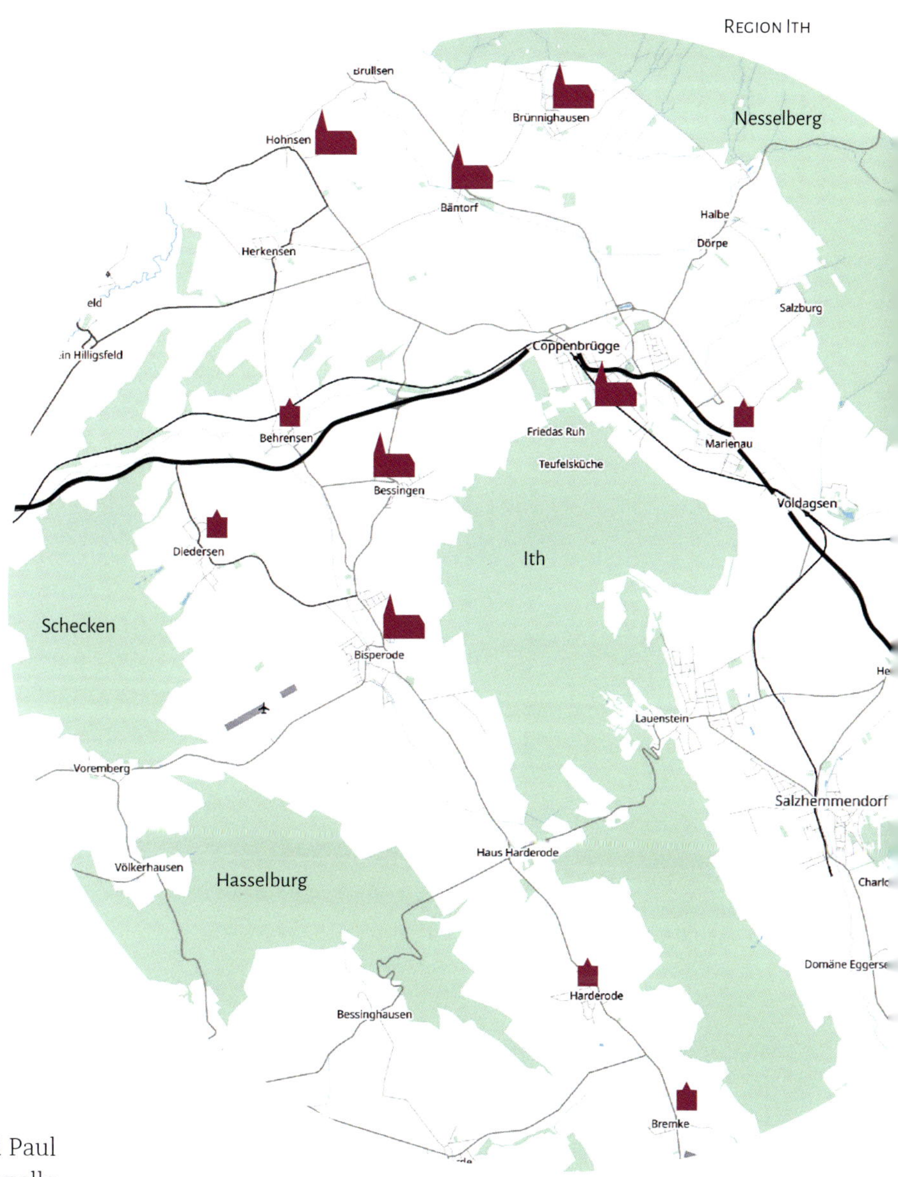

Bäntorf, St. Jacobus
Behrensen, Kapelle
Bessingen
Bisperode, St. Peter und Paul
Bremke, St. Johannis-Kapelle
Brünnighausen, St. Johannes Baptist
Coppenbrügge, St. Nikolai
Diedersen, Dietrich Bonhoeffer-Kapelle
Harderode, St. Andreas-Kapelle
Hohnsen, St. Peter
Marienau, Marien-Kapelle

BÄNTORF

von Südwesten

Blick auf den Kanzelaltar

Der Taufstein von 1638

Die Kirche St. Jacobus wurde um 1280 auf einer leichten Anhöhe innerhalb des Dorfes Bäntorf errichtet. In der Spiegelberger Fehde 1434 zerstört lagen Dorf und Kirche bis etwa 1540 wüst. Auf Veranlassung der Grafen von Spiegelberg wurde die Kirche um 1580 wieder hergestellt. Das Patronat hatte der Besitzer des Guts Bisperode inne.

Auf das rechteckige Schiff folgen nach Osten ein eingezogener Altarraum und eine nochmals zurückgenommene dreiseitige, innen gerundete Apsis. Die Außenmauern bestehen aus sorgfältig bearbeiteten Sandsteinquadern, wie sie auch in Wallensen und Embeckhausen zu finden sind, die auf ein hohes Alter verweisen. Ein Sockelprofil umläuft die gesamte Kirche. Das mit einem Rundstab profilierte Traufgesims ist nur teilweise erhalten.

Auf der Nord- und Südseite des Schiffs befinden sich spitzbogige Zugänge, an der Nordseite vermauert, an der Südseite mit abgesetztem Rundstabprofil. Die gekuppelten Spitzbogenfenster stammen von einer Restaurierung der Kirche unter Conrad Wilhelm Hase in den 1880er Jahren.

Der ehemals vorhandene Kirchturm soll 1631 durch Truppen Tillys zerstört worden sein. Nach Beseitigung seiner Reste vermauerte man die Westwand in Bruchstein. Deutlich zeichnen sich die ehemaligen Durchgänge zum Kirchenschiff und zum Dachstuhl ab. Ein neuer Dachreiter wurde 1964/65 auf den westlichen Teil des Schiffs gesetzt.

Die ursprüngliche Wölbung des Schiffs wurde vermutlich ebenfalls durch Tilly zerstört. Heute überspannt eine flache Balkendecke das Schiff. Der Altarraum schließt sich ohne Triumphbogen an das Schiff an.

Der den Kirchenraum beherrschende Kanzelaltar von 1810 versperrt den Blick auf die Apsis. Zwei auf hohen Postamenten stehende Säulen rahmen Altar und Kanzel und tragen das Gebälk. Zwei Vasen und – in der Mitte – das Auge Gottes im Strahlenkranz auf dem Schalldeckel schließen den Aufbau nach oben ab. Das Retabel war früher in eine schlichte Emporenanlage eingebunden. Der Opferstock im Eingangsbereich ist der ehemalige Pfosten einer Wange des Kanzelaltars.

Die Westempore samt Orgel wurde 1965 erneuert. Der archaisch wirkende Taufstein auf quadratischem Sockel, zylindrischem Schaft und steilwandigem Becken ist eine Stiftung von 1638.

BEHRENSEN

Rittergut und Dorf Behrensen waren noch 1568 nach Bäntorf am Deister eingepfarrt. Wegen der weiten Entfernung, der schlechten Wegstrecke und der „Nachlässigkeit" des Bäntorfer Pastors wurde Behrensen nach dem damals noch braunschweigischen Bessingen umgepfarrt.

In der 1734 bezeugten Kapelle gab es neben Gottesdiensten zu den drei großen Festen des Kirchenjahres nur wöchentliche Betstunden durch den Schulmeister.

Nach Abbruch der alten Fachwerkkapelle wurde 1829 mit finanzieller Unterstützung des Oberstleutnants Strube als Besitzer des Guts Behrensen ein Neubau errichtet.

Der kleine rechteckige Saalbau in verputztem Bruchsteinmauerwerk mit Eckverquaderung und schlichten Tür- und Fensteröffnungen in Sandstein trägt auf dem abgewalmten Dach einen Dachreiter mit schlankem, verschiefertem Helm. An den Langseiten befinden sich zwei hohe Holzsprossenfenster, an der Westseite die Eingangstür mit Oberlicht, am Sturz die Inschrift: „Erbauet im Jahr 1829".

Die flache Balkendecke des schlichten Inneren ruht auf zwei Unterzügen, die von den Stützen der U-förmigen Emporenanlage getragen werden. Der zweigeschossige Kanzelaltar ist in die Brüstung der Ostempore eingebunden. Im unteren Geschoss befinden sich rechts und links Durchgänge zur Sakristei.

Die Altarleuchter wurden zur Zeit des Kapellenneubaus geschaffen. Die neugotische Taufe stammt aus der Zeit um 1880.

Die hölzerne Gedenktafel für die Gefallenen des Ersten Weltkriegs, die farbigen, von der Familie Strube gestifteten Glasfenster wie auch die 1932 datierte Eingangstür zeigen Merkmale des Expressionismus. Letztere gibt Rätsel auf, weil sie neben christlichen Symbolen auch heidnische Tierkreiszeichen zeigt und nur teilweise lesbar ist.

Eingangstür (Ausschnitt)

Von Südosten

Die Kanzelaltarwand

Fenster von 1932

BESSINGEN

In kirchlicher Beziehung gehörte Bessingen ursprünglich wohl zur Parochie Bisperode. Jedenfalls unterhielt der Bisperöder Pfarrer in vorreformatorischer Zeit zunächst einen Kaplan in Bessingen. Darauf geht auch das bis heute bestehende Patronat der Besitzer des Gutes Bisperode zurück. Spätestens in der ersten Hälfte des 15. Jahrhunderts wurde Bessingen selbstständige Kirchengemeinde, freilich während vorübergehender Vakanzen weiter von Bisperode aus betreut.

VON NORDOSTEN

Ältester Teil des heutigen Kirchenbaus ist der wuchtige Westturm. Sein Unterbau mit der gewölbten Turmhalle reicht bis in die romanische Zeit zurück. Das in Eichenfachwerk ausgeführte Glockengeschoss und der Pyramidenhelm stammen aus dem Jahr 1783. Der Turmhelm ist mit Sollingplatten gedeckt, das Glockengeschoss seit 1963 mit Sollingplatten verkleidet. Der westliche Eingang führte in ein tonnengewölbtes Turmgeschoss, das als Begräbnisstätte für die Herren von Stuben aus Bavensen diente.

Über das Aussehen des ursprünglichen Kirchenschiffs liegen keine Nachrichten vor. In den Jahren 1746-1750 erfolgte ein Neubau in Gestalt eines rechteckigen Bruchsteinbaus. Mit Ausnahme der Eckverquaderung und der Gewände der Fenster und Türen sind die Außenflächen heute verputzt. Das früher mit Sollingplatten, seit 1963 mit Ziegeln gedeckte Dach ist im Osten abgewalmt.

Das Innere mit der Kanzelaltarwand

In jeder Längsseite befinden sich drei Fenster, zwei davon rechteckig, das östliche segmentbogig geschlossen. Ein Eingang im Osten erschließt die Sakristei. Der Haupteingang auf der Nordseite ist zum Dorf ausgerichtet, darüber das Wolff-Metternichsche Wappen, der Besitzer des Gutes Bisperode, datiert 1750. Links daneben führte eine Treppe zur Herrschaftsprieche. Der Eingang dient jetzt als zusätzliches Fenster.

Der Innenraum schließt mit einer flachen Decke ab. Die U-förmige Emporenanlage an der Nord-, Süd- und Westseite wurde bei einer Renovierung 1962/63 verkürzt, so dass der Altarraum in hellem Licht liegt.

Der barocke Kanzelaltar mit seinen seitlichen Durchgängen und den durchbrochenen Laubwerkfüllungen stammt aus der Erbauungszeit der Kirche. Zwischen einer korinthischen Pfeiler-Säulenstellung springt der Kanzelkorb vor, dessen Brüstungsfelder mit Engelsdarstellungen bemalt sind. Oben und zu den Seiten schmückt reiches Laubwerk den Altar.

Die achteckige Sandsteintaufe ist auf das Jahr 1663 datiert. Sie stammt also noch aus dem Vorgängerbau.

Aus der Rahmung des Kanzelaltars

BISPERODE

Schon von weitem sieht man die mächtige Peter- und Paul-Kirche oberhalb von Bisperode liegen. Das am Fuß des Ith gelegene Rodungsdorf wird 1219 als Bischopingerothe erstmals urkundlich erwähnt. Bisperode gehörte zum Archidiakonat Ohsen der Diözese Minden. Das Patronatsrecht liegt bis heute bei den Besitzern des Gutes bzw. Schlosses Bisperode.

Der im 11./12. Jahrhundert errichtete wuchtige Westturm stammt vom romanischen Vorgängerbau der heutigen Kirche. Über ihn liegen keine urkundlichen Nachrichten vor. Auf dem längsrechteckigen Grundriss finden im Erdgeschoss des Turmes zwei Kreuzgratgewölbe Platz. Auf der Nordseite zeugen eine Tür sowie zwei Knaggen in etwa sechs Meter Höhe von der wehrhaften Funktion des Turms.

Von Süden; links der Anbau für das Erbbegräbnis der von Hakes (Diedersen)

Die rundbogigen Schallöffnungen auf der Nord- und Südseite des Turms waren ursprünglich als Doppelarkaden mit romanischer Teilungssäule gestaltet und wurden nachträglich zur Hälfte vermauert. Würfelkapitell, Säulenschaft und Basis mit Ecksporen sind am besten auf der Ostseite erhalten, allerdings vom hö-

Blick von der Empore auf den imposanten Kanzelaltar

Schalldeckel der Kanzel und das Auge Gottes

her angesetzten Dach des später erbauten Schiffs nach außen verdeckt.

Die achtseitige, verschieferte Barockhaube wurde, wie die Jahreszahl 1723 auf der Wetterfahne zeigt, nachträglich auf den Turm gesetzt.

Der Dreißigjährige Krieg (1618-1648) hat das ursprüngliche Kirchengebäude schwer in Mitleidenschaft gezogen. Unter den Patronatsherren derer von Wolff-Metternich wurde das Kirchenschiff in Gestalt eines großen hell verputzten Bruchsteinsaalbaus mit Eckquaderung 1716 neu errichtet. Zwei Fenster in der östlichen Altarwand und je fünf Fensterachsen mit zwei übereinanderliegenden Fenstern in den Längswänden lassen viel Licht ins Innere. Das hohe, ursprünglich mit Sollingsandstein gedeckte Dach ist nach Osten abgewalmt.

Romanisches Würfelkapitell im Turm

Über den beiden Eingängen auf den Längsseiten befinden sich Wappen der Metternichs (Südseite) und der von Werders (Nordseite). Eine moderne Steintreppe führt im Norden zur Patronatsempore.

Den großen, lichten, cremefarben gehaltenen Innenraum teilen die Stützen der allseitig umlaufenden Empore in drei Schiffe. Das östliche Drittel ist um eine Stufe erhöht. An Stelle des ursprünglichen hölzernen Tonnengewölbes über dem Mittelschiff musste bald nach dem Bau eine flache Kassettendecke eingezogen werden, „weil das Mauerwerk das Gewölbe nicht tragen wollen."

Vermauerte romanische Säule samt Kapitell im Turm

Hinter dem massiven Altartisch – einer Platte aus hellem Sandstein – erhebt sich eine große, reichgegliederte barocke Kanzelaltarwand. Altar und Kanzel werden durch jeweils zwei korinthische Pfeiler mit mittiger Säule gerahmt. Darauf ruht ein hohes Gebälk. Über dem Schalldeckel mit dem Symbol der Taube krönt das von zwei kleineren korinthischen Säulen und Anschwüngen mit Akanthusranken gerahmte Auge Gottes den Aufbau, zu oberst das Kruzifix auf einer Muschel und flammende Vasen auf den Säulen. Die Ranken der östlichen Emporenbrüstung besaßen ursprünglich keine Rückwand und hatten deshalb ein noch filigraneres Aussehen. Das Werk stammt aus der zweiten Hälfte des 18. Jahrhunderts.

Zwei seitliche rundbogige Durchgänge führen in die dahinterliegende Sakristei zu drei wertvollen Epitaphien des 17. Jahrhunderts, links der dreieinhalbjährigen Tochter der Magdalena Margreta Haren (gest. 1619) und der Anna Katharina von Haxthausen, verheiratete Hake (gest. 1610), rechts des P. Heinrich Gosmann (gest. 1596). Ein Epi-

Modernes Glasfenster mit Darstellung der Zehn Gebote

taph des Amtmanns Conrad Caspar Schumacher (gest. 1629) liegt in der Turmhalle.

Südlich am Turm befindet sich ein Anbau aus geputztem Bruchstein mit einem Giebel aus Sichtfachwerk. Er birgt das Erbbegräbnis der Freiherrn von Hake aus dem nahen Diedersen. Der Türsturz trägt das Hakesche Wappen und die Inschrift „Christoph Achatz Hake den 21. May anno 1770“). Im Mausoleum befinden sich 17 teilweise reich verzierte Särge aus Metall oder Eichenholz. Ein älteres Grabgewölbe befand sich im Inneren vor dem Altarraum.

Ein jüngerer Säulenschaft mit runder Sandsteintaufe steht auf einer romanischen Plinthe. Taufschale und Deckel sind neu.

Die 1909 von der Firma Faber & Greve (Salzhemmendorf) gebaute Orgel wurde 2009 erneuert. Dabei wurden große Teile des Pfeifenmaterials und der Prospekt von 1830 übernommen.

Seit 2011 schmücken zehn große, den Fenstern vorgehängte farbige Glaselemente des Brandenburger Künstlers Werner Kothe den Chorbereich der Kirche. Ihre Themen (Genesis, Arche Noah, Taufe, Zehn Gebote usw.) sind der Bibel entnommen.

Taufe mit romanischem Sockel

Epithaph der Anna Katharina von Haxthausen, verh. von Hake, gest. 1610 (Ausschnitt)

BREMKE

Von Süden – eingezwängt im Zentrum des Dorfes

Die im 16. Jahrhundert zuerst erwähnte Kirche oder Kapelle von Bremke wird zeitweilig als Filia (= Tochter) von Harderode, zeitweise aber auch als Mater bezeichnet. Mitte des 19. Jahrhunderts wurde Bremke gegen den Willen der Einwohner zur Kapellengemeinde abgewertet, doch blieb der Rechtsstatus letztlich umstritten. 1942 wurde es mit dem Kirchenkreis Holzminden von der braunschweigischen in die hannoversche Landeskirche umgegliedert.

1995 wurde die Kapellengemeinde Bremke in die Kirchengemeinde Bisperode eingegliedert. Deswegen findet Bremke, obwohl politisch seit 1973 Teil der Gemeinde Halle im Landkreis Holzminden, Berücksichtigung in diesem Buch.

Die 1779 erbaute Kapelle steht eingezwängt von Wohnhäusern mitten im Ort. Es handelt sich um einen rechteckigen verputzten Bruchsteinbau mit Eckquaderung und drei Fensterachsen. Das Dach ist über den Schmalseiten abgewalmt. Ein quadratischer verschieferter Dachreiter steht mittig auf dem Dach. Die Uhr und der Ausleger der Uhrschlagglocke schauen nach Süden. Ein Garagenbau versperrt die Sicht auf die südliche Fassade. Der Eingang befindet sich im Westen. Auf dem Türsturz stehen die Worte: „Zur Ehre des dreieinigen Gottes ist diese Kirche neu gebauet in Jahr 1779".

Der flach geschlossene Innenraum wird durch eine dreiseitige Emporenanlage gegliedert. Der hochragende barocke Kanzelaltar wurde 1789 in der Kirche aufgestellt, zehn Jahre nach der Erbauung.

Später hat man den Kanzelkorb herausgenommen, frei im Altarraum aufgestellt und an seine Stelle ein Altarbild mit der Kreuzigungsszene eingefügt, das von Pilastern gerahmt und seitlich mit Rankenwerk geschmückt ist.

Der Taufstein in Form eines quadratischen Sandsteinpfeilers datiert aus dem Jahr der Erbauung 1779. Die farbig bemalte hölzerne Mondsichelmadonna stammt aus dem Anfang des 16. Jahrhunderts.

Die Altarwand mit dem ehemaligen Kanzelaltar

Brünnighausen

Das südlich des Nesselbergs gelegene Dorf Brünnighausen wird 1214 urkundlich erstmals erwähnt. Seit der zweiten Hälfte des 13. Jahrhunderts und bis 1819 war es Teil der Grafschaft Spiegelberg.

Von Westen

Schon die Edelherren von Brünnighausen ließen auf einer Anhöhe mitten im Dorf eine Johannes dem Täufer geweihte gotische Kapelle errichten, in der der Pfarrer der Nikolaikirche in Coppenbrügge jährlich fünf bis sechs Mal predigte. Auf Bitten der Einwohner wurde die Pfarre 1568 selbständig und als mater combinata mit Bäntorf verbunden. Pfarrsitz wurde Brünnighausen.

Der schlichte Rechtecksaal aus verputztem Bruchsteinmauerwerk unter einem Krüppelwalmdach enthält im Westteil wohl noch Reste eines gotischen Kapellengebäudes. Der Bau wurde 1766 instandgesetzt und 1806 laut einer Inschrift nach Osten um eine Fensterachse erweitert und erhöht. Ein kleiner sechsseitiger Dachreiter krönt das westliche Firstende.

Der Innenraum ist durch eine flache Decke und eine ursprünglich den gesamten Innenraum umlaufende Emporenanlage bestimmt.

Bei der Erweiterung der Kirche nach Osten 1806 wurde ein älterer Altar von 1680 zum Kanzelaltar erweitert und in die Emporenanlage einbezogen.

Bei der tiefgreifenden Renovierung von 1963/64 baute man den Kanzelaltar wieder ab und stellte die Kanzel im Raum frei auf. Gleichzeitig beseitigte man die Emporenanlage bis auf die westliche Orgelempore. Das große Altarkreuz stellte man in die Friedhofskapelle. Aus einem ehemaligen Pfosten der Altarschranke wurde das Lesepult.

Der ehemalige Kanzelaltar

Den jetzt nur noch zweigeschossigen Aufbau stellte man aus dem Retabel des früheren Kanzelaltars neu zusammen. Er zeigt in den Bildfeldern das heilige Abendmahl und die Auferstehung Christi. Gerahmt ist er von gedrehten Säulen mit Kompositkapitellen, in deren Anschwüngen in Knorpelwerkmanier sich reizende Grotesken verstecken.

Unter der Orgelempore befindet sich ein Buntglasfenster mit der Kreuztragung, 1981 gestiftet von einer Mutter zur Erinnerung an ihren im Zweiten Weltkrieg gefallenen Sohn.

Details der Rahmung des ehemaligen Kanzelaltars

Coppenbrügge

Coppenbrügge wird schon 1007 als „Coppanbrug“ erwähnt. Ab 1281 ist der Ort im Besitz der Grafen von Spiegelberg, die nach dem Bau einer festen Wasserburg um 1300 den Ort bis zu ihrem Aussterben 1557 zum Hauptsitz der Grafschaft Spiegelberg machten. Nach häufigem Besitzerwechsel gingen Ort und Grafschaft 1819 an das Königreich Hannover.

Von Südosten

Mutterkirche von Coppenbrügge war möglicherweise Oldendorf. Mit der Verlegung der Residenz und Verwaltung der Grafschaft Spiegelberg nach Coppenbrügge 1281 wurde die Nikolaikirche zu deren Hauptkirche.

Die Reformation wurde um 1540 durchgeführt.

Die St. Nikolai-Kirche liegt wunderschön inmitten des begrünten Kirchhofs, umstanden von Pfarrhaus (von 1798), Pfarrwitwenhaus, dem Amtsträgerwohnhaus (von ca. 1800), der Schule und anderen Gebäuden. Obwohl ihre Teile aus drei unterschiedlichen Zeiten stammen, macht die Kirche außen und innen einen sehr harmonischen Eindruck.

Die ältesten Teile des Bauwerks haben sich im romanischen Turm erhalten. Sie werden auf die erste Hälfte des 12. Jahrhunderts datiert. Zweitältestes Bauteil ist der 1575 geschaffene gotische Chor. Die jüngste Ergänzung bildet das Langhaus, das nach den Zerstörungen des Dreißigjährigen Krieges 1670 im frühbarocken Stil neu errichtet werden musste.

Der querrechteckige Westturm besitzt rundbogige Schallöffnungen, die wohl ins 12. Jahrhundert zu datieren sind. Wann er den hohen schiefergedeckten, achtseitig auslaufenden Turmhelm erhielt, ist nicht überliefert. In Coppenbrügge wird die Uhrzeit nur durch Glockenschlag und nicht per Zifferblatt mitgeteilt. Die Stundenglocke,

Der schöne Kirchhof

die am Ausleger des Turms hängt, wurde 1506 gegossen. Sie ist die älteste der Coppenbrügger Glocken.

Den eleganten polygonalen Chor baute der bekannte Weserrenaissancebaumeister Cord Tönnis noch ganz im Stil der Gotik mit Spitzbogenfenstern und Strebepfeilern, so wie auch das damalige Kirchenschiff ausgesehen haben dürfte. Tönnies hinterließ sein Meisterzeichen und die Jahreszahl 1575 auf einer Steintafel außen unterhalb der Dachtraufe. Für Tönnies, der vorher Schloss Schwöbber gebaut hatte, war es ein kleiner Auftrag.

Bald nach Ende des Dreißigjährigen Krieges – im Jahre 1670 – brach man das alte Langhaus ab und errichtete zwischen Turm und Chor einen Neubau. Das neue Langhaus, ein einschiffiger verputzter Bruch-

Das Fenster mit den Aposteln Petrus und Paulus

steinbau mit Eckquaderung, wurde nach Norden und Süden um jeweils eine Mauerstärke verbreitert. Um auch den Emporen Licht zu gewähren, sind die rechteckigen Fenster zweizeilig übereinander angeordnet. Die Datierung findet sich auf dem Architrav der Südtür. Die in Jugendstilformen gehaltene Tür stiftete 1917 der Coppenbrügger Kaufmann Ernst Feuerhake.

Bei der Renovierung 2012 wurde die Dachdeckung erneuert. Sie besteht aus Hohlpfannen; First und Grate sind mittels schwarzem Naturschiefer reizvoll abgesetzt.

Die flache Putzdecke des schlichten Saalraums ruht auf zwei Unterzügen, die von den Emporenstützen getragen werden. Neben den dreiseitig umlaufenden Emporen im Schiff gab es eine Herrenempore, die in den Chorraum hineinragte. Bei der umfassenden Renovierung 1957/58 wurde diese entfernt, das Treppenpodest neben der südlichen Eingangstür („Hochzeitstür") abgebrochen und die Tür zur Herrenprieche durch ein hohes Fenster ersetzt. Gleichzeitig wurden die Emporen im Schiff verkürzt, mit der Folge, dass der Innenraum deutlich aufgehellt wurde.

Ein mächtiger Rundbogen trennt das Schiff vom Chorraum mit seinem Rippengewölbe und den gotischen Fenstern. Die Inschrift über dem Triumphbogen „Ich bin bei euch alle Tage bis an der Welt Ende" (Matth. 28,20) wurde 1936 angebracht.

Blick in den Chor

Die tief ansetzenden Gewölberippen des Chorraums ruhen auf schlichten Konsolen und bündeln sich oben in einem Schlussstein. Drei lange Maßwerkfenster geben dem Chorraum Licht und Schatten. Die buntverglasten Fenster rechts und links des Altars stammen aus dem Jahr 1917 und sind wieder eine Stiftung von Ernst Feuerhake. Das nördliche zeigt die Reformatoren Luther und Melanchthon, das südliche die Apostel Petrus und Paulus.

Das jüngste Fenster – eine Schenkung von Irmgard Netter aus dem Jahre 1975 – ist an die Stelle der Tür zur Herrenprieche getreten. Es ist dem Patron der Kirche, dem heiligen Nikolaus, gewidmet. Im unteren Teil stellt es die wundersame Befreiung von drei unschuldig zum Tode verurteilten Jünglingen durch den Bischof dar, darüber entfaltet sich ein aufsteigendes Farbspiel in lebhaften Geld- und Rottönen, das sich im Fensterbogen zu einer Rose zusammenschließt. Im kleinen Kreis unten ist ein Brunnen mit Lindenblättern zu erkennen, Sinnbild für das heutige Krankenhaus Lindenbrunn, das der Vater von Irmgard Netter geleitet hat.

Das reizvolle zweigeschossige Altarretabel mit seinem reichen Knorpelwerk-Gesprenge stammt von 1685. Tafelmalereien zeigen in der Predella die Ölbergszene mit dem wachenden Jesus und den schlafenden Jüngern, als Mittelbild das Abendmahl und darüber die Auferstehung. Dieses normale protestantische Altarprogramm wird in den Seitenflügeln durch die Anbetung der Hirten und die Kreuzigung sowie in den Aufsätzen durch Hostie und Ähren sowie Kelch und Weintrauben bereichert. Im Stil erinnern die Bilder ein wenig an bäuerliche Malerei.

Das Nikolaus-Fenster

An der Nahtstelle von Chorraum und Schiff steht die schön geschnitzte hölzerne Kanzel, die samt Schalldeckel 1673, zwei Jahre nach Fertigstellung des neuen Schiffs, aufgestellt wurde. Darunter befindet sich ein altertümlicher Opferstock.

Der Kanzel gegenüber – etwas in den Chor zurückgesetzt – steht ein Lesepult aus dem Ende des 17. Jahrhunderts. Sein dreiseitiges Gehäuse ist mit kannelierten Eckpilastern gegliedert.

Seit der Entwidmung der Coppenbrügger katholischen Kirche Maria Königin der Apostel 2012 steht das dort be-

Blick vom Chor ins Kirchenschiff

heimatete Kruzifix nun neben der Kanzel. Seitdem wird die Nikolaikirche auch wieder von der katholischen Gemeinde genutzt.

Gegenüber der Kanzel hängt an der Wand, die Schiff und Altar voneinander trennt, ein steinernes Epitaph für den 1559 jung verstorbenen Herrn Simon Graf zur Lippe, Spiegelberg und Pyrmont. Die Wappen der Eltern, die Lipper Rose, der Schwalenberger Stern, der Spiegelberger Hirsch und das Pyrmonter Ankerkreuz, sind gut erkennbar.

Das in einer Linie zwischen Altar und Schiff aufgestellte Taufbecken ist womöglich das älteste erhaltene Inventarstück und stammt wahrscheinlich aus der Mitte des 16. Jahrhunderts.

Nach Westen fällt der Blick durch die in Farngrün gehaltenen Bänke und die weiß gestrichenen Emporen auf den schönen breitgelagerten, fünftürmigen barocken Orgelprospekt mit seinem geschnitzten Schleierwerk von 1755.

Durch den niedrigen romanischen Bogen mit den beiden seitlichen mittelalterlichen Weihekreuzen geht es in den tiefer gelegten Turmraum, der heute als Raum der Begegnung und für kleine Ausstellungen dient.

Wie schon das Äußere der Kirche auf den Besucher einen starken Eindruck hinterlässt, so noch mehr das Innere. Obwohl die Ausstattungsstücke unterschiedlichen Zeiten entstammen, so bindet sie doch ihre hohe Qualität und die gelungene Farbgebung zu einer harmonischen Einheit zusammen.

Die in Jugendstilformen gehaltene Tür von 1917

DIEDERSEN

Von Osten

Die Kapelle liegt leicht erhöht in der Mitte des langgezogenen Straßendorfes Diedersen. Über ihre Gründung, die wohl in vorreformatorische Zeit zurückgeht, liegen keine Angaben vor. Laut Inschrift auf einem in der Vorhalle des heutigen Baus erhaltenen Türbalken war 1733 in Diedersen ein Neubau errichtet worden, möglicherweise an der Stelle eines noch älteren Vorgängerbaus.

Die Kapelle von 1733 wurde genau 200 Jahre später an gleicher Stelle erneut durch einen Neubau ersetzt. Sie ist damit neben der Kapelle in Hagen und der Kirche in Holzhausen das einzige Gotteshaus im Landkreis Hameln-Pyrmont, das im 20. Jahrhundert errichtet wurde. Der Eingang ist zur Straße ausgerichtet, die Kirche nicht geostet. Der Entwurf geht auf den Architekten Fritz Sagebiel (Höxter) zurück. Schmale, hochrechteckige, dicht gereihte Fenster gliedern die verputzten Außenflächen nach Süden, Osten und Norden. Die blau gerahmten Fenster haben als einzigen Schmuck einen kleinen senkrechten Steg am oberen Gewände, der dem Bau einen leicht expressionistischen Ausdruck verleiht. Der Eingangsbereich ist durch unverputztes Mauerwerk abgesetzt.

Blick von der Empore auf den Kirchenraum

Ein viereckiger Dachreiter mit achtseitiger, verschieferter Turmspitze trägt Kugel und Kreuz.

Der schlichte Altar steht in der rechteckigen Apsis, auf deren Rückwand ein in dominierenden Blautönen gehaltener Teppich das himmlische Jerusalem und die Gegenwart Gottes versinnbildlicht.

Über dem prachtvollen, aus Holz gedrechselten Taufbecken hängt ein eindrucksvolles Porträt von Dietrich Bonhoeffer, dem Namensgeber der Kapelle (seit 2007).

Fast das gesamte Inventar der Kirche stammt aus Schenkungen, zumeist von Mitgliedern der Familie von Hake.

Dietrich Bonhoeffer, Namensgeber

Von Westen

HARDERODE

Die erste schriftliche Erwähnung des Dorfes Harderode findet sich 989/92 als Hiriswitherothe im Verzeichnis von Schenkungen an das Kloster Corvey. Harderode blieb bis ins 19. Jahrhundert im Besitz der jeweiligen Inhaber des Gutes Haus Harderode. Das Dorf gehörte zum Amt Wickensen im Fürstentum Braunschweig-Wolfenbüttel. 1833 kam es zum neuen Landkreis Holzminden. Mit der Eingemeindung in den Flecken Coppenbrügge wechselte Harderode 1973 zum Landkreis Hameln-Pyrmont.

Im Jahr 1317 war der Ort Sitz einer Pfarre. Als Dorf im Fürstentum Braunschweig-Wolfenbüttel erlebte Harderode eine erste Einführung der lutherischen Lehre, nachdem die Truppen des Schmalkaldischen Bundes 1542 den katholischen Landesherrn vertrieben hatten. 1547 gelang Herzog Heinrich dem Jüngeren die Rückkehr. Er versuchte, sein Fürstentum zu rekatholisieren. Sein Sohn und Nachfolger Herzog Julius, der 1568 die Regierung übernahm, führte jedoch erneut die Reformation ein.

1995 wandelte das Landeskirchenamt die Kirchengemeinde Harderode in eine Kapellengemeinde um, die zusammen mit Bremke in die Kirchengemeinde Bisperode eingemeindet wurde. Sechs Jahre später, 2001, fusionierten die Kapellengemeinden Harderode, Bremke und Diedersen mit der Kirchengemeinde Bisperode und gründeten gemeinsam die neue „Evang.-luth. Kirchengemeinde Am Ith". Damit erlosch das zum Rittergut gehörende Patronat.

Von Süden

Die St. Andreaskapelle bietet durch ihre exponierte Lage im Dorf einen herrlichen Blick auf das Ilsetal und den Ith.

Über die vorreformatorische Baugeschichte Harderodes ist wenig bekannt. Die Jahreszahl 1519 an der Sonnenuhr der Kirche lässt vermuten, dass die Gemeinde zu dieser Zeit ihre Kirche erneuern oder neu errichten ließ. Es handelt sich um einen Rechteckbau aus ver-

Die Deckenmalerei

putztem Bruchsteinmauerwerk. Der langgestreckte Chor mit vier Fenstern ist eingezogen und dreiseitig geschlossen, das Satteldach im Osten abgewalmt. Mehrere niedrige Stützpfeiler und große Rechteckfenster (seit 1826/28) gliedern die Wände. Die Osttür unter einem längsovalen Fenster ist für den Pastor bestimmt.

Der Neubau des Westturms erfolgte wahrscheinlich um 1560, also einige Jahrzehnte später als das Schiff. Er ist verhältnismäßig niedrig und trägt ein hoch ausgezogenes, vierseitiges Pyramidendach, ist mit Schiefer gedeckt und bekrönt mit Kugel und Wetterhahn. Das heutige Westportal wurde 1826/28 gebrochen. An der Nordseite befindet sich der Sturz der alten Westtür mit einer 1750 datierten Inschrift, die sich auf die Gruft der adeligen Familie von Nölting bezieht. Die Turmhalle trägt ein Tonnengewölbe.

Das Innere der Kirche war im Lauf der Jahrhunderte starken Wand-

Die Orgelempore mit der Deckenausmalung

lungen unterworfen. Kurz nach dem Ende des Dreißigjährigen Krieges erhielt die Kirche einen neuen Altar (1651) mit dem reformatorischen Bildprogramm von Abendmahl und Auferstehung, gemalt von dem Hamelner Bernd Woltemate. Eine neue Kanzel mit Bildern von Christus und den Evangelisten auf den Wandungen folgte 1654.

Bei der tiefgreifenden Umgestaltung 1826-1828 wurde der Altar des 17. Jahrhunderts durch einen Kanzelaltar ersetzt. Der Kanzelkorb befand sich zwischen zwei korinthischen Pilastern, darüber ein deckenhohes schlichtes Gebälk. Seitlich eingebaute Emporen füllten die Chornische. Eine U-förmige Empore mit einem breiten Orgelprospekt im Westen füllte das Schiff. Die flache Decke schmückten drei medaillonartige Felder, in deren Mitte mit Schaf, Kreuz und Friedenstaube zentrale christliche Symbole dargestellt waren.

Bei der Renovierung 1961/62 wurde

Blick auf den Altar

Die vier Evangelisten auf dem Altar

das Innere erneut komplett umgestaltet. Man entfernte Kanzelaltar, Emporen und Orgelprospekt und übertünchte die Deckenmalerei. Die neue Ausstattung – nun im Stil des Barock – wurde aus anderen Kirchen beschafft.

Der Altar stammt aus der Marienkirche in Woltershausen, einem Ortsteil der Gemeinde Lamspringe im Landkreis Hildesheim. Er war dort Ende 1930er Jahre abgebaut worden und wurde nun in veränderter Form 1963 hier aufgestellt. Pilaster und von Girlanden umwundene Säulen tragen das von zwei Engelsfiguren gerahmte Gebälk. Darüber erhebt sich ein halbrunder, gesprengter Giebel mit der Figur des Auferstandenen. Das Mittelfeld beherrscht ein Kruzifix; zu seinen Füßen stehen die Figuren der Evangelisten. Die Kanzel, in Woltershausen noch in der Mitte des Altars, steht nun vorn rechts im Altarraum auf dem Boden.

Die originelle farbig gefasste hölzerne Taufe stammt aus dem Kanzelaltar der Kirche von Achelriede in der Gemeinde Bissendorf im Landkreis Osnabrück. Sie wurde 1725 aus einem Pfosten einer Altarschranke gearbeitet. Sockel und Becken sind korbartig gestaltet, der geschwungene Schaft mit Akanthusblättern verziert. Ein noch aus der alten Kirche vorhandener romanischer Taufstein aus dem 12./13. Jahrhundert steht nun im Landesmuseum Braunschweig.

Der in die Brüstung der Westempore eingelassene Orgelprospekt, der die 1963 neu angeschaffte Orgel verkleidet, stand ursprünglich in einer der Kirchen von Uelsen im Landkreis Grafschaft Bentheim.

Bei einer neuerlichen Renovierung 2003/04 legte man die Deckenmalereien wieder frei. 2020 wechselte man die Bänke gegen Stühle aus. Ein lichter, fröhlicher, barock anmutender Raum ist entstanden.

Der Taufstein

HOHNSEN

Von Westen, mit dem ehemaligen Pfarrhaus

Das Dorf ist erstmals in einer Urkunde König Ottos I. aus dem Jahr 955 als Hainanhusun erwähnt. Hohnsen gehörte zur kleinen Grafschaft Spiegelberg. Neben dem Flecken Coppenbrügge umfasste die Grafschaft seit der ersten Hälfte des 15. Jahrhunderts noch die fünf „elenden dörffichen" Brünnighausen, Brullsen, Neustadt, Hohnsen und Herkensen. 1866 wurde Hohnsen preußisch und kam 1885 zum neuen Kreis Hameln, der 1922 zum Landkreis Hameln-Pyrmont erweitert wurde.

Zur Geschichte des Kirchspiels Hohnsen, zu dem auch das benachbarte Dorf Herkensen gehörte, ist nur wenig bekannt. Die lutherische Lehre übernahm das Kirchspiel wohl zusammen mit den anderen Gemeinden der Grafschaft Spiegelberg.

Die Hohnser St. Petrus-Kirche liegt in der Mitte des langgestreckten Straßendorfes in stark erhöhter, beherrschender Lage. Den Zugang vermitteln Treppen.

Der Vorgänger, wohl in der zweiten Hälfte des 14. Jahrhunderts errichtet, war ein schlichter Bau mit niedrigem Turm gewesen. In einer Beschreibung der Grafschaft Spiegelberg von 1783 heißt es zur Kirche in Hohnsen, sie sei „schon sehr alt, klein und von Quadersteinen maßiv gebauet". 1807 musste sie wegen Baufälligkeit abgerissen werden. Ihre Steine sollen beim Bau der neuen Kirche wiederverwendet worden sein.

Es war die schlimme Zeit der Napoleonischen Kriege. 1806 hatte das hochbefestigte Hameln vor den französischen Truppen kapituliert und es folgte eine Zeit drückender Besatzung. Die Inschriftentafel zum Neubau reagierte darauf mit den Worten:

„Gott gebe euch ruhigere Zeiten als jetzt sind und laße es euch wohl gehen auf Erden."

Die Abendmahlsdarstellung

Der rechteckige Saalbau trägt ein im Osten abgewalmtes Mansarddach. Der im Westen aus dem Dach emporsteigende massiv wirkende Turm besteht aus einem zweiten Mansardgeschoss und einem Pyramidendach, das mit Gauben für die rechteckigen Schallöffnungen und einem Uhrziffernblatt versehen ist.

Die Dachdeckung an der Mansarde und am Turm ist in Sollingplatten erfolgt, darüber in Pfannen. Das massive Dach gibt dem Gebäude ein etwas plumpes, unproportioniertes Aussehen.

Die Wände aus Bruchsteinmauerwerk mit regelmäßiger Eckverzahnung sind verputzt. Hochrechteckige Sprossenfenster, zwei nach Osten, je drei nach Norden und Süden sowie Portale nach Westen und nach Süden gliedern die Wandflächen.

Das Innere präsentiert sich – in starkem Gegensatz zum Äußeren – als lichter, klarer und schlichter Raum. Die Einrichtung aus dem Jahre 1808 ist komplett erhalten und sorgfältig gepflegt.

Ein hölzernes Muldengewölbe überspannt das Schiff. Die auf allen Seiten umlaufende Emporenanlage wird im Osten von dem hochrechteckigen Kanzelaltar dominiert.

Zwei Säulen tragen auf halber Höhe den Kanzelkorb, darüber ein hohes Gebälk mit Schalldeckel, im Feld oberhalb das Auge Gottes im lebendigen Strahlenkranz. Im Gegenlicht des östlichen Mansardfensters erscheint der Aufsatz silhouettenhaft. Im Erdgeschoss führen zwei Rundbogentüren zur Sakristei.

Ursprünglich unter der Kanzel, jetzt an der nördlichen Trennwand zur Sakristei hängt das Gemälde „Christus als Freund der Kinder". Gemalt hat es im Gründungsjahr der Kirche 1808 der Künstler Johann Heinrich Ramberg aus Hannover im zeitgenössischen Stil der Nazarener. Die gegenüber hängende Abendmahlsdarstellung ist deutlich älter (1672). Sie zeigt Christus mit seinen Jüngern an einer langen Tafel in einem Raum mit vier Rundbogenfenstern und Holzbalkendecke.

Die ansonsten allseitig umlaufende Empore ist auf der Südseite des Altarraumes unterbrochen, sodass das Mittagslicht auf den Altar fallen kann. Gegenüber im Bereich der Nordwand befindet sich ein auffälliger Aufbau, der als Prieche gedient haben mag. Das Gestühl ist in einfacher Kastenform erhalten.

Der Orgelprospekt mit aufgesetztem flachem Giebel reicht bis zur hohen Decke empor. Vor einem grün-blau gehaltenen Hintergrund kommt seine klassizistische Form schön zur Geltung.

Von drei Glocken aus dem Vorgängerbau hat die älteste die beiden Weltkriege überstanden. Sie wurde 1459 in Bronze gegossen und zeigt neben der Kreuzigung und einem segnenden Bischof den Apostel Petrus und war Anlass, der Kirche ihren Namen zu geben.

Außerhalb der Kirche steht neben dem Westportal ein Epitaph für Pastor Barthold Lindemann, gest. 1674, und seine Ehefrau Ilsabe Polborners, gest. 1636, mit einer Kreuzigungsdarstellung vor einer Landschaft.

Das der Kirche benachbarte Pfarrhaus stammt von 1853/54.

DER KANZELALTAR MIT DEM AUGE GOTTES IM STRAHLENKRANZ

DER KLASSIZISTISCHE ORGELPROSPEKT UNTER DER GEWÖLBTEN DECKE

MARIENAU

Anfang des 14. Jahrhunderts stifteten die Grafen von Spiegelberg eine Niederlassung des Karmeliterordens im ursprünglich Ouhagen genannten Ort Marienau. Marienau blieb das einzige Kloster der Karmeliter in Niedersachsen.

Das anfangs eher unbedeutende Kloster bekam ab ca. 1400 eine überörtliche Bedeutung, nachdem einer Pieta der Maria mit dem Gekreuzigten auf dem Schoß eine wundertätige Bedeutung zugeschrieben wurde. An jährlich zwei großen Ablassmärkten, am Sonntag Jubilate und am Sonntag Johannes des Täufers, wallfahrteten die Menschen teilweise von weit her nach Marienau. Dorfbewohner verpflegten an diesen Tagen die Pilger mit einer Suppe aus Buchweizenmehl. Zur Erinnerung daran wird heute noch jährlich drei Wochen nach Ostern in Marienau das Wittmus (= weißes Mus)-Fest gefeiert. Bald nach Einführung der Reformation wurde das Kloster 1565 aufgegeben. Die Klostergebäude verfielen. Das Altarretabel gelangte in die Kirche zu Lauenstein, die wundertätige Madonna in die Kapelle zu Hof Spiegelberg. 1701 wurde in der Ruine der Kapelle ein Gottesdienstraum für die evangelische Gemeinde Marienau eingerichtet.

Von Nordosten

Die heutige Marien-Kapelle ist der einzige Überrest der ausgedehnten Klosteranlage. Der geschlämmte rechteckige Bau aus Bruchsteinen mit Eckquaderung entstand im Kern um 1500. Auf dem gewalmten Dach befindet sich im Westen ein schieferbekleidetes Zwerchhaus für den Glockenstuhl.

Die Südwand

Man betritt die Kapelle durch das spitzbogige, mit kräftigem Kehlprofil ausgestattete Südportal. Das gegenüberliegende gleichartige Nordportal ist vermauert. Auf der Westseite zeigen sich neben einem vermauerten hochrechteckigen Fenster zwei eng nebeneinander liegende Rundbogenfenster. Wahrscheinlich handelt es sich dabei ursprünglich um Portale. Im Rahmen der Prozessionschoreographie machten die zahlreichen Ein- und Ausgänge Sinn.

Das Kirchenschiff weist an den Längsseiten jeweils ein Fenster auf, die Ostwand zwei hochrechteckige Fenster aus dem 20. Jahrhundert.

Das Marienauer Kloster war die Grablege der Spiegelberger Grafen. Erhalten hat sich einzig die verwitterte und stark beschädigte spätgotische Grabplatte für Anna von Spiegelberg, Herzogin von Sachsen-Lauenburg, gest. 1504. Sie wurde an der Wand neben dem Südportal neu aufgestellt. Die Platte zeigt die Verstorbene in kräftigem Relief in zeittypischer Tracht unter einem kreuzrippengewölbten, von schlanken Säulen getragenen Baldachin sitzend. Zu ihren Füßen rechts befindet sich das Wappen der Grafen von Spiegelberg: der schreitende Hirsch mit reicher Helmzier.

Die Gestalt des Inneren – ein schlichter Saal mit verbretterter Decke – stammt aus einer gründlichen Renovierung in den 1950er Jahren. Damals wurde die um vier Stufen erhöhte Krypta der Kapelle beseitigt. Bei der letzten Renovierung 2014 hat man sie teilweise wieder sichtbar gemacht.

Im Jahre 2001 setzten Marienauer Bürger die Idee eines Klostergartens um. Es entstanden ein historischer Garten mit Flechtzaun und Kräutern sowie ein Bauerngarten mit alten Heilpflanzen und Blumen, die ehrenamtlich gepflegt werden.

REGION BAD MÜNDER (KIRCHENKREIS HAMELN-PYRMONT)

Der nördliche Teil der heutigen Kirchenregion Bad Münder mit den Ortschaften Bakede und Nettelrede gehörte im 12. Jahrhundert zur Burg Lauenau und zum Herrschaftsbereich der Welfen. 1364 fiel er als Pfand an die Schaumburger Grafen. Mit dem Erlöschen des Grafenhauses 1640 gelangte das Amt Lauenau zurück an die Welfen. 1859 wurde das Amt Lauenau aufgehoben und mit dem zum Fürstentum Calenberg gehörenden Amt Springe vereinigt.

Mit der Auflösung des Landkreises Springe im Zuge der Gebietsreform 1973 wurde das von den Höhenzügen des Deister und des Süntel gerahmte Gebiet in den Landkreis Hameln-Pyrmont eingeordnet. Auf recht engem Raum liegen hier sechs Kirchengemeinden mit ihren Gotteshäusern sowie die Ruine der dem Hl. Vitus geweihten Klosterkapelle in Hamelspringe.

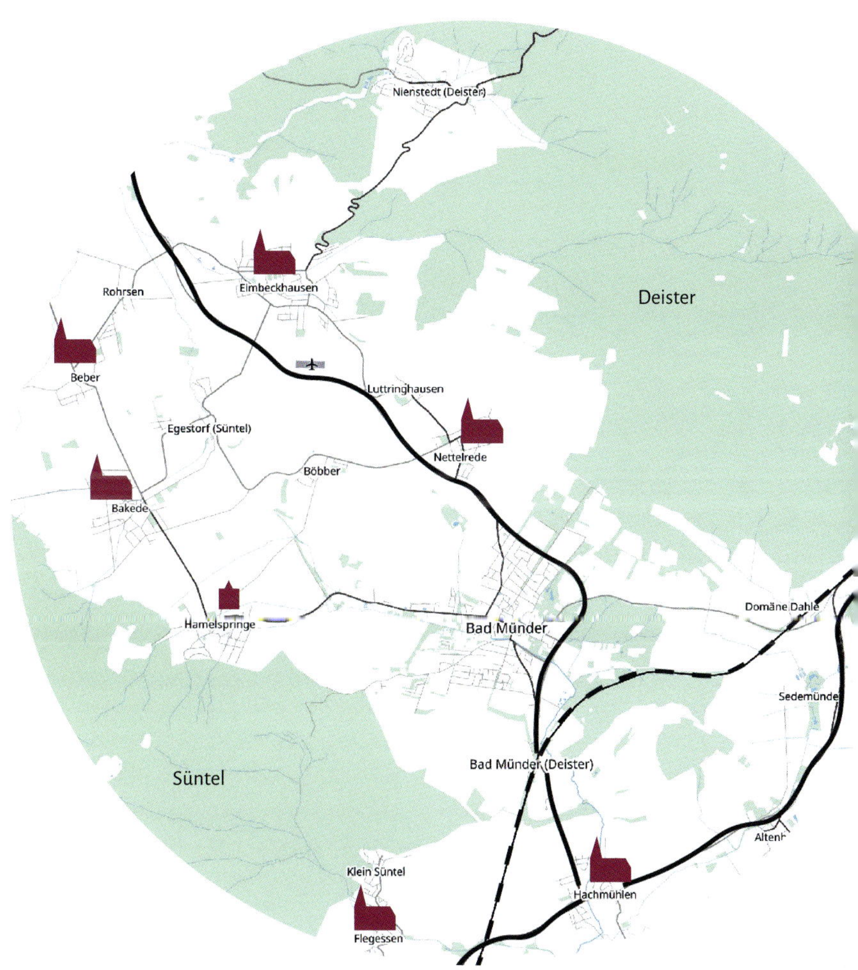

Bakede, St. Nicolai
Beber, St. Magnus
Eimbeckhausen, St. Martin
Flegessen, St. Petri
Hachmühlen, St. Martin
Hamelspringe, St. Vitus-Kapelle (Ruine)
Nettelrede, St. Dionysius

BAKEDE

Am Fuße des Süntels liegt auf einer leichten Anhöhe das Dorf Bakede und seine dem Hl. Nikolaus geweihte Kirche.

Die Kirche wird urkundlich das erste Mal 1277 erwähnt, sie zählt damit zu den ältesten im Sünteltal. Seit dem 14. Jahrhundert bis heute wird das Patronat vom Abt und Konvent des Klosters Loccum ausgeübt.

Von Norden

Ende des 18. Jahrhunderts war die Kirche so baufällig, dass sie geschlossen und 1820 abgebrochen wurde. Den Neubau hat 1828/29 Friedrich August Ludwig Hellner, der oberste Bausachverständige des Konsistoriums in Hannover, errichtet. Vom Vorgängerbau blieb nur der Kirchturm aus dem 14. Jahrhundert erhalten.

Nähert man sich der Kirche von Norden, ist der Weg von Linden gesäumt. Das 550 Personen fassende Kirchenschiff ist ungewöhnlich breit und massig. Um den Kirchturm, der mit seinen zwei Geschossen gerade den First der Kirche erreicht, nicht noch kleiner erscheinen zu lassen, ist das Walmdach der Kirche sehr flach gehalten. Das hohe Walmdach des Turmes trägt eine verschieferte Laterne.

Die südliche Eingangstür mit der Inschrift „Hier ist Gottes Haus“

Der mittelalterliche Turm ist steinsichtig geblieben, das klassizistische Kirchenschiff ist dagegen mit einem durch horizontale Fugen strukturierten Putz überzogen.

Die Längsseiten haben sieben Fensterachsen, die östliche Schmalseite drei. Die vier äußeren Achsen springen leicht vor und sind durch Sandsteinquader betont. Sie nehmen oben ein rundbogiges und unten ein rechteckiges Fenster auf, ein typisches Merkmal der frühen Bauten des Konsistorialbaumeisters Hellner. Die übrigen rundbogigen Fenster sind in Höhe der Emporen durch breite Holzkämpfer in zwei Zonen geteilt.

Eine der Säulen, die die Empore tragen, mit dem gemalten Palmettenfries

An den drei Mittelachsen des Kirchenschiffs befinden sich Portale, in deren Gebälk sich jeweils eine Inschrift aus der biblischen Geschichte von Jakobs Traum von der Himmelsleiter (1. Mos. 28,17) befindet. Im Norden heißt es: „Hier ist die Pforte des Himmels." Im Süden: „Hier ist Gottes Haus." Im Osten: „Diese Stätte ist heilig." Zusätzlich ist hier das Baudatum angegeben.

Wie in Hachmühlen ist die Kirche ein typisches Beispiel für die lichtdurchfluteten Räume des frühen 19. Jahrhunderts. Klare Helligkeit und eine kühle, klassizistische Strenge prägen den in Grau-Blautönen mit wenigen Goldakzenten gestalteten Innenraum.

Dominierend ist die umlaufende Empore, die von einer zweigeschossigen Säulenarchitektur getragen wird, unten von quadratischen Stützen, oben von Säulen. Die Gebälkzone ist mit einem aufgemalten Palmettenfries geschmückt. Darauf ruht im Mittelschiff eine gekehlte Kassettendecke.

Die Kanzelaltarwand ist eingerahmt von zwei monumentalen kannelierten ionischen Säulen. Sie sollen die Einheit und Gleichwertigkeit von Wort und Sakrament betonen. Bei einer früheren Restaurierung wurde der ehemals offene Umgang in Emporenhöhe rechts und links der Kanzel geschlossen, wodurch der Wandcharakter stärker betont wird.

Eine Besonderheit sind die beiden Vasen, die auf den Altarschranken stehen. Diejenige aus Messing wird zur Taufe verwendet, diejenige aus Holz als Opferstock. Diese Aufstellung im sakralen Bereich macht deutlich, dass auch die Verantwortung für die Bedürftigen zu den christlichen Prinzipien gehört. Die Taufvase soll noch aus dem Vorgängerbau stammen.

Eine Kopie des Abendmahlsbildes von Leonardo da Vinci schmückt die Rückwand des Altars.

Im Sinne der protestantischen Liturgie der Aufklärung sind im Kanzelaltar die Sakramente, Taufe und Abendmahl sowie Wort und Nächstenliebe zentral vor den Augen der Gemeinde versammelt.

Blick durchs Schiff auf den Kanzelaltar

Von Süden

Blick in den Altarraum

BEBER

Fährt man von Bakede nach Beber, ist der 50 Meter hohe, leicht nach Westen geneigte und ein wenig gedrehte Kirchturm von St. Magnus schon von weitem zu sehen. 1033 wird der Ort erstmals in der Schreibweise Beddebure in einer Urkunde Kaiser Konrads II. erwähnt. Kurze Zeit später (um 1050) wurde vermutlich die örtliche Kirche gegründet.

Bei der 1498 in einer Urkunde des Bischofs Heinrich von Minden erwähnten kerkheren to Bedebere wird es sich um den heutigen Bau handeln, der um 1500 im Stil der Gotik entstanden ist.

An den leicht eingezogenen, vermutlich etwas älteren Westturm schließt sich das zweijochige Langhaus und ein polygonaler Chor in gleicher Breite an. Die Fenster sind spitzbogig, aber ohne Maßwerk. Die sog. Brauttür im Nordosten hat zwischen Kehlungen einander durchdringende Stabprofile, darüber ein kleines Vierpassfenster. Die Sakristei im Nordosten mit ihrem abgeschleppten Dach ist wohl zeitgleich mit dem Chor entstanden.

Der Turm hat drei durch Gesimse abgeteilte Geschosse, an der Nordseite tritt der Halbkreis eines Treppenturms hervor. Das Glockengeschoss hat sowohl rundbogige wie spitzbogige gekuppelte Schallöffnungen, der Helm ist ins Achteck überführt. Der Schlussstein der nachträglich gewölbten Turmhalle ist 1516 datiert.

In der Turmhalle hängt in gut drei Meter Höhe ein überlebensgroßes, lang gewandetes Kruzifix aus Holz, wohl Anfang des 13. Jahrhunderts entstanden. Die Farbfassung, die Fußstellung und die Form des Fußbänkchens wurden verändert. Die Legende sah darin den Kirchenpatron St. Magnus, wobei unklar ist, welcher von den drei möglichen Heiligen gemeint ist. Tatsächlich ist es aber eine Arbeit, die in der Nachfolge des Santo Volto (= Heiliges Antlitz) entstanden ist, eines hölzernen Kruzifix, das in der Kathedrale von Lucca (Italien) verehrt wird.

Das Santo Volto stellt den Heiland nicht leidend dar, sondern als Triumphator, gekrönt, in eine gegürtete Tunika gekleidet, mit langem Bart und offenen Augen, aufrecht vor dem Kreuz stehend. Mehrere ähnliche Kreuze aus Deutschland gehen auf das Vorbild aus Lucca zurück, u.a. das Imervardkreuz im Braunschweiger Dom, das um 1150

Der Flügelaltar mit den Passionsszenen

Ausschnitt: Die Gruppe der trauernden Frauen mit Johannes am Fuss des Kreuzes (links), der Hohepriester mit dem römischen Hauptmann und seinem Knappen (rechts)

entstand. Auch Obernkirchen hatte ein derartiges Kruzifix, das sich jetzt im Museum für Kunst- und Kulturgeschichte in Marburg befindet.

An den zweijochigen Innenraum schließt sich ein schmaleres Chorjoch an, dass durch eine breitere Rippe als Triumphbogen vom Langhaus abgesetzt ist. Die Gewölberippen ruhen auf Konsolen.

1871/72 erfolgte eine Restaurierung durch den Konsistorialbaumeister der hannoverschen Landeskirche Conrad Wilhelm Hase. Dabei wurde die gesamte Innenausstattung bestehend aus Altar, Gestühl, Westempore mit Wendeltreppe, Orgel und Taufstein erneuert. Die Fenster erhielten eine dezente ornamentale farbige Verglasung.

1960 ließ die Gemeinde den neugotischen Altar von Hase entfernen und stellte ihn in die Friedhofskapelle. Stattdessen baute man den glücklich erhaltenen Flügelaltar mit den Passionsszenen vom Anfang des 16. Jahrhunderts auf. Er wurde farblich neu gefasst, gerahmt und, da von zwölf Szenen drei fehlen, neu zusammengestellt.
Die Mitte nimmt der Kalvarienberg ein. In der unteren Ebene findet sich die Frauengruppe mit Maria, Maria Magdalena sowie dem Lieblingsjünger Johannes, die den Fuß des Kreuzes umklammert. Auf der rechten Seite stehen ein Hohepriester, durch seine spitz zulaufende Kopfbedeckung als Jude gekennzeichnet, und der römische Hauptmann mit seinem Knappen, der sein Schwert trägt. Darüber verteilen

sich in zwei Gruppen die Kriegsknechte und diejenigen, die um die Kleider gewürfelt haben.

Diese Szene wird vor einem goldenen Hintergrund – der jenseitigen Herrlichkeit – vom Kruzifix mit den Schächern zu beiden Seiten überragt. In Anlehnung an das Kruzifix im Turm ist Christus mit offenen Augen und aufrechter Haltung dargestellt.

In den kleineren Feldern und auf den Flügeln sind die Passionsszenen dargestellt. Für die fehlenden drei Tafeln wählte man Texte zu Abendmahl, Pfingsten und zum Weltgericht aus. Die gleiche thematische Darstellung mit Kalvarienberg und Passionsszenen finden wir im Schaumburgischen in Obernkirchen und in Meerbeck. Für beide Altäre wird eine Werkstatt in Minden oder im Mittelweserraum vermutet.

Die auf Hase zurückgehende Kanzel und drei aus vorreformatorischer Zeit stammende Elemente: eine Sakramentsnische, ein Sandsteinrelief mit dem Gekreuzigten und eines der Weihekreuze

An der nördlichen Chorwand hat sich die Sakramentsnische mit originalem gotischem Eisengitter erhalten, darüber das Datum 1499. Unter der Nische befindet sich ein Sandsteinrelief des gekreuzigten, bartlosen Christus als Viernageltypus in einem gegürteten Gewand und einer mitraähnlichen Kopfbedeckung oder Krone. Diese für das späte 15. Jahrhundert nicht mehr übliche Darstellung ist wohl als bewusstes Zitat des romanischen Kruzifixes in der Turmhalle zu lesen.

In der Sakristei hängt ein Kruzifix aus der Zeit um 1500 mit der Darstellung des leidenden Christus. An seinen Kreuzenden befinden sich Medaillons mit den Symbolen der Evangelisten.

Ein weiteres Kreuzigungsrelief vom Ende des 14. Jahrhunderts befindet sich außen an der südlichen Chorwand. Rechts und links vom Kruzifix stehen in Rundbogennischen Maria und Johannes, direkt unter dem Kreuz in einer kleinen Nische der Stifter, der damit für das eigene Gedenken gesorgt hat.

Ein besonderes Schmuckstück ist das Bibellesepult

Die Brauttür im Nordosten

Gegenüberliegende Seite:
Das romanische Kruzifix in der Turmhalle

Der Blick auf die Orgelempore im Westen

auf dem Altar, datiert 1742. Es ist im Stil der damals beliebten chinesischen Lackarbeiten gehalten.

Bei einer weiteren Restaurierung wurden Fragmente einer Ausmalung des späten 16. Jahrhunderts mit Evangelisten und Inschriften (ähnlich wie in Hülsede) gefunden, die aber wieder überdeckt wurden. Nur in der Turmhalle ist noch Rankenmalerei zu sehen. Aus vorreformatorischer Zeit stammen zwölf über die Wände der Kirche verteilte Weihekreuze.

Hinter dem veränderten neugotischen Orgelprospekt von 1840 verbirgt sich eine wertvolle Furtwängler-Orgel.

Bemerkenswert ist, dass das Ensemble aus Pfarrhaus mit Pfarrscheune und Nebengebäude (1708), Küsterhaus (1811) und Konfirmandenhaus bzw. ehemaligem Waschhaus (1800) um die Kirche herum erhalten ist. Nur das alte Pfarrwitwenhaus wurde abgerissen.

Ein besonderes Kleinod ist der Pfarrgarten, der 2001 unter Denkmalschutz gestellt wurde. Ursprünglich als Nutzgarten zur Eigenversorgung des Pfarrers angelegt, begann man im 19. Jahrhundert mit der Anlage eines Landschaftsgartens. Prägendes Element ist ein kleiner Bach, der sich durch den Garten schlängelt. Ein Rundweg um das Haus führt zu einer alten Süntelbuche und mehreren Schwarzkiefern.

Eine Süntelbuche im Pfarrgarten

EIMBECKHAUSEN

Der ummauerte Kirchhof von St. Martin in Eimbeckhausen liegt an der Hauptstraße des Sünteltales und dem Abzweig zum Deisterpass bei Nienstedt auf einer leichten Anhöhe. Im Norden schloss sich das Rittergut an, das in den 1970er Jahren abgebrochen wurde. Dessen Besitzer hatten das Patronat inne, das 1969 durch Verzicht erlosch.

Obwohl die Kirche in mehreren Bauphasen errichtet wurde, wirken die Proportionen von Turm, Schiff und gotischem Chor sehr stimmig. Die schöne Dacheindeckung aus Sollingsandstein fasst alle Bauteile zu einem Körper zusammen.

Der ursprüngliche Saalbau aus der ersten Hälfte des 12. Jahrhunderts wurde um 1200 zu einer kreuzförmigen Anlage erweitert. Diese

VON SÜDEN

romanischen Bauteile zeichnen sich durch sorgfältig behauenes Mauerwerk aus Großquadern und sehr enge Fugen aus. Vorbild sowohl für den Maueraufbau als auch für den Grundriss wird die Sigwardskirche in Idensen gewesen sein, die im Bistum Minden als Eigenkirche des Bischofs eine herausragende Rolle spielte. St. Martin ist damit die einzige Kirche im Landkreis Hameln-Pyrmont, die im frühen 13. Jahrhundert über einem griechischen Kreuzgrundriss errichtet wurde.

Der Turm wurde um 1500 bzw. Mitte des 16. Jahrhunderts erneuert, wie es zwei auf 1499 und 1549 datierte Wappensteine belegen. Auf die Existenz eines älteren Turmes verweist eine jetzt zweitverwendete Teilungssäule mit Würfelkapitell und Ecksporen an der Basis im östlichen Schallloch des Turmes. Der Turm hat die gleiche Breite wie das Schiff und ist durch ein schmales Gesims in zwei Geschosse geteilt. Auf dem abgestumpften Pyramidendach sitzt eine offene Laterne, die wiederum zur Pyramide geschlossen ist.

Turmportal mit Wappenstein

DER BLICK VOM EINGANG DURCH DAS NIEDRIGE SCHIFF ZUM LICHTDURCHFLUTETEN CHOR

Der Chor wurde mit Ausnahme der nördlichen Außenwand in spätgotischer Zeit mit einem polygonalen Abschluss erneuert und nach Süden hin verbreitert, so dass im Inneren der ursprüngliche Gurtbogen den Chor überschneidet. Der Sakristeianbau im Nordosten des Chores ist vermutlich im Zuge der gotischen Erneuerung entstanden. Die ursprünglich niedrigeren Dächer der Kreuzarme brachte man auf die Höhe des Langhausfirstes.

Die Zugänge zur Kirche an der Nord- und Südseite des Langhauses sowie im südlichen Kreuzarm wurden nachträglich verschlossen. Letzterer führte zu einem Grabgewölbe der adligen Familien. Den Aufgang zur Gutsherrenprieche an der nördlichen Langhausseite brach man 1957 ab. Am Türsturz haben sich noch die Wappen derer von Werpup, von Haus und von Eisleben und die Datierung 1688 erhalten. Ebenso wurde im Inneren die Westempore entfernt, von der die adligen Familien den Gottesdienst verfolgten.

Seltenheitswert hat eine spätgotische „Piscina“ an der nördlichen Außenwand mit einer Abflussrinne und einer Schreckmaske darüber. Hier lief das Wasser ab, das der Geistliche für die rituelle Händewaschung und die Reinigung der im Gottesdienst benötigten Geräte brauchte.

„PISCINA“ IN DER AUßENWAND

Das Altarretabel

Die Orgel im nördlichen Seitenschiff

Man betritt die Kirche durch das spätgotische, mit sich überschneidenden Birnstabprofilen versehene Portal im Westen, darüber das Wappen der Familie von Haus und die Jahreszahl 1549. Die Turmhalle hat eine Tonnenwölbung, zum Schiff hin öffnet sich die Halle mit einem Spitzbogen. Der lichtdurchflutete Chor mit dem Schnitzaltar im Zentrum bildet zu dem niedrigen, etwas gedrückten Kirchenraum einen stimmungsvollen Kontrast.

Der romanische Kirchenraum ist mit Kreuzgraten gewölbt. Der gotische Chor dagegen hat ein Kreuzrippengewölbe mit einem ringförmigen Schlussstein, ebenso wie die wohl zeitgleich entstandene Sakristei. Die Vierung ruht auf breiten Gurten. Die Fenster sind zum größten Teil rundbogig, einige mit leichtem Spitzbogen.

Die Ausstattung ist schlicht. Die achteckige Holzkanzel von 1671 mit Rundbogenarkaden auf den Wandungsseiten und davor stehenden gedrehten Säulen ist mit den Evangelistensymbolen und der Lutherrose neu bemalt worden. Unterbau und Aufgang stammen aus dem 19. Jahrhundert. Möglicherweise bildete die gedrehte Säule des heutigen Kollektenhalters den ehemaligen Kanzelfuß.

Das achteckige hölzerne Taufbecken, dessen Wandungen mit Dreipässen verziert sind, stammt aus dem 19. Jahrhundert.

Der Altar aus dem frühen 16. Jahrhundert ist aus verschiedenen Teilen eines gotischen Schnitzaltars in einem neugotischen Schrein neu zusammengesetzt worden. Thematisch und in der Ausführung ähnelt er dem Altar in Beber. Den Mittelpunkt bildet Christus am Kreuz zwischen den Schächern, der figurenreiche Kalvarienberg darunter fehlt. Die Passionsszenen sind von links nach rechts angeordnet, angefangen von der Ölbergszene mit den schlafenden Jüngern bis hin zur Auferstehung. Darüber stehen vor einem Goldhintergrund die als Vollfiguren ausgeführten zwölf Apostel. Stilistisch weichen sie von den anderen Figuren ab und gehörten vermutlich zu einem zweiten Altar. Auch die Figuren von Maria und dem Hl. Martin, die beiderseits des Schreins aufgestellt sind, stammen aus einem anderen Zusammenhang.

Im südlichen Querhaus hängt ein 1588 datiertes, farbig gefasstes Epitaph für den Reformator Heinrich Sweling, der als Halbfigur das Kruzifix anbetet.

Die Orgel steht im nördlichen Querschiff und ist ein gelungenes Beispiel für das Design der 1950er Jahre.

HAMELSPRINGE

Ansicht von Südosten

1309 begannen die Zisterzienser des Klosters Loccum mit dem Bau eines Filialklosters in Hamelspringe, nachdem sie im Bereich Bakede, Böbber und Hamelspringe Güter erworben hatten. Die 1318 dem Hl. Vitus geweihte Klosterkapelle soll drei Altäre enthalten haben. Zum Bau der weiteren Klostergebäude ist es – vermutlich aus finanziellen Gründen – nie gekommen.

Im 15. Jahrhundert muss die Kapelle grundlegend erneuert worden sein, da sie am 21. Oktober 1459 wieder geweiht wurde und fortan den 11.000 Jungfrauen gewidmet war.

Der turmlose Saalbau aus Bruchstein mit Eckquaderungen besaß ursprünglich zwei Steilgiebel, die jetzt abgewalmt sind. An der Südseite hat der Bau drei Spitzbogenfenster, an der Ostseite ein breiteres. Die Fenster sind in einen Segmentbogen und ein oberes Kreisfenster geteilt. An der Westseite befinden sich vier schmale Lichtöffnungen.

Der an der Nordseite befindliche Eingang hat einen waagerechten Sturz mit zwei konsolartigen Abfangungen in den Ecken, darüber seitlich ein kleines Spitzbogenfenster. Vorkragungen in der Mitte der Nordwand weisen darauf hin, dass hier ein Gebäudeanschluss geplant war, möglicherweise zu den Klostergebäuden.

Das Innere prägten ursprünglich drei Kreuzrippengewölbe mit birnstabförmigen Rippen, die im 20. Jahrhundert entfernt wurden, so dass der Raum heute zum Dach hin offen ist. In der etwas vorspringenden nordwestlichen Ecke befand sich eine Wendeltreppe. Einige gemalte Weihekreuze sind noch auf den Wänden zu erkennen.

Für regelmäßige Gottesdienste wurde die Kapelle wohl nur bis Ende des 17. Jahrhunderts und noch einmal während des Baues der Kirche in Bakede (1819-1829) genutzt. Danach diente sie als Speicher für den Gutshof, zu dem sie noch immer gehört und auf dessen Grund sie liegt. Heute finden hier ganz vereinzelt Taufen und Trauungen statt.

FLEGESSEN

Die Kirchengemeinde Flegessen umfasst die Dörfer Flegessen und Hasperde und, seit der Aufnahme des Bergbaus am Süntel im 17. Jahrhundert, auch die Bergarbeiter- und Glasmacherkolonie Klein Süntel. Seit August 2017 ist Flegessen pfarramtlich mit der Kirchengemeinde Hachmühlen verbunden.

Die St. Petri-Kirche liegt auf einer Anhöhe inmitten des Dorfes. Bis 1890 stand hier eine zweijochige romanische Saalkirche mit eingezogenem viereckigem Chor. Die Erbauungszeit dieser Kirche ist nicht bekannt. Im Laufe des 19. Jahrhunderts nahmen die Bauschäden an der Kirche zu. Der Turm musste wegen Einsturzgefahr teilweise abgetragen werden. Zur Begutachtung der Bauschäden kam 1889 Konsistorialbaumeister Conrad Wilhelm Hase nach Flegessen, der einen Neubau empfahl.

1891/92 wurde die Kirche durch den Architekten August Lingemann aus Hannover neu errichtet. August Lingemann, der 1868-1870 in Hannover u. a. bei Conrad Wilhelm Hase studiert hatte, hatte sich für den Neubau durch die Errichtung des Mausoleums für Otto Freiherr von Hake (1881-1884) sowie die Erweiterung und den Umbau von Schloss Hasperde (1883-1893) empfohlen. In Hameln hat Lingemann mächtige Industriebauten hinterlassen (die Werdermühle 1887, den Hefehof 1890 sowie die Pfortmühle 1895).

Vorgängerbau mit dem bereits teilweise abgetragenen Turm

Der dreischiffige neuromanische Bau ist in Quadermauerwerk errichtet. Der eingezogene, annähernd quadratische Chor steht wohl auf den Fundamenten des Vorgängerbaus.

Reizvoll wirkt die Asymmetrie der Giebelfassade mit der Vorhalle und einem im Süden angefügten quadratischen Turm mit achtseitigem Helm und Seitengiebeln. Nach Nordosten präsentiert sich mit dem eingeschossigen Sakristeianbau nördlich des Chorraums eine lebendige Dachlandschaft.

Gegenüberliegende Seite: Von Nordosten

Das Innere mit Blick auf den hohen Orgelprospekt

Blick durch den Triumphbogen in den lichten Chor

Die Kirche beeindruckt durch ihre vollständig erhaltene neuromanische Innengestaltung. Den Raumeindruck im Schiff bestimmt die reichliche Verwendung von Holz in Gestalt der trapezförmigen Bretterdecke, die das Mittelschiff überspannt, der Emporen in den Seitenschiffen sowie der Bänke. Das dunkelgebeizte Holz und die weißen Wände ergeben einen lebendigen Kontrast. Die sichtbar gehaltenen Holzverbindungen erinnern an Lingemanns Lehrer Conrad Wilhelm Hase.

Das Schiff wird durch einen breiten, farbig dekorierten Triumphbogen vom Chor abgegrenzt. Die Bilder im Triumphbogen zeigen die Ablösung des alttestamentarischen Opferkultes durch das Neue Testament. Die Gestalten von Abel, Aaron, Melchisedek und Isaak (von links) repräsentieren das unvollkommene Priestertum des Alten Bundes. In seinem Kreuzestod (im Scheitelpunkt des Bogens) zeigt sich Christus als der wahre und endgültige Hohepriester des Neuen Bundes. Dieses Bildmotiv und der Chorbereich als eigenständiger Baukörper machen deutlich, dass in der Neuausrichtung der Liturgie das Sakrament der Auslegung des Wort Gottes wieder übergeordnet ist.

Den Zugang zum Chor rahmen nach Norden die Kanzel aus Eichenholz mit den Symbolen der vier Evangelisten an den Wandungen und nach Süden die Sandsteintaufe mit ihrem Messingdeckel und der schönen schmiedeeisernen Zugvorrichtung.

Im Unterschied zum Schiff ist der Chor ganz hell gehalten. Der Altar trägt einen niedrigen Holzaufsatz mit der Darstellung des himmlischen Jerusalem, hinter dem die Buntglasfenster von A. Freystadt mit der Darstellung des Auferstandenen (1892) schön zur Geltung kommen. Das Rundfenster im oberen Bogenfeld zeigt mit dem Pelikan, der sich die Brust aufgerissen hat, um mit seinem Blut seine Jungen zu nähren, ein Christussymbol.

Die auf der Westempore stehende Orgel mit ihrem hohen Prospekt wurde zur Einweihung 1892 von der Firma Furtwängler & Hammer neu geschaffen (die Vorgängerkirche enthielt keine Orgel).

Einige wenige ältere Einrichtungsgegenstände sind zu nennen. Den Besucher, der das Kirchenschiff betritt, empfängt der um 1656 geschaffene anrührende hölzerne Taufengel. Er wurde 1973 auf dem Dachboden der Flegesser Schule aufgefunden und nach einer Restaurierung vor der Orgelempore aufgehängt. Taufschale und Flügel hat er mit den Jahren eingebüßt. Ursprünglich wurde der Taufengel, in der Hand die Taufschale, über dem Arm ein Handtuch, zu jedem Taufakt herabgelassen.

Ein wertvolles hölzernes Kruzifix aus der zweiten Hälfte des 15. Jahrhunderts hängt im südlichen Seitenschiff.

Von Westen

Offen liegende Holzkonstruktion

Blick auf die Deckenkonstruktion

Die Empore im südlichen Seitenschiff

Der hölzerne Taufengel

Einen Stock höher, auf der Südempore, befindet sich das Sandsteinepitaph für Erasma von Bennigsen, die 1599 verstarb. Die von einer Ädikula mit Schweifwerk eingefasste Reliefdarstellung zeigt die um ein Kreuz versammelte achtköpfige Familie.

Auf der Nordwand des Chorraums über der Tür zur Sakristei hängt das Leinwandepitaph für die 1635 verstorbene Anna Faelicitas Schölhamer, eine gute Kopie der von Peter Paul Rubens 1602 gemalten Kreuzabnahme.

Den bronzenen Osterleuchter, der im nördlichen Seitenschiff steht, hat der heimische Künstler Eckard Wesche (Aerzen) 1989 geschaffen. Drei Elemente, die Trinität symbolisierend, bilden einen Kelch, aus dem das Licht der Kerze leuchtet.

2018/19 verkaufte die Gemeinde das nahe Pfarrhaus (mit schöner Rahmung der Tür) samt der als Gemeindehaus genutzten Pfarrscheune. Als Ersatz entstand unter der Westempore ein 100 qm großer Versammlungsraum, der durch eine Glasfront vom Kirchenschiff getrennt ist. Ein kurzer gläserner Gang führt von der Kirche zu einem Funktionsbau, der Büro, Sanitärräume, Heizung und eine Küche beherbergt. Die Integration des Gemeindesaals ins Kircheninnere hat durchaus Modellcharakter.

Aus der langen Reihe der Pfarrer soll Johann Heinrich Friedrich Schlotheuber genannt werden, der von 1821 bis zu seinem Tod 1866 in Flegessen amtierte. Schlotheuber legte ein umfangreiches Herbarium (35.000 Arten von wildwachsenden Pflanzen) aus dem Süntel und dem Ith an. Das Herbar hat nach seinem Tod König Georg V. aufgekauft. Es befindet sich heute im Institut für Geobotanik in Hannover. Schlotheuber soll auch die heute verschwundene Gestaltung des Pfarrgartens in Obst-, Landschafts-, Gemüse- und Ziergarten maßgeblich beeinflusst haben.

HACHMÜHLEN

Das alte Dorf Hachmühlen lag südlich der nach Hannover führenden Chaussee, der heutigen Bundesstraße 217. Das heute verlustig gegangene kirchliche Zentrum befand sich nördlich davon am Abzweig der Straße nach Bad Münder. Östlich dieser Straße steht das inzwischen verkaufte Pfarrhaus mit seinem ehemals schönen Garten. Gegenüber lag das prächtige Pfarrwitwenhaus. Geblieben ist allein die auf einer Erhebung thronende St. Martinskirche südlich der Bundesstraße.

Hachmühlens Kirche teilt das Schicksal vieler Dorfkirchen: Im Dreißigjährigen Krieg mehrfach schwer beschädigt, wurde die Kirche erst 1842-44 durch den Landbaubediensteten T. Peters unter Einbeziehung des gotischen Turmes neu errichtet. Vierzehn Jahre zuvor hatte Peters fast baugleich die Kirche in Klein Berkel entworfen. Sicher sind die Bauten unter dem Einfluss des Bausachverständigen des Konsistoriums Friedrich August Hellner und der damaligen Vorgaben für Kirchenbauten entstanden. Pläne oder Entwürfe von Hellner sind aber nicht erhalten.

Von Südwesten

Der quadratische Turm steigt ungeteilt auf, in den unteren Geschossen hat er schmale Lichtschlitze, im Glockengeschoss gekuppelte Spitzbogenfenster. Das Walmdach trägt einen Dachreiter. Den Eingang hat Peters neu gestaltet.

Der äußere Bau ist durch fünf Fensterachsen an den Längsseiten gegliedert und mit leicht vorspringenden Eckbetonungen und einem Rundbogenfries unter der Traufe sparsam akzentuiert. An der östlichen Giebelseite ist ein rundbogiges Portal zur dahinterliegenden Sakristei nachträglich zugemauert. Der durch eine Fensterrose betonte Eingang befindet sich mittig auf der Südseite. Die rundbogigen Fenster sind zweibahnig mit einem Vierpass im Bogenfeld angelegt.

Von Süden

Das Innere überrascht durch seine außergewöhnliche Helligkeit, freundliche Farbgebung und die komplett

erhaltene einheitliche Gestaltung aus der Entstehungszeit. Der rechteckige, mit einer gekehlten Flachdecke geschlossene Saal hat eine auf drei Seiten bis zum Chorbereich umlaufende Empore. Auf der durch zwei Treppenläufe erschlossenen Westempore dominiert der fünfachsige Orgelprospekt mit der wertvollen Furtwängler-Orgel.

Der durch eine Stufe erhöhte Altarbereich ist mit Sandsteinplatten belegt, die ein Sternmuster bilden.

Die das Kirchenschiff in seiner Breite füllende Altarwand hat die Anmutung einer Bühnenkulisse. Der untere Bereich wirkt mit seiner Putzstruktur wie eine Außenarchitektur. Er wird durch sechs Pilaster und vier Türen mit Rundbögen gegliedert, die mit einer aufgehenden Sonne vor blauem Grund geschmückt sind. Dem mittleren Rundbogen ist ein Kreuzigungsgemälde eingefügt, das mit seinen dramatischen Hell-Dunkel-Effekten an den spanischen Maler El Greco erinnert.

Im oberen Geschoss ist die Kanzel durch zwei Pilaster mit korinthisierenden Kapitellen hervorgehoben und durch ein breites, reich geschmücktes Gebälk zur Decke hin abgeschlossen. Die Verbindung zur unteren Ebene vermitteln zwei als Vorhänge gestaltete Anschwünge. Allein das moderne, sich an klassizistischen Formen orientierende Taufbecken aus Thüster Kalkstein im Chorbereich ist jüngeren Datums.

Die St. Martins-Kirche in Hachmühlen gehört damit zu den Kirchen, in denen die Liturgie der Aufklärung mit der erstrebten Gleichwertigkeit von Abendmahl, Taufe und Predigt und der Zentrierung auf den Chorbereich noch einmal verwirklicht wurde. In den fünfziger Jahren des 19. Jahrhunderts ging diese Tradition zu Ende.

Gegenüberliegende Seite:
Die Altarwand

Die durch zwei Treppenläufe erschlossene Westempore mit dem fünfachsigen Orgelprospekt

NETTELREDE

Der Ort Nettelrede, vor ca. tausend Jahren erstmals in einer Stiftungsurkunde des Michaelisklosters in Hildesheim erwähnt, gehört zu den ältesten im Bereich von Bad Münder. Mitten im Dorf, das am Fuße des Deisters liegt, versteckt sich die Dionysiuskirche zwischen älteren Gehöften.

DAS ÄUßERE VON SÜDOSTEN

1862-1864 erfolgte – unter Erhaltung des mittelalterlichen Turms – der Abriss der alten, vermutlich gotischen Kirche und ein Neubau durch den Konsistorialbaumeister Conrad Wilhelm Hase. Mit der Errichtung einer neugotischen Backsteinkirche folgte Hase den Grundsätzen, die er selbst für den Kirchenbau mit entwickelt hatte: Grundriss in Kreuzform, Standort des Altars im Chor, Stellung der Kanzel seitlich vor dem Chorraum, Sichtbarkeit von Material und Konstruktion. Auch die Innenausstattung geht auf Hase zurück, so dass wir hier einen echten „Hasebau" vor uns haben.

Umrundet man den Bau, so fallen zahlreiche Strebepfeiler, Vor- und Rücksprünge und eine sehr lebendige Dachlandschaft auf. Der aus Bruchsteinen gemauerte Turm mit seinen nach Ost und West gerichteten Stufengiebeln ist von zwei Portalvorhallen eingefasst, die im Inneren die Treppen zur Orgelempore aufnehmen.

Das annähernd quadratische Langhaus weist drei Fensterachsen mit spitzbogigen Fenstern und einfach abgetrepptem Gewände auf. Im Osten sind zwei Querhausarme angesetzt, deren niedrigere Satteldächer in das Dach des Hauptschiffes einschneiden. Die Giebelseiten des Westjoches, des Querschiffes und des Langhauses nehmen mit einer Abtreppung das Motiv der Turmgiebel auf.

DER BLICK AUF CHOR UND KANZEL

Der Chor besteht aus einer polygonalen Apsis und zwei kleineren Seitenapsiden, die im Inneren vom Kirchenraum abgetrennt sind und als Funktionsräume dienen. Die mittlere Apsis ist mit fünf schlichten Wimpergen bekrönt, zwischen denen das Regenwasser durch schmucklose Wasserspeier abgeleitet wird.

Im Gegensatz zu seinen Stadtkirchen hat Hase in Nettelrede zwar die Bauformen der Gotik verwendet, aber auf Zierrat wie Rosetten, Fialen und Formsteine verzichtet, da es sich „nur" um eine Dorfkirche handelt. Der Bau ist aus Backsteinen errichtet. Nur an den beiden Eingängen am Westjoch hat er für die beiden Tympana (ein Weinstock und ein Pelikan mit Jungen) Sandstein verwendet.

Detail der 2009 nur exemplarisch ausgeführten Ausmalung

Im Inneren hat Hase eine Holzkonstruktion mit Stützen und Bretterdecke eingezogen. Indem er die Decke des Mittelteils bis zur ersten Kehlbalkenlage des Dachwerkes erhöht hat, entsteht der Eindruck einer Basilika. Die Bögen zwischen den Stützen sind mit durchbrochenem Maßwerk geschmückt. Bei der tiefgreifenden Sanierung 2009 wurde die Farbigkeit der Holzkonstruktion der Erbauungszeit in einem warmen, hellen Elfenbeinton wiederhergestellt. Seitdem strahlt das Innere wieder statt in tristem Grau-Schwarz in hellen Tönen. Allerdings wurde auf die farbigen Absetzungen in Rot und Grün verzichtet, so dass der Raum jetzt weitgehend monochrom wirkt.

Die Orgelempore und die Deckengestaltung

Nur der Chor hebt sich farbig ab. Seine Gewölberippen und der Triumphbogen sind in Rot gehalten. Die Fenster sind mit einem dezenten farbigen Rahmen gegenüber den Langhausfenstern hervorgehoben.

Die meisten von Hase entworfenen Ausstattungsstücke befinden sich im Chorbereich. Das Altarretabel ist als neogotischer Dreiflügelaltar mit Wimpergen und Fialen gestaltet. Die beiden äußeren Flügel sind als zweibahnige Blendbogen mit Drei- und Vierpässen angelegt, im Mittelteil steht das Kruzifix vor blauem Grund.

Die sechseckige Kanzel ist schlicht; die Füllungen an den Wandungen bestehen jeweils aus zwei spitzbogigen Arkaden. Unter der Kanzel, an der südlichen Wand vor der Sakristei, befindet sich eine von Hase dahin versetzte alte Einfassung einer ehemaligen um 1500 datierten Sakramentsnische. Der Sandsteinrahmen ist mit Krabben und einer Kreuzblume besetzt: Ein mittelalterliches Zitat, wie Hase es liebte. Auch der auf der Westempore stehende Orgelprospekt dürfte auf Hase zurückgehen.

Eine ältere Sandsteintaufe mit runder Säule und sich nach oben erweiterndem Becken wurde wieder aufgestellt.

STADT HAMELN (KIRCHENKREIS HAMELN-PYRMONT)

In kirchlicher Hinsicht gehörten die Kapellen von Rohrsen und Wangelist seit alters zum Hamelner Münster. Für die Kirche von Holtensen hat die Äbtissin des Stiftes Fischbeck bis heute das Patronatsrecht inne, während die auf Gut Ohr ansässige Familie von Hake das Patronat über die St. Martin gewidmete Kirche in Ohr und die Kirche von Klein Berkel besitzt.
Die vier Kirchen und zwei Kapellen, die in diesem Kapitel behandelt werden, gehören heute innerhalb des Kirchenkreises Hameln-Pyrmont unterschiedlichen Regionen an.

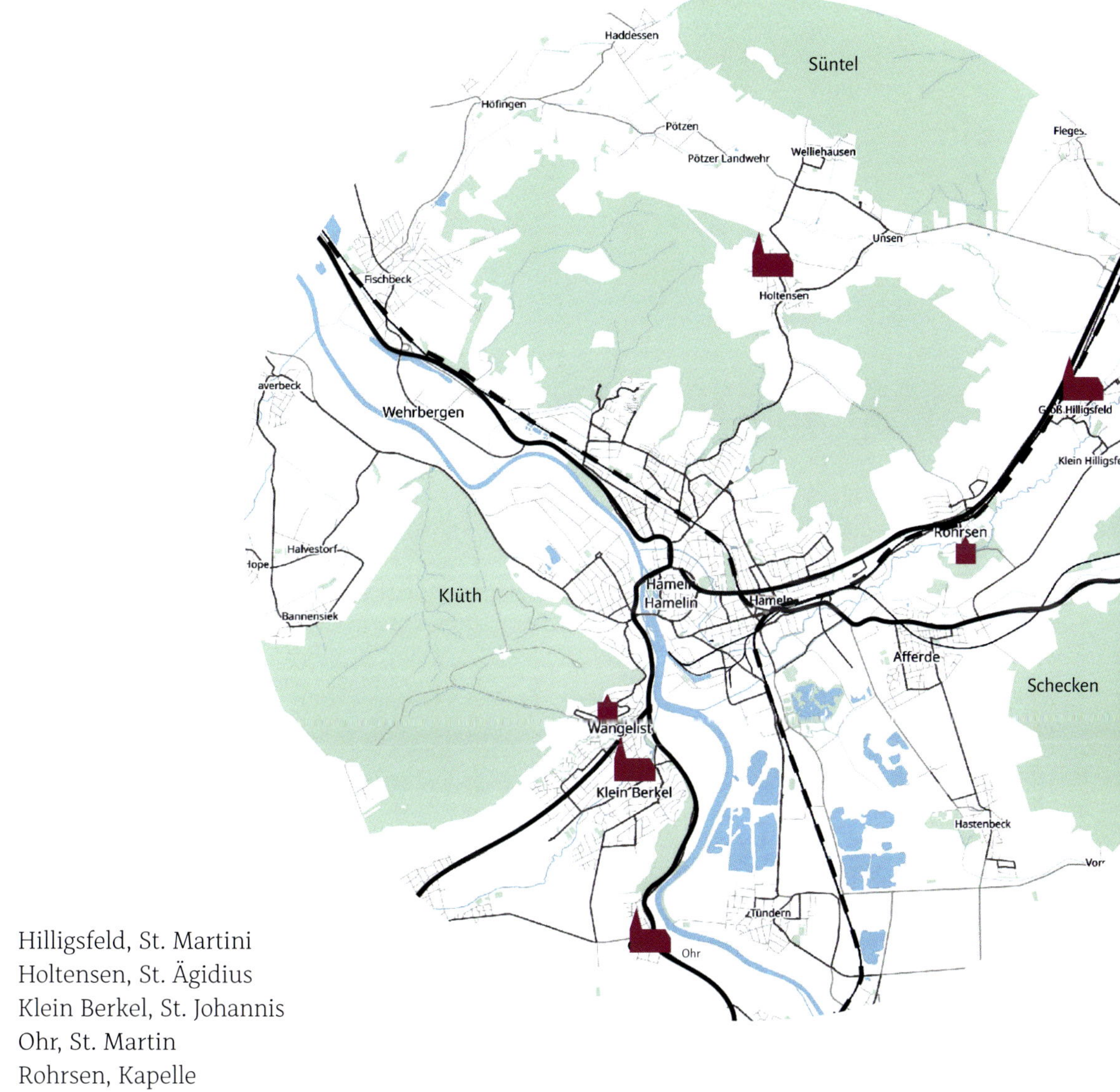

Hilligsfeld, St. Martini
Holtensen, St. Ägidius
Klein Berkel, St. Johannis
Ohr, St. Martin
Rohrsen, Kapelle
Wangelist, St. Annen-Kapelle

HILLIGSFELD

Westansicht

Bereits im 11. Jahrhundert besaß Hilligsfeld eine dem Hl. Martin geweihte Kirche, die zum Stift St. Bonifatius in Hameln gehörte und im Ortsteil Groß Hilligsfelde lag. Vermutlich gab es in den folgenden Jahrhunderten noch weitere Vorgängerbauten. 1815 entstanden der heutige schlichte Saalbau und 1819 der Kirchturm.

Die Kirche steht erhöht auf einem von einer Mauer abgestützten Areal mitten im Dorf. Der Haupteingang befindet sich in dem gedrungenen Westturm, der nur wenig höher ist als das Kirchenschiff und dessen schiefergedeckte Turmspitze in eine achtseitige Pyramide übergeht. An der Ostseite des Helmes befindet sich ein Ausleger für die Uhrschlagglocke. Auf dem Gewände des Eingangs befindet sich die Inschrift „Im Jahre 1819".

An den eingezogenen Turm schließt sich der rechteckige, verputzte Saalbau an. Die Gebäudeecken werden durch verzahnte Quader betont. Jeweils fünf rundbogige Fenster gliedern die Traufseiten, wobei in der Mittelachse ein Portal mit dem darüber liegenden Fenster durch das Gewände eine Einheit bildet.

Der Raumeindruck im Inneren wird geprägt durch die stilistische Einheit und Schlichtheit der Emporenanlage und des Kanzelaltars sowie durch die dezente Farbgebung in weiß und blau. Lediglich die Kapitelle und der sparsame Dekor am Altar sind mit Gold akzentuiert.

Die U-förmige, durch Füllungen gegliederte Emporenanlage teilt den Raum durch ihre Stützen in drei Schiffe und zwei Geschosse. Das Mittelschiff ist von einem Muldengewölbe überspannt, die Seitenschiffe haben flache Putzdecken.

Das schlichte Innere mit dem Kanzelaltar

Die Wand des Kanzelaltars hat zwei rundbogige Türöffnungen zur Sakristei und zum Kanzelaufgang. Der Kanzelkorb kragt fünfseitig vor und ist mit einer ovalen Rosette verziert. Den oberen Abschluss des Retabels bildet eine halbe Sonne.

Die Orgel stammt von 1836. Der Prospekt ist mit durchbrochenem Rankenwerk und zwei Lyrabekrönungen geschmückt.

Aus dem einheitlichen Ausstattungsensemble von 1819 fällt allein das Taufbecken aus Sandstein von 1970 heraus.

Abbildung folgende Doppelseite:
St. Aegidienkirche Holtensen von Südosten

HOLTENSEN

Die St. Aegidienkirche in Holtensen bestimmt weithin sichtbar das Bild des Dorfes und ist Blickpunkt für die zum Kirchspiel gehörenden Ortschaften Unsen und Welliehausen. Bereits im 12. Jahrhundert wird eine Kirche urkundlich erwähnt. Seit 1334 und bis heute hat die Äbtissin des Stiftes Fischbeck das Patronatsrecht inne.

Der Turm von Südosten

Vom Vorgängerbau sind nur Teile des Westturmes und ein romanisches Tympanon erhalten. Nach langen Vorplanungen durch den Architekten Paul Kanold wurde die heutige Kirche 1908 eingeweiht.

Auf das hohe Alter des Turmes lassen die kleinen Lichtöffnungen schließen, die wie in Hemeringen mit Teilungssäulchen aus einem Steinblock gearbeitet wurden. Die Schallöffnungen im Glockengeschoss und der achtseitige Turmhelm stammen von 1907. An den aufgestockten Westturm schließt sich das breite, in romanisierenden Formen angelegte Kirchenschiff mit einem kurzen eingezogenen Chor an. Wie in Flegessen steht der Turm asymmetrisch in einer Flucht mit der Südseite des Kirchenschiffes. Im Norden ist dem Turm eine Vorhalle mit zwei romanisierenden Rundbögen vorgesetzt, über die die Kirche durch zwei mit reichen Beschlägen versehene Portale erschlossen wird.

Der südliche Zugang mit dem Tympanon

Unter dem abgeschleppten Dach der nördlichen Traufseite verbirgt sich ein zweistöckiges Seitenschiff. Aus diesem Grund gibt es an der Nordseite zwei Fensterreihen, unten drei rechteckige Fenster, darüber drei rundbogige Fenster, die aber nicht in einer Achse liegen. Die Südseite hat dagegen nur in Höhe des Emporengeschosses drei rundbogige Fenster, der Chor zwei.

Das romanische Tympanon des Vorgängerbaues ist im Bogenfeld des südlichen Portals wiederverwendet worden. Seine Deutung gibt einige Rätsel auf. Der im Bogenrahmen stehende lateinische Text ist Joh. 10,9 entnommen, der Geschichte vom guten Hirten.

> „Ich bin die Tür, wenn jemand durch mich eingeht, der wird gerettet werden."

Liest man im Bibeltext weiter, so heißt es Joh. 10,12:

> „Der Mietling aber, der nicht Hirte ist, des die Schafe nicht eigen sind, sieht den Wolf kommen und verläßt die Schafe und flieht; und der Wolf erhascht und zerstreut die Schafe."

Diese Szene wird im Tympanon bildlich dargestellt. Das Tier, das auf

Der Taufstein im Pfarrgarten

Der Hl. Aegidius im Aegidienleuchter

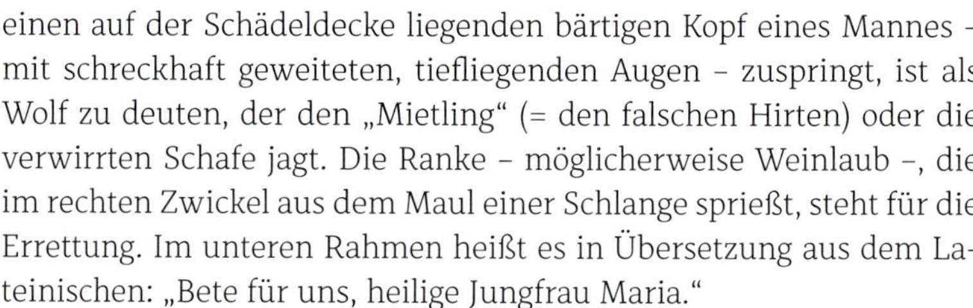

einen auf der Schädeldecke liegenden bärtigen Kopf eines Mannes – mit schreckhaft geweiteten, tiefliegenden Augen – zuspringt, ist als Wolf zu deuten, der den „Mietling“ (= den falschen Hirten) oder die verwirrten Schafe jagt. Die Ranke – möglicherweise Weinlaub –, die im rechten Zwickel aus dem Maul einer Schlange sprießt, steht für die Errettung. Im unteren Rahmen heißt es in Übersetzung aus dem Lateinischen: „Bete für uns, heilige Jungfrau Maria.“

Über dem Tympanon ist ein steinerner Kopf, bedeckt mit einer engen Haube, eingelassen, dessen Bedeutung unbekannt ist.

Betritt man das Innere, wird man von einem einheitlichen, völlig ungestörten Ausstattungsensemble überrascht, das mit seinen warmen Grün- und Brauntönen einen geradezu heimeligen Eindruck erweckt. Die gesamte Ausstattung von 1909 ist in anrührenden volkstümlichen Formen und mit einer überbordenden Freude an neobarocken Schmuckformen mit Anschwüngen, „Ohren“, Trotteln, Eiern und Spindeln gestaltet.

Das Hauptschiff überspannt eine kassettierte, mit Ranken bemalte Tonne, das Seitenschiff und den Altarraum eine flache Kassettendecke.

Die Seitenempore ruht auf drei Steinarkaden, auf deren Pfeilern wiederum Holzpfosten stehen, die das Gebälk der Tonne tragen. Der durch eine Stufe erhöhte Chorraum ist durch einen Rundbogen mit Neorenaissancemalerei vom Schiff abgehoben.

Die Turmhalle wird jetzt als Jugendraum genutzt. Sie liegt vier Stufen tiefer als das Schiff; eine Balkendecke mit Tauornamenten ist 1569 datiert.

Nicht der Altar, sondern der in der Mitte des Langhauses aufgehängte Aegidienleuchter fällt beim Betreten der Kirche zuerst ins Auge: Ein horizontaler Balken, an der Unterseite mit Aufrollungen und Blattranken verziert, trägt achtzehn Kerzen. In der Mitte steht zwischen einer Rahmung mit Rundbogen und geschweiften Anschwüngen die doppelseitige Figur des Hl. Aegidius mit Hirschkuh und einem Pfeil in seiner Hand. Aegidius ist der Patron der Jäger, Hirten, Pferdehändler und Bogenschützen. Der Heilige war im Mittelalter sehr populär und galt auch als einer der Nothelfer. Auf der Rundbogenfüllung wird der Stifter, der Maurermeister Christian Wagener, Hameln 1908 genannt. Bekrönt ist die Rahmung mit Spindeln und eierähnlichen Gebilden, die sich als Dekor auch bei den anderen Gegenständen durchgesetzt haben.

Das Gestühl

Ähnlich gestaltet wie der Aegidienleuchter ist die vor dem Triumphbogen hängende Ampel, die in zwei Etagen jeweils acht Kerzen trägt. Der hölzerne Körper schwingt oben in acht stumpfen Zacken aus, auf denen die Kerzen stecken. Als Bekrönung sind oben gedrehte, spitz zulaufende flammen- oder kerzenähnliche Gebilde befestigt. Die unteren acht Kerzen stecken auf einem von metallenen Kragarmen getragenen hölzernen Ring, der mit Holzspindeln oder Trotteln behängt ist. Auch die Eier finden hier wieder Verwendung.

Die „Ampel“

Der Altar ist zweigeschossig mit gebälktragenden Säulen und gesprengtem Giebel aufgebaut, die Seitenteile mit Obelisken und floralen Anschwüngen verziert. In der dreieckigen Bekrönung ist das Auge Gottes zu sehen. Die Bilder von der Himmelfahrt und der Kreuzigung sind jüngeren Datums. Die Predella hat lediglich Füllungen mit Rankenmalerei.

Zur Ausstattung von 1909 gehören noch das Lesepult, die Liedertafeln, das Gestühl mit verzierten Wangen, die reizenden Hochzeitsstühle und die wunderbaren Wandleuchter, von denen einige mit geschliffenem Glas hinterlegt sind.

Auf der Westempore steht die Furtwänglerorgel mit einem barockisierenden Prospekt mit reichen Anschwüngen und Verkröpfungen.

Die Südfenster sind mit ornamentalen Umrandungen geschmückt; am unteren Rand tragen sie jeweils einen Bibelspruch. Zwei Fenster stellen in Medaillons Luther und Melanchthon dar.

Die achteckige hölzerne Taufe ist in ihren Füllungen mit Rankenmalerei geschmückt. Aus dem Jahre 1909 stammt der über dem Taufstein aufgehängte Deckel, der als Schnörkelhaube mit Kugelbekrönung gestaltet ist. Darüber ist die Figur Christi mit Kreuzesfahne und Reichsapfel in einem Blattkranz befestigt, alles aus Eisenblech geschnitten und bemalt.

Ein altes achteckiges Taufbecken aus Sandstein mit der Inschrift Peter Ebeling 1649 steht im Pfarrgarten.

Der Kanzelkorb stammt noch aus der Zeit um 1600. Die siebenseitigen Füllungen sind mit Blendbögen auf Ecksäulchen und korinthisierenden Kapitellen geschmückt, der Schalldeckel ist dagegen von 1909.

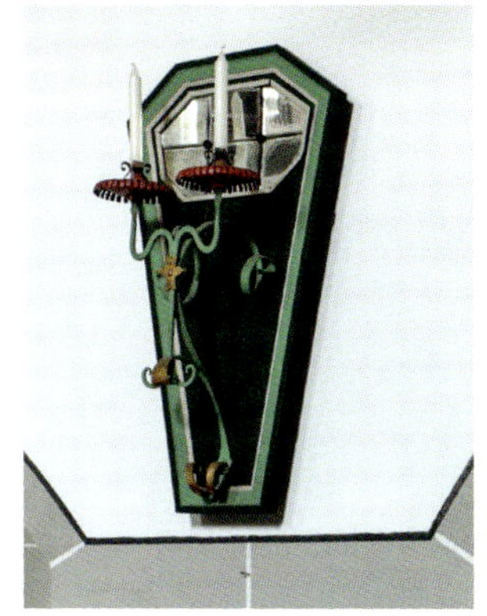

Verspiegelter Wandleuchter

KLEIN BERKEL

Von altem Baumbestand umgeben liegt die St. Johanniskirche in beherrschender Lage auf einem Ausläufer des Ohrbergs, der nach Westen, zur Straße hin, von zwei Meter hohen Mauern abgestützt wird. Die Kirche bildet den Mittelpunkt des Oberdorfes von Klein Berkel.

Seit 1746 besitzt die auf Gut Ohr ansässige Familie von Hake das Patronat über die Kirche, die seit 2015 mit Ohr zu einer Gemeinde zusammen geschlossen ist.

Das Langhaus wurde in den Jahren 1827-1830 anstelle eines baufälligen Vorgängerbaues errichtet, über den so gut wie nichts bekannt ist. Der vorhandene Turm wurde dabei zunächst erhalten.

Die beschattete Südwand

Architekt des Kirchenschiffes war der Landbaubedienstete Peters, der nach dem Klein Berkeler Vorbild fünfzehn Jahre später die Kirche in Hachmühlen und 1872 das Herrenhaus auf Gut Ohr baute. Das Langhaus wird durch die Eckbetonung und vier Fensterachsen mit rundbogigen Sandsteingewänden gegliedert. Die beiden Portale, von Westen gesehen jeweils nach dem ersten Fenster, sind von Pilastern gerahmt und tragen einen Dreiecksgiebel. Im Osten ist eine kleine, quadratische Sakristei angebaut. In der östlichen Giebelwand befindet sich eine Sonnenuhr mit der Jahreszahl 1546, möglicherweise ein Relikt des Vorgängerbaus, der damit bald nach der Reformation erbaut worden wäre.

Von Südwesten

Der vorhandene Turm wurde 1860 durch einen neogotischen Neubau in rötlichem Sandstein ersetzt. Er endet mit vier Ecktürmchen, zwischen denen sich der schlanke Pyramidenhelm erhebt. Der im Verhältnis zum Schiff hohe Turm weist Merkmale der Hase-Schule auf. Die Geschosse werden durch Ziegelsteinbänder abgesetzt. Auch das spitzbogige Tympanonfeld über dem Westportal und die Sockel- und Giebelzonen der Fenster sind mit einer Ziegelziersetzung gefüllt.

Tritt der Besucher aus dem beschatteten Kirchhof ins Innere, so überrascht ihn ein lichter, schlichter Saal im Stil des Klassizismus mit einer hellen smaragdgrün gehaltenen Decke. Die gesamte östliche Schauwand wird vom Kanzelaltar dominiert. Das Gegenstück bildet die westliche Wand mit der zweiläufigen abgewinkelten Treppenanlage, die von den Raumecken aus ansteigend zur Orgelempore führt. Der Fußboden des um eine Stufe erhöhten Altarraums hat ähnlich wie

Detail des Turms

Die Kanzelaltarwand

Die Orgelempore mit der zweiläufigen abgewinkelten Treppenanlage

Der Kanzelaltar

in Hachmühlen ein interessantes Wabenmuster aus Sandsteinplatten.

Der Kanzelaltar wird durch zwei mächtige Säulen mit ionisierenden Kapitellen gerahmt, die bis zur Unterkante der Deckenkehle aufsteigen. Darauf liegt ein reich mit Zahnschnitt und Eierstäben verziertes kräftiges Gebälk. Über der Mensa hängt das Abendmahlsbild – ein Öldruck nach Leonardo da Vinci –, gerahmt von zurückgezogenen Vorhängen. Darüber springt der dreiviertelkreisförmige Kanzelkorb mit auslaufendem Hängezapfen hervor, gekrönt vom Schalldeckel. Die Altarschranken haben in ihren Pfosten eine Ausnehmung, ursprünglich gedacht links für die Taufvase, rechts für den Opferstock.

Die seitlichen Scherwände sind zum Altar hin ansteigend als Vorhänge mit aufgemalter Stoffdraperie und Bordüre gestaltet. Zwei rundbogige Türen mit einem Sonnenemblem im Bogenfeld führen in einen dahinterliegenden schmalen Gang.

Die Vorhänge, die sich noch einmal vor dem Abendmahlsbild finden, beziehen sich auf die neutestamentliche Erzählung vom Vorhang im Tempel, der in dem Augenblick, als Jesus am Kreuz verschied, von oben bis unten in zwei Teile zerriss (Matth. 27,51). Bezogen auf den Kanzelaltar bedeutet dies, dass die Gläubigen durch das Abendmahl gewissermaßen hinter den Vorhang blicken können und etwas von der Gegenwärtigkeit Gottes erahnen können.

Altarleuchter und Kruzifix, beide aus Gusseisen, stammen aus der Erbauungszeit.

Die farbig gefasste Taufe aus Terrakotta hat einen kelchartigen Fuß, der mit floralen Motiven verziert ist.

Auf der westlichen Empore erhebt sich die Orgel, ein Werk des hannoverschen Orgelbaumeisters Meyer aus dem Jahre 1843. Der Prospekt – ein Mittelturm und zwei Seitentürme – ist mit zwei Lyren und Rankenwerk geschmückt.

1977 bauten die katholische St. Vizelin-Gemeinde und die evangelische St. Johannis-Gemeinde gemeinsam das Ökumenische Zentrum Klein Berkel und teilen sich seitdem Kirche und Gemeindehaus. Ursprünglich geplante Modernisierungen an Kanzelaltar, Bänken und Orgel der Johanniskirche sind deswegen glücklicherweise unterblieben. Die Kirche präsentiert sich mit dem kompletten Interieur aus der Erbauungszeit.

ROHRSEN

Bereits 1237 wird der Ort als Rohrdessen erstmals in einem Güterverzeichnis des Klosters Fulda genannt. 1353 gab der Probst Otto von Everstein seine Erlaubnis zur Gründung eines Altars, die vom Mindener Bischof Dietrich bestätigt wurde. Der genaue Standort dieser ersten Kapelle ist unbekannt. Der Bau verfiel Ende des 15. Jahrhunderts.

Von Südosten

Eine zweite auf dem heutigen Standort im Ortskern von Rohrsen errichtete Kapelle brannte Anfang des 18. Jahrhunderts ab. Der dritte Bau wurde zusammen mit dem größten Teil des Dorfes am Vorabend der Schlacht zu Hastenbeck im Siebenjährigen Krieg 1757 durch Artilleriebeschuss vom Düthberg vernichtet.

1779 schließlich konnte der vierte Kapellenbau in der Woche nach Pfingsten gerichtet und 1783 eingeweiht werden. Das Äußere der Kapelle, ein Fachwerkbau auf einem Kalksteinsockel mit einem kleinen Dachreiter, hat sich erhalten.

Von Nordosten

Leicht erhöht und im Nordwesten durch eine Stützmauer gesichert, ist die Kirche von altem Baumbestand umgeben. Einziger architektonischer Schmuck sind die dreibahnigen, in einem Dreipass endenden Fenster auf den Traufseiten. Mittig vor der östlichen Giebelseite steht das Denkmal für die Toten der beiden Weltkriege.

Man betritt die Kapelle durch einen westlichen Vorbau und befindet sich in einem Raum, der durch seine helle Farbigkeit einladend wirkt. Bei der grundlegenden Restaurierung der Kapelle 1980 entschied man sich dafür, den vorhandenen Kanzelaltar samt festem Gestühl zu entfernen. Nur einige tragende Teile der Fachwerkkonstruktion blieben erhalten.

Unter der Westempore und der Orgel von 1959 wurden geschickt eine Küchenzeile und weitere Funktionsräume untergebracht. Die östliche Wand schmücken ein einfacher Altartisch und ein Wandbehang mit dem Motiv der Auferstehung.

Das schlichte Innere

OHR

Das Rittergut Ohr ist seit 1307 im Besitz der Familie von Hake. Neben dem Herrenhaus, das nach einem Brand 1872 durch den Hannoveraner Landbaubediensteten Peters neu errichtet wurde, gehört zur Anlage die Gutskirche St. Martin. Diese steht im Vorhof der Gutsanlage, heute unmittelbar an der Bundesstraße 83.

Seit 1746 besitzt die Familie von Hake auch das Patronat für die Kirche in Klein Berkel. Beide Gemeinden – Klein Berkel und Ohr – wurden immer vom selben Pfarrer betreut. Seit 2015 sind sie zu einer Gemeinde zusammen geschlossen.

Der heutige Bau entstand zwischen 1595 und 1610 unter Hieronymus von Hake. Das schlichte Gebäude hat einen halbkreisförmigen Chorabschluss. 1704 kam ein neuer Glockenturm hinzu, der 1920 seine endgültige Gestalt mit offener Laterne und geschweifter Haube erhielt. Die Westfassade, die ebenso wie der Turm unverputzt blieb, wurde mit dem Anbau der Seitenräume bündig geschlossen.

An der Nord- und Südseite gibt es je zwei Fensterachsen, im Chorbereich drei Fenster, deren Sandsteingewände Renaissancedekor aufweisen. An der Südseite wurde 1830 eine große Prieche für den adeligen Grundherrn mit eigenem Zugang angebaut. Über ihrem Portal ist ein älterer Wappenstein von 1612 eingelassen. Unter der Prieche befindet sich die Familiengruft. Durch ein großes Fenster öffnet sich die Prieche zum Innenraum hin.

Von Südwesten

Von Osten – links der Priechenanbau

Das wie die Prieche auf das Jahr 1830 datierte klassizistische Portal des Haupteinganges an der Nordseite ist im Giebelfeld mit dem Motto der freireligiösen Bewegung geschmückt: „Frei ist der Geist, und ohne Zwang der Glaube."

Der klassizistische Altar

Im Inneren besitzt die kleine Kirche eine Flachdecke. Die Westempore ruht auf zwei kannelierten Säulen. Der Altarblock hat eine schlichte Kastenform mit Palmettenfries und Gesims. Auf der Vorderseite befinden sich zwei Relieffelder mit einer Vase und Weinranken links und einem Kreuz im Strahlenkranz mit Getreideähren rechts. Auf dem Altar steht ein gusseisernes Kruzifix, wohl aus der gleichen Werkstatt wie das Klein Berkeler Kruzifix. Die Taufe hat die Form einer kannelierten Säule mit Palmettenfries. Altar, Kruzifix und Taufe sind im klassizistischen Stil des frühen 19. Jahrhunderts gestaltet.

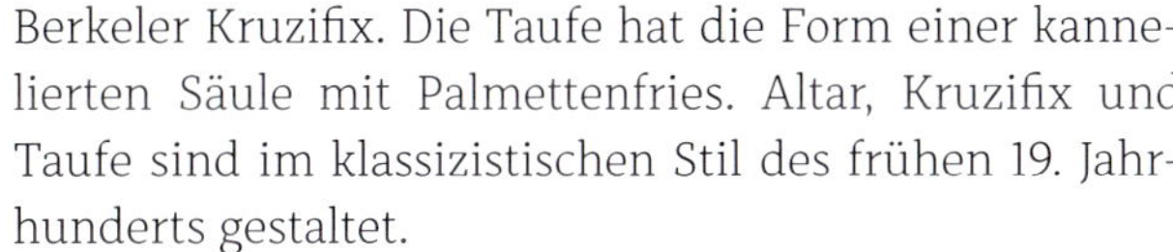

Bemerkenswert ist auf der Nordwand das Marmor-Epitaph für Levin Adolph von Hake (gest. 1771): ein Obelisk auf sockelähnlichem Unterbau, getragen von zwei Konsolen in Form einer Volute. Auf dem Obelisk ist in lateinischer Sprache seine Lebensgeschichte wiedergegeben. Im Sockelbereich und umgeben von den Ahnenwappen befinden sich, am Sarkophag und einer Urne lehnend, die Personifizierungen des Glaubens und der Zeit. Den Abschluss bildet das Wappen der Familie von Hake.

Die Kirche ist zurückhaltend modernisiert worden. Die Kastenstühle im Chorbereich und die Kanzel wurden entfernt, das Taufbecken und der Altar erhielten eine neue Farbigkeit in blau und weiß mit vergoldeten Ornamenten.

Das Epitaph für Levin Adolph von Hake

WANGELIST

Vom Straßenstaub geschwärzt steht die anrührende kleine Kapelle St. Annen von Wangelist viel zu dicht an der stark befahrenen Bundesstraße 1. Der rechteckige Bau besteht aus Fachwerk. Das Dach ist mit Sollingplatten gedeckt, darauf ein kleiner Dachreiter mit einem Glockenstuhl. Alter Baumbestand und eine niedrige Mauer umgeben die Kapelle. Davor steht der „Block" für Spenden an die Bedürftigen. Die neben der Eingangstür angebrachte Figur des Hl. Georg von 1730 geht auf eine hölzerne Vorlage zurück (das Original steht im Hamelner Museum). Seit frühester Zeit wurde Georg gegen Pest, Lepra und Syphilis angerufen. Häufig war er in Norddeutschland Patron der Spitäler, dann aber St. Jürgen genannt.

Die Kapelle hat eine bewegte Geschichte hinter sich. Vor fast 600 Jahren war sie Teil einer Siedlung für Leprakranke. Die sogenannten Leprosorien entstanden im 13./14. Jahrhundert, als die Ausbreitung der Lepra in Deutschland ihren Höhepunkt erreichte. Charakteristisch für die Leprosorien war ihre Lage weit vor den Toren der Städte sowie an wichtigen Straßen (in Wangelist war es der Hellweg). Damit sollten die Stadtbewohner vor Ansteckung geschützt und die Insassen in die Lage versetzt werden, sich von Bettelei zu ernähren.

Die 1431 erstmals erwähnte, von einer Mauer umschlossene Anlage lag im Bereich einer alten, wüst gefallenen Siedlung. Sie bot Platz für zehn Erwachsene und bestand aus drei Wohngebäuden, einem größeren für sechs Bewohner, einem weiteren mit zwei Wohnungen und einem dritten für den „Glockenmann", eine Art Hausmeister, sowie einigen Wirtschaftsgebäuden.

Von Südwesten

Mit dem Verschwinden der Lepra ab dem 15. Jahrhundert nutzte die Stadt Hameln die Bauten als Armenhaus. Wann genau das geschah, ist nicht bekannt. Die Aufsicht über die Finanzen und die Auswahl der Bewohner oblag dem Rat. Die verantwortlichen „Älterleute" entstammten der Bäcker- und der Schuhmachergilde. Bis 1967 war die Anlage unter Aufsicht der Stadt selbstständig. Zu dieser Zeit fungierten Bäcker Mensing und Schuhmacher Müller als Vorsteher. 1972 wurden – mit Ausnahme der Kapelle – die Gebäude für den Ausbau der Bundesstraße abgerissen. Damit ging eine fünfhundert Jahre alte Tradition zu Ende.

Das Armenhaus um 1900, rechts im Hintergrund die Kapelle (Foto: Stadtarchiv Hameln)

Zur Kapelle

Den Bau einer Kapelle gestattete Bischof Albert von Minden 1466, 35 Jahre nach der Errichtung des Leprosoriums. Der Pfarrer von Aerzen, Johan Kreienberg, setzte den Plan 1469 um. 1475 stattete der Bischof von Minden die Kapelle mit ungewöhnlich reichen Privilegien aus.

> Er „gewährt den Besuchern einen 80-tägigen Ablass, giebt ihr noch zu Patronen den heil. Franciscus, den heil. Georg und die heil. Elisabeth und verleiht ihr für ewige Zeiten das Recht, am Vorabend sowie an den Festtagen u. l. [= unserer lieben] Frauen, S. Annae, S. Katharinae, S. Johannis Evang., S. Nicolai, S. Georgi, S. Elisabethae, S. Francisci und am Kirchweihtag bei offenen Thüren Messen zu halten, selbst wenn Bann und Interdikt verhängt sind.“

Für die kirchliche Versorgung der wenigen Bewohner – ein Dorf Wangelist existierte damals nicht – waren die Priester des Münsters St. Bonifatius zuständig.

Über das weitere Schicksal des Bauwerkes in den folgenden Jahrhunderten informieren städtische Berichte.

In einem im Auftrag des Hamelner Bürgermeisters angefertigten Inventarverzeichnis von 1690 heißt es, dass die Kapelle „noch in gutem Stande“ sei, die Mauer, die sie umgebe, „aber an etlichen Öhrtern schadhaft und des Reparierens benotigt“ ist. Das Verzeichnis listet – vom einzelnen Zinnleuchter bis hin zu zwei Stühlen – die ärmliche Innenausstattung detailliert auf.

Eine in der Kapelle angebrachte Tafel informiert darüber, dass sie während der Belagerung Hamelns durch die Franzosen 1805/06 preußischen und französischen Soldaten als Wachlokal gedient habe und erst 1815 wiederhergestellt worden sei.

1826 schrieb Friedrich Sprenger in seiner „Geschichte der Stadt Hameln“ über das Innere:

„... sie hat einen Beichtstuhl, einen Altar, eine Kanzel, einen aus Sandstein grob ausgehauenen Taufstein und einige Bänke. Das Altargemälde ist alt und schlecht, einige gemalte Scheiben zieren noch die Fenster und die Decke ist von einem Maler einfach vermalt."

1877 scheinen die Schäden so erheblich gewesen zu sein, dass ernsthaft an einen Abriss gedacht wurde. Ein Neubau sollte 15.000 Taler kosten, wurde jedoch verworfen.

Von Norden mit dem Opferstock ganz rechts

Seit der Wende zum 20. Jahrhundert bemühten sich die Stadt Hameln und die Pastoren des Hamelner Münsters, in dessen Zuständigkeit die Kapelle nach wie vor gehörte, um eine Restaurierung. 1908 wurden auf Kosten der Stadt Maurer- und Tischlerarbeiten vollzogen, die der Provinzialkonservator stark kritisierte, weil sie unsachgemäß ausgeführt seien. Nach ihrem Abschluss schrieb Pastor Friedrich Uhlhorn an den Hamelner Bürgermeister, dass es jetzt „um die innere Ausschmückung" der Kapelle gehe. Sie obliege nicht der Stadt, sondern solle „mit freiwilligen Gaben bestritten werden".

Von der damaligen Inneneinrichtung erwähnt Uhlhorn den Flügelaltar und „eine Anzahl von Heiligen-Statuen". Für die auf den Flügeln des Altars dargestellten Wundertaten der Heiligen bringt der protestantische Pfarrer kein Verständnis auf.

„Die Gemälde sind nicht ohne Kunstwert, dagegen ist die bildliche Darstellung auf der Außenseite der Flügel gänzlich wertlos, ein späteres Machwerk. ... Auch sind noch eine Anzahl von Heiligen-Statuen erhalten vor allem eine Maria mit Kind."

1934 erfolgten noch einmal größere Instandsetzungsarbeiten, bei denen das Kirchenschiff um ein Gefach nach Westen verlängert und der Dachreiter zur Straßenseite hin verrückt wurde. Gleichzeitig legte man die reizvolle Zierausmauerung der Gefache, fünf in der Länge und drei in der Breite, vom Putz frei. Mit einer Predigt von Senior Schotte wurde die Kapelle am 27. Mai 1934 neu geweiht.

1937 sorgte der Hamelner Münsterpfarrer, Senior Hans Kittel, dem die Kapelle sehr am Herzen lag, für die Aufstellung eines neuen Altars des Klein Sünteler Malers Wilhelm Horchler mit der Darstellung einer Kreuzigungsgruppe. Wortlaut Kittel:

„So steht das Christuskreuz in der deutschen Landschaft und im deutschen Volkstum nicht als Fragezeichen, sondern als Siegeszeichen."

Der heimische Maler und NS-Funktionär Wilhelm Horchler bekannte sich zu den „Deutschen Christen". Der Altar ist mit Kriegsende sang- und klanglos aus der Kapelle verschwunden und hat auch keine Spuren hinterlassen.

Nachdem die Bevölkerung nach dem Zweiten Weltkrieg stark gewachsen war, wurde Wangelist 1960 selbstständiger Pfarrbezirk. Seit 1971 ist die St. Annen-Kapelle Gotteshaus der selbstständigen Wangelister Kirchengemeinde.

Die kleine Kapelle ist wegen ihrer wertvollen Inneneinrichtung weithin bekannt.

Der Altar

Das Hauptwerk in der Kapelle ist der dreiflügelige Altar aus der Zeit um 1450. Er erzählt auf seinen Tafeln Heiligengeschichten, wie sie sich in der Legenda Aurea finden, einem der populärsten Erbauungsbücher des Mittelalters. Die Legenden stammen aus apokryphen Evangelien, Apostel- und Märtyrerakten und anderen Quellen. Den damaligen Betrachterinnen und Betrachtern waren die Geschichten vertraut. Sie suchten die Kapelle auf, weil sie krank waren und Hilfe brauchten. Die Heiligen hatten die Funktion von Nothelfern.

Altar, Kanzel und bäuerlicher Deckenleuchter

Im geschlossenen Zustand, also auf der Alltagsseite, sieht der Betrachter auf vier Tafeln die Geschichte von Joachim und Anna, den Eltern von Maria. Joachim – ein reicher und zugleich frommer Mann – spendet regelmäßig den Armen und dem Tempel. Der Hohepriester weist jedoch Joachims Opfer zurück, da er die Kinderlosigkeit seiner Frau Anna als Zeichen göttlicher Missgunst deutet (links oben). Joachim zieht sich deswegen in die Wüste zurück, wo er vierzig Tage lang fastet und Buße tut. Ein Engel erscheint ihm und kündigt die Geburt eines Kindes an (rechts oben). Daraufhin kehrt Joachim nach Jerusalem zurück und umarmt Anna vor dem Eingang zum Jerusalemer Tempel, der „Goldenen Pforte" (links unten). Das verheißene Kind mit Namen Maria wird geboren (rechts unten).

Auf den beiden Flügeln der Innenseiten des Altars sind vier der insgesamt vierzehn Nothelfer dargestellt. Es beginnt links oben mit dem Martyrium der Hl. Katharina. Seit dem 13. Jahrhundert zählt sie ne-

Der Altar im geschlossenen Zustand: die Geschichte von Joachim und Anna, den Eltern von Maria in vier Bildern; unten in der Predella und gerahmt von Engeln die Wappen der drei Stifter des Altars

ben Maria zu den am häufigsten verehrten Heiligen und Nothelfern bei allerlei Krankheiten (besonders Kopf- und Zungenleiden). Der römische Kaiser Maxentius – im Bild rechts – möchte Katharina zur Frau nehmen, vorausgesetzt, dass sie ihrem Glauben abschwört. Da Katharina dies verweigert, soll sie aufs Rad gebunden und getötet werden. Auf ihr Bittgebet hin schickt Gott jedoch einen Engel, der das Rad durch einen Blitz zerstört. Letztendlich kann Katharina ihrem Schicksal nicht entgehen: sie wird durch einen Scharfrichter enthauptet. Räder und Scharfrichter hat der Maler links im Bilde dargestellt.

Im Bild darunter soll der Evangelist Johannes während der Christenverfolgungen unter Kaiser Domitian in Rom den Martertod in einem Kessel mit siedendem Öl erleiden, dem er jedoch unversehrt entsteigt. Johannes wird bei Brandwunden, aber auch bei Epilepsie und Vergiftungen angerufen.

Der oben rechts dargestellten Legende nach soll Maria Magdalena – in den Evangelien zum Kreis der Anhänger Jesu gehörig – dreißig Jahre lang in einer Grotte in der Nähe von Marseille Buße für ihr sündiges Leben als Prostituierte getan haben. Jeden Tag wurde sie von Engeln in den Himmel geführt, wo sie sich am Gesang der himmlischen Heerscharen stärkte und dadurch auf Nahrung verzichten konnte. Maria Magdalena, die sonst mit Gewand und Salbgefäß dargestellt wird, erscheint hier als Büßerin nackt mit langen, den Körper verhüllenden Haaren. Im Mittelalter war sie die

Der Mittelteil mit dem Tod der Gottesmutter Maria, die Innenseiten der Flügel mit der Darstellung der Wundertaten der vier Nothelfer

Patronin der Gefangenen und Verführten, aber auch der Friseure, Kammmacher und Salbenmischer.

Vom überaus populären Hl. Nicolaus (rechts unten) gibt es zahlreiche Geschichten, in denen er Menschen aus Seenot rettet, aber auch unschuldig in den Block gesperrte und zum Tode verurteilte Personen vor dem Verderben bewahrt.

Die Innenseiten der Flügel: links oben die Hl. Katharina vor der Enthauptung, darunter der Evangelist Johannes bei seinem Martertod in einem Kessel mit siedenden Öl, rechts oben Maria Magdalena als Büßerin, darunter der Hl. Nicolaus als Retter in der Not

Der Mittelteil des geöffneten Altars zeigt den Tod der Gottesmutter Maria. Die Darstellung folgt der üblichen Bildtradition: Umgeben von trauernden Aposteln liegt die Sterbende in einem mit einer rot gemusterten Decke und weißen Laken bedeckten Bett. Maria trägt einen blauen Mantel und um den Kopf ein weißes Tuch. Am linken Kopfende steht – grüngewandet und bartlos – der jugendliche Evangelist Johannes, der Maria eine hohe brennende Bienenwachskerze reicht und einen Palmwedel in seiner Linken hält. Rechts daneben der Apostel Petrus, der Maria aus einem Weihwasserkessel besprengt. Im Hintergrund hält ein Apostel ein Weihrauchgefäss in die Höhe. Im Vordergrund haben sich Grüppchen lesender und betender Apostel versammelt. Am Kopfende befinden sich drei Engel, von denen einer Maria die Augen schließt. Zwei weitere nehmen ihre Seele in Puppengestalt auf, um sie an Christus weiterzugeben. In der rechten oberen Bildecke befinden sich in einer Wolke Gottvater und der Hl. Geist.

Die vier tanzenden Engel auf der Predella tragen die Wappen der drei durch Heiraten verbundenen adligen Familien, die den Altar gestiftet haben, das rot und silber gewürfelte Wappen der Hohnsteiner, das Schaumburger Nesselblatt und die lippische Rose. Das dürfte darauf hindeuten, dass der Altar ursprünglich in einer Schaumburger Kirche aufgestellt war und erst später nach Wangelist gelangte.

Stiftungen für die Kapelle wären eher von Hamelner Bürgern oder dem Hamelner Bonifatiusstift zu erwarten gewesen. Einziger Hinweis auf eine Hamelner Stiftung sind im Ostfenster die Wappen der Familie Bock, die im 17. Jahrhundert in Hameln mehrfach bezeugt ist.

Eine Ahnung vom ursprünglichen Zustand der Kapelle mag ein Gemälde einer Kreuzigung auf der Ostwand (streng genommen ist die Kapelle nach Südosten ausgerichtet) geben, das heute durch den Altar verdeckt ist. Es lässt sich aufgrund seines schlechten Erhaltungszustandes leider nicht datieren, ist aber wahrscheinlich ursprünglich. Vorstellbar ist, dass man sich zunächst mit einem auf die Wand gemalten Kruzifix statt eines aufwendigen Flügelaltars beschieden hat. Für eine „Siechenkapelle“ wäre das aus damaliger Sicht völlig ausreichend gewesen.

Maria im Strahlenkranz und Anna Selbdritt

Die Heiligenfiguren

Das Motiv der Anna Selbdritt, das die heilige Anna, die Gottesmutter Maria und das Jesuskind zusammen darstellt, gehört zu einer Gruppe von Andachtsbildern, die seit dem Spätmittelalter weit verbreitet waren und die individuelle Frömmigkeit durch die stille Betrachtung fördern wollten. Anna ist mit ihrer Haube als verheiratete Frau dargestellt, während die Krone auf die Himmelskönigin Maria verweist. Beide wenden sich dem Jesuskind zu, das in einem Buch blättert. Zu den Andachtsbildern gehört auch die Pieta an der nördlichen Seite, die mit ihrer Thematik von Leid und Mitleid ein bevorzugtes Thema in der schweren Zeit der Pest war.

Um 1480 entstand die Madonna im Strahlenkranz. Die Darstellung folgt der Vision des Evangelisten Johannes in der Johannesapokalypse 12,1–5: Maria im

Strahlenkranz auf der Mondsichel stehend, auf ihrem Haupt eine Sternenkrone, auf dem linken Arm das Jesuskind, in der rechten Hand das Zepter. Der Mantel ist um den linken Arm hinaufgezogen, so dass es zu einem reichen Faltenwurf kommt. Der rundliche Kopf mit dem kleinen spitzen Kinn ist leicht zur Seite geneigt, der Körper S-förmig geschwungen, das rechte Bein in einer eleganten Bewegung leicht vorgestellt. Im Sockel der Statue befindet sich eine kleine Aussparung, bei der es sich um einen Reliquienbehälter handeln könnte. Die Figur war sicher Teil eines Altars. Aufgrund der Ähnlichkeiten in Physiognomie und Gewandbehandlung können die beiden Figuren einer Braunschweiger Werkstatt zugeordnet werden.

Maria Magdalena mit dem Salbgefäß und die Hl. Elisabeth mit ihren Attributen Fische und Krug

Zwei weitere Plastiken an der südlichen Wand dürften ebenfalls Teil eines Altarretabels gewesen sein. Eine zeigt die Hl. Elisabeth, die in Marburg ein Hospital gründete und sich der Krankenpflege widmete. Die Attribute Fische und Krug verweisen auf ihre Mildtätigkeit. Daneben findet sich die Darstellung der Maria Magdalena mit dem Salbgefäß.

Auf der nördlichen Wand befindet sich eine Figur, die vermutlich Christus auf Golgatha zeigt; sie ist von geringerer Qualität. Das kleine Kruzifix auf dem Altar geht auf das 14. Jahrhundert zurück.

Wie die Heiligenfiguren stammt auch der einfache Taufstein aus Sandstein aus vorreformatorischer Zeit.

Während in den übrigen Kirchen unserer Region die Zeugnisse vorreformatorischer Frömmigkeit nahezu alle getilgt sind, sind sie in Wangelist überaus reichlich präsent. Es ist bemerkenswert, dass sich mit Ausnahme des Hl. Franziscus alle im bischöflichen Privileg von 1475 genannten Heiligen in der Kapelle wiederfinden. Wir müssen allerdings davon ausgehen, dass die Figuren zumindest in Teilen erst im späten 19. und frühen 20. Jahrhundert in die Kapelle gelangt sind. Die Weitergabe von Einrichtungsgegenständen von Kirche zu Kirche ist bis heute ein völlig normaler Vorgang. Das würde auch den musealen Eindruck erklären, den die zahlreichen an den Wänden befestigten Skulpturen hinterlassen.

Literaturverzeichnis

Im Literaturverzeichnis werden nicht aufgeführt Broschüren, Kirchenführer, Flyer, Internetauftritte der Kirchengemeinden, Ortschroniken sowie die Berichte der Deister- und Weserzeitung.

Thorsten Albrecht, Die Hämelschenburg, Marburg 1995

Thorsten Albrecht, Sakrale mittelalterliche Architektur und Kunst in Schaumburg, in Schaumburg im Mittelalter, Schaumburger Studien 70, hrsg. Stefan Brüdermann, Bielefeld 2013

Hanns Christof Brennecke, Protestantischer Kirchenbau an der Wende zum 20. Jahrhundert, in Klaus Raschzok und Reiner Sörries (Hrsg.), Geschichte des protestantischen Kirchenbaues, Erlangen 1994

Ute Brüdermann, Das Schaumburger Land. Ein Reiseführer zu Kunst und Kultur. Kulturlandschaft Schaumburg Bd. 21, Bielefeld 2016

Georg Dehio, Handbuch der Deutschen Kunstdenkmäler. Bremen Niedersachsen, neubearb., stark erweiterte Auflage, Berlin 1992

Kathrin Ellwardt, Evangelischer Kirchenbau in Deutschland, Petersberg 2008

Rolf-Jürgen Grote und Kees van der Ploeg (Hrsg.), Wandmalerei in Niedersachsen, Bremen und im Groningerland, München und Berlin 2001

Friedrich August Ludwig Hellner, Festschrift zur Erinnerung an seinen 200. Geburtstag, hrsg. im Auftrage der ev.-luth. Landeskirche Hannovers vom Amt für Bau- und Kunstpflege durch Ulfrid Müller, Hannover 1991

Norbert Humburg und Joachim Schween, Die Weser – ein Fluss in Europa, Bd. 1 Leuchtendes Mittelalter, Holzminden 2000

Günther Kokkelink und Monika Lemke-Kokkelink, Baukunst in Norddeutschland, Hannover 1998

Die Kunstdenkmäler des Landkreises Hameln-Pyrmont, bearb. von Joachim Bühring unter Mitwirkung von Guido Große Boymann und Jürgen Klemke, Text- und Bildband, Hannover 1975

Die Bau- und Kunstdenkmäler des Herzogtums Braunschweig 4, Die Bau- und Kunstdenkmäler des Kreises Holzminden, bearb. von Karl Steinacker, Wolfenbüttel 1907

Die Kunstdenkmale des Kreises Springe, bearb. von Heiner Jürgens, Arnold Nöldecke und Joachim von Welck, Osnabrück 1978

Hartmut Mai, Tradition und Innovation im protestantischen Kirchenbau bis zum Ende des Barock, in Klaus Raschzok und Reiner Sörries (Hrsg.), Geschichte des protestantischen Kirchenbaues, Erlangen 1994

Konrad Maier, Protestantischer Kirchenbau in Niedersachsen bis zur Mitte des 18. Jahrhunderts, in Cord Meckseper (Hrsg.), Stadt im Wandel, Bd. 3, Stuttgart 1985

Ulrike Mathies, Die protestantischen Taufbecken Niedersachsens, Regensburg 1998

Paul J. Meier, Die Bau- und Kunstdenkmäler des Herzogtums Braunschweig, Bd. 4, Wolfenbüttel 1907

Hector Wilhelm Heinrich Mithoff, Kunstdenkmale und Alterthümer im Hannoverschen. 7 Bände. Hannover 1871–1880; zum Teil mit Tafeln und Holzschnitten, mit einem Schlusswort mit Übersichtskarte und Ortsregister zu den Bänden 1–7

Ulfried Müller, Die Gestaltung des einachsigen Kanzelaltares durch Johann Friedrich Blasius Ziesenis, in Niederdeutsche Beiträge zur Kunstgeschichte, Bd. 11, München und Berlin 1972

Wolfgang Petke, Die Ausbildung des Pfarreiwesens im Schaumburger Land (9./10. bis 14. Jahrhundert), in Schaumburg im Mittelalter, Schaumburger Studien 70, hrsg. Stefan Brüdermann, Bielefeld 2013

Wolfgang Petke, Wie kam die Kirche ins Dorf? Mittelalterliche Niederkirchenstiftungen, in Jahrbuch der Gesellschaft für Niedersächsische Kirchengeschichte, Beiheft 12, Hannover 2005

Wolfgang Scharl, Kirche als sozialer und spiritueller Akteur im Dorf, in Doris Schmied und Wüstenrot Stiftung (Hrsg.), Kirche im Dorf, Ludwigsburg 2020, S. 89-101

Heinrich Siebern und Hugo Brunner (Hrsg.), Die Bau- und Kunstdenkmäler im Regierungsbezirk Cassel, Band 3, Kreis Grafschaft Schaumburg, Textband, Marburg 1907

Reinhold Wex, Der frühneuzeitliche protestantische Kirchenraum in Deutschland im Spannungsfeld zwischen Policey und Zeremoniell, in Klaus Raschzok und Reiner Sörries (Hrsg.), Geschichte des protestantischen Kirchenbaues, Erlangen 1994

Webseiten:

Spurensuche – Ein Projekt der Schaumburger Landschaft
https://spurensuche.schaumburgerlandschaft.de

Historisches Kirchengemeindelexikon der evangelisch-lutherischen Landeskirche Hannovers
https://Kirchengemeindelexikon.de

Erläuterung der wichtigsten Fachbegriffe

Aedikula:
Mit einem Giebel bekrönte Rahmung von Tür, Fenster oder Altarretabel.

Altar:
Der christliche Altar als Stätte des Abendmahls ist meistens blockartig aus Stein aufgebaut.
Die Deckplatte des Altars wird als Mensa (= Tisch) bezeichnet. Bei vorreformatorischen Mensen sind in den Ecken Weihekreuze eingemeißelt, in der Mitte befindet sich die Reliquiengrube.
Dahinter oder auf der Mensa kann eine Schauwand stehen, das Retabel.
Der auf der Mensa aufsitzende Sockel des Retabels wird als Predella bezeichnet. Die Predella ist in protestantischen Kirchen in der Regel mit dem Abendmahlsbild geschmückt.
Eine protestantische Sonderform ist der Kanzelaltar, bei dem die Kanzel, manchmal auch die Orgel, über dem Altar vorkragt.

Apsis:
Im Grundriss halbkreisförmiger Abschluss des Chors, in der Regel Standort des Altars.

Architrav:
Hauptbalken, der meistens auf Säulen ruht.

Chor:
Raum vor dem Altar, der vor der Reformation den Geistlichen vorbehalten war. Ist der Raum schmaler als das Kirchenschiff, spricht man von einem eingezogenen Chor.

Epitaph:
Wanddenkmal für einen Verstorbenen, meist mit einer ausführlichen Inschrift und figürlichen Darstellungen, ohne räumliche Beziehung zum Grab. Ein Epitaph steht oder hängt in der Regel an den Innen- oder Außenwänden einer Kirche.

Fensterachse:
Gedachte Linie durch ein Gebäude in horizontaler oder vertikaler Richtung, auf die der Grundriss oder die Fassade und insbesondere die Fenster bezogen sind.

Gewölbe:
Das Tonnengewölbe hat einen halbkreisförmigen Querschnitt.
Das Kreuzgratgewölbe entsteht durch die Durchdringung zweier Tonnen.
Beim Kreuzrippengewölbe werden zunächst die Rippen und der Schlussstein gemauert, die die Gewölbeschale tragen.
Beim Muldengewölbe handelt es sich um eine angeschnittene Tonne, deren Schmalseiten durch Wangen geschlossen sind.
Beim Spiegelgewölbe ist die Decke eben. Die Verbindung zur Wand wird durch ein Muldengewölbe oder durch eine breite Kehle hergestellt.

Joch:
Gewölbefeld, das von vier Pfeilern oder Säulen getragen wird.

Kanzelalter: siehe unter Altar.

Mensa: siehe unter Altar.

Predella: siehe unter Altar.

Prieche:
Der vom allgemeinen Kirchengestühl abgesonderte, meistens erhöhte Sitzplatz für besonders privilegierte Personen, Adlige, Amtsträger und Patronatsbesitzer.

Retabel: siehe unter Altar.

Triumphbogen:
Besonders betonter Bogen zwischen Kirchenschiff und Chor.

Tympanon:
Bogenfeld über mittelalterlichen Portalen.

Register der Orte sowie der Kirchen und Kapellen

Die fett gedruckten Zahlen verweisen auf das Kapitel zur Kirche

Register der Personen